普通高等教育"十二五"规划教材

ERP原理、应用与实践教程

主编／姬小利

副主编／孟凡丽　张跃胜

立信会计出版社

LIXIN ACCOUNTING PUBLISHING HOUSE

图书在版编目(CIP)数据

ERP原理、应用与实践教程 / 姬小利主编. —上海：
立信会计出版社,2008.4
普通高等教育"十二五"规划教材
ISBN 978 - 7 - 5429 - 2007 - 2

Ⅰ.①E… Ⅱ.①姬… Ⅲ.①企业管理—计算机管
理系统,ERP—高等学校—教材 Ⅳ.①F270.7

中国版本图书馆 CIP 数据核字(2012)第 008953 号

责任编辑　　蔡伟莉　赵新民
封面设计　、　周崇文

ERP 原理、应用与实践教程

出版发行	立信会计出版社		
地　　址	上海市中山西路 2230 号	邮政编码	200235
电　　话	(021)64411389	传　　真	(021)64411325
网　　址	www.lixinaph.com	电子邮箱	lxaph@sh163.net
网上书店	www.shlx.net	电　　话	(021)64411071
经　　销	各地新华书店		

印　　刷	常熟市梅李印刷有限公司	
开　　本	787 毫米×960 毫米	1/16
印　　张	20.5	
字　　数	401 千字	
版　　次	2008 年 4 月第 1 版	
印　　次	2018 年 8 月第 8 次	
印　　数	20 651—21 650	
书　　号	ISBN 978 - 7 - 5429 - 2007 - 2/F	
定　　价	30.00 元	

如有印订差错　请与本社联系调换

为了适应不同的经营管理需要和不同的教学需求,各种类型的经济管理理论著作和系列教材,如雨后春笋般出现。大学教材的主要职能是传播知识,在知识经济时代,经济管理类教材内容的不断更新是形势发展的必然。亚里士多德曾经将人类的知识分为三大类:纯粹理性、实践理性和技艺。可以说经济管理是将这三类知识完美融合为一体的学科体系。曾几何时,管理学在我国还是一个无足轻重的学科,在20世纪80年代以前,我国的许多大学教学体系中,管理学与经济学是不加区分的,相关的大学毕业生所得到的学位几乎都是经济学学位。90年代之后,管理学从经济学中分离出来,与其他学科结合又形成了一个庞大的管理学科体系。管理学、尤其是企业经营管理学与经济学是紧密相连的学科,你中有我,我中有你。因此,一些大学又纷纷将前期分设的经济学院和管理学院重新合并成为经济管理学院,这在一定程度上说明"经济管理"作为一个大类,在教学体系上的存在是十分必要的。为了避免在教材体系上的重复建设,我们组织20多所大学的专家教授共同努力,编写了这套"普通高等教育'十二五'规划教材"。这是十分必要的,也是十分及时的。

面对经济环境、市场状况以及管理者和学科层次的变化,这套教材力图贯彻以科学发展观为指导、以读者为中心、以市场为导向的原则,用语追求准确、简明和易懂。综合而言,这套教材主要有以下几个特点:

一是实用性。这套教材均配有PPT格式电子教案,读者可在立信会计出版社网站免费下载。此外,各书的章节标题之后设有"学习目的"、"案例导读"等,每章之后还附有"本章小结"、"复习思考题"等,有利于培养读者的概括能力和实践能力。

二是前沿性。这套教材是多所高校的教师近年来教学和实践工作相结合的产物。从教学中得到的反馈来看,现代学生的个性化特征越来越明显,不少本科学生已经不再满足于初级的经济管理知识,他们希望能够接触一些更为深入的课题,或者是与时代经济紧密相连的话题。这就要求我们的教材必须站在时代的前沿,把握时代的脉搏,使学生以新的视角和思路来思考问题。

三是适用性。经济管理学与企业管理实践是息息相关的,这套教材在内容的选择上,既考虑了学科本身的系统性和完整性,也考虑了其适用性。教材体系的安排首先突出了经济管理类基础系列,进而又延伸出了会计学系列、营销管理系列、工商管理系列、贸易管理系列等,以适应不同学校、不同专业教学的需要,在行文上力求深入浅出,这样安排的好处是使授课教师有更大的选择余地,可以根据所教授学生的层次调整授课内容。

四是思考性。这套教材除了注重为学生提供专业基础知识,还增加了一些有一定理论深度的内容,一方面可以使学有余力的学生拓宽思路,深入思考一些问题;另一方面也突出地表达了经济管理类学科教学的基本原则,即向学生传授一种思考的方法,以此来驾驭纷繁复杂的经济现实。

五是多样性。从某种意义上说,教材的编写须有一定的规则,但作为大学教材,也应体现出大学教师的各自特色。因此这套教材既有统一规划和基本要求,保持规划教材的整体性,但每本教材又各有特色,体现出不同教师的授课风格,如将案例引入教学等。

写教科书相当于以笔代口讲课,由口头授课到落笔以文字表达出来,其中之甘苦自不待言。应该说,每位作者的写作过程都是与家人及同事们的共同努力分不开的,在此,对他们付出的努力和爱心表示深深的感谢。

历史总是在不断推陈出新,教材的编写也应根据时代的发展和环境的变化而不断改革。我们在组织编写这套教材时,作了一些新尝试,希望能够取得良好的效果。但教材建设是一项庞大的系统工程,任何一项改革都不是一蹴而就的,需要不断修正和完善。这套教材在体系安排、理论联系实际和语言表述等方面若有不妥或错漏之处,恳请读者批评指正,以便我们在后续工作中加以改正。

最后，对立信会计出版社的全力支持表示诚挚的谢意，同时对责任编辑的出色工作表示由衷的钦佩，并对他们的辛勤工作表示感谢。

普通高等教育"十二五"规划教材编委会

FORWORD 前言

随着中国加入 WTO 以后，在全球化市场竞争的环境下，很多的国内企业不得不面临国内、国际市场竞争的残酷局面。国内企业要继续生存和发展，就必须积极应用和吸收先进的管理思想和管理工具，迅速提高自己的核心竞争力。ERP作为目前在全球范围内应用最广泛、最具代表性的一种先进现代企业管理工具和模式之一，逐步受到越来越多企业的青睐和重视。ERP 是 Enterprise Resource Planning 的缩写，中文含义是企业资源计划。ERP 可以全面有效整合企业资源，使企业内部物流、信息流、资金流进行有效的统一，通过建立一个覆盖整个公司经营管理范围的集成化信息平台，以及系统化的计划和控制功能，结合企业的业务流程规范化和优化，合理配置企业的各种制造资源，包括产、供、销、人、财、物等因素，达到加快市场响应速度，降低运营成本，提高效率，从而显著提升企业的竞争力，使企业在激烈的市场竞争中获得一席之地，甚至赢得竞争优势。

自从上个世纪 80 年代初期，ERP 的前期产品 MRP Ⅱ 开始进入中国以来，经过近三十年的应用和发展，ERP 在国内已进入快速发展阶段，由以前的少数大型制造企业的贵族式消费，逐步转变为适应各种规模企业和行业的大众级消费。在这样的背景下，企业迫切需要大量的了解、熟悉和掌握 ERP 知识和技能的应用人才，帮助他们更好地驾驭 ERP 这个现代化的信息化管理工具。为了适应上述形势发展的需要，满足高校和培训机构对 ERP 人才的培养，本书的编写组成员在参考大量 ERP 相关资料，多年的 ERP 课程教授经验，以及参与企业 ERP 具体实施经历的基础上，再结合目前相关 ERP 教材和培训教程的经验和不足，编写了此书。

该书已经被列入了"普通高等教育'十二五'规划教材"，由 15 章组成。本教材在每章后均配有一定数量的练习与思考题，有些章还配有案例分析，以帮助学生更好地掌握本章的重要知识点。第 1 章概述了 ERP 的应用背景、基本概念、国内应用历程、蕴含的管理思想、企业应用 ERP 期望达到的目标和收益,以及 ERP 未来的发展趋势等问题;第 2 章主要介绍了 ERP 的订货点法、时段式 MRP、闭环 MRP、MRPⅡ 和 ERP 等五个发展阶段,使学生了解 ERP 的整个发展历史;第 3 章讲解了销售与运作规划(S&OP)的功能、特点、编制流程和案例;第 4 章详细讲解了本教程中的重点和难点——主生产计划(MPS)的基本概念、作用、初稿计算逻辑、粗能力需求计划的编制计算等内容;第 5 章重点讲解了物料需求计划(MRP)的基本概念、计算逻辑及更新方式等;第 6 章介绍了能力需求计划(CRP)的概念和编制问题;第 7 章讲解了销售管理的业务流程及工作原理;第 8 章介绍了车间作业管理的主要内容、实现功能与业务流程;第 9 章阐述了采购管理的主要任务和业务处理流程;第 10 章讲解了库存管理的评价指标、控制策略和主要业务的处理流程等内容;第 11 章讲解了 ERP 中的财务管理模块与会计电算化的区别,财务管理的主要功能及业务流程等;第 12 章主要讲解了 ERP 中成本管理的成本构成、成本类型和成本计算等内容;第 13 章讲解了 ERP 实施过程中的准备工作、实施步骤、实施效果评估方法、风险控制和经验教训等内容;第 14 和 15 章主要介绍了金蝶 K/3ERP 中的供应链系统和生产制造系统的工作原理和操作要点。

本教材的内容和结构由姬小利和孟凡丽老师共同讨论确定。姬小利老师编写了第 1 章到第 5 章;孟凡丽老师编写了第 6 章;张跃胜老师编写了第 7 章到第 10 章;马德芳老师编写了第 11 章和第 12 章;赵亮老师编写了第 13 章;李会玲老师和贾琳琳老师分别编写了第 14 章和第 15 章。最后全书由姬小利老师统稿。

在本教材的编写过程中,姬小利与孟凡丽老师进行了多次沟通和讨论,得到了很多重要的启示和建议,并且在最后的文字校对过程中孟凡丽老师做了大量工作;另外,金蝶公司的郭立峰对教材中软件操作讲解内容的编写上给予了很大帮助,在此一并表示衷心的感谢。

另外,本教材的编写参考了很多相关的 ERP 教材和书籍,均登记在书后的参考文献目录中。因为很有可能记录不完整,出现漏记现象,若原作者发现,请予以指出,在此表示深深的歉意,敬请谅解,期望在再版时补上。

由于作者水平有限,书中难免存在错误和不足之处,希望读者批评指正。

姬小利

CONTENTS **目录**

第1章

ERP 概述

学习目的

本章通过学习 ERP 的基本概念和其在企业的应用背景、国内应用的历程、蕴涵的管理思想、给企业带来的变化及 ERP 在未来的发展趋势等内容，使读者对 ERP 有一个完整和详细的认识和了解，为后面章节的学习打下坚实的基础。

第1节　企业应用 ERP 的背景

伴随着 ERP 在国内的不断普及和发展，越来越多的企业意识到应用 ERP 管理系统的必要性和紧迫性。众所周知，ERP 作为一种蕴涵了众多先进管理思想的软件系统，受到了人们的追捧，但不可否认的是其在国内众多企业中实施的结果却不尽如人意。在面临如此风险的情况下，究竟是什么原因仍然使大量后继企业继续选择 ERP 作为信息化建设工作的切入点，来提升自身的竞争力呢？

下面主要从企业内部、外部竞争环境和企业信息化三个方面来进行说明。

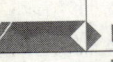
1.1.1　企业内管理水平落后

与国外企业相比,国内企业由于客观原因,存在管理粗放和落后的问题,而这些管理问题是无法通过传统的手工管理模式获得很好的解决方案。下面主要从两个方面加以说明。

(1) 国内企业管理问题。

① 流动资产周转速度问题。

美国、德国企业年流动资产周转速度是 8 次左右,日本企业年流动资产周转速度是 7 次左右,而我国全部国有和规模以上非国有企业年流动资产周转速度是 1.45 次左右。2001 年我国全部国有和规模以上非国有企业流动资产达 5.2 万亿元,2001 年我国全部国有和规模以上非国有企业销售收入仅为 8.2 万亿元。

② 库存问题。

在很多发达国家,库存商品总值与国内生产总值的比值往往不超过 1%,中等发达国家的库存商品总值与国内生产总值的比值也不超过 5%,而我国的库存商品总值与国内生产总值的比值高达 37% 以上。根据相关资料统计,1990 至 1998 年,美国、德国、日本制造企业由于应用 ERP,使库存总额平均占销售总额的 1.3%～1.5%。然而同期在我国,仅产成品资金占销售总额的比例就高达 8%～10%。

(2) 企业内部的生产管理问题。

在很多采用传统手工管理模式的大中型制造企业的日常生产经营管理过程中,其管理人员经常会遇到以下一些共性的管理难题,无法有效地解决。

① 决策信息实时性、准确性差。

企业领导由于没有一个跨越各职能部门的集成化的企业信息共享平台,作为自己快速、准确和全面地获取企业各方面信息的重要渠道,也没有一个能辅助自己进行预测、分析和信息处理的决策支持系统,常常在决策过程中犹豫不决、迟缓和失误,以至于丧失了许多宝贵的机会。

② 生产上所需要的原材料不能准时供应或供应不足。

由于竞争环境的恶化和客户需求的不断改变,企业的生产计划不得不跟着频繁变动。但因为采购、库存与生产等职能部门无法有效积极配合,致使很多加工任务的原材料只能通过紧急订货的方式来应急,造成采购人员压力较大,原材料供应有可能不够及时,这样的直接后果就是生产线上停工待料的现象频频发生。

③ 零部件生产不配套、积压严重。

由于生产计划安排困难,生产进度不均衡,生产的零部件不配套,生产线上用的零部件可能要转给其他产品使用。这样将会使产品与产品之间、产品批号之间产生错综复杂的关系,其至原来待用的零部件会成为呆滞物料,产生零部件的积压。

④ 产品生产周期过长,劳动生产率下降。

生产上所需零部件的不配套,将会引起生产活动的紊乱、生产周期延长,其直接后果就是很多订单不得不被延期或脱期,不能准时交货,客户满意度降低。

⑤ 库存资金积压严重,周转期长。

为了保证生产和销售的稳定性和连续性,企业往往会盲目地以加大库存的方式来应对,致使零部件和产成品的积压现象严重,造成库存资金占用过多,资金周转速度降低,无形中增加了企业产品成本,降低了产品的竞争力和企业盈利能力。

⑥ 市场和客户的需求多变、快速,使企业的经营和计划系统难以应付。

生产和采购部门都希望有一个长期稳定的生产计划,以确保长期稳定的人力和物料供应。然而,在竞争市场中,客户需求多变是必然和正常的,为了满足客户多变的需求,必然会引起生产计划的多变、人力多变、物料供应的多变,企业的经营和计划出现混乱现象。

▶ 1.1.2　外部竞争环境的变化

加入 WTO 后,经济全球化、竞争无国界、中国制造和世界制造融合等问题,造成了国内企业不得不面临着国内、国际市场竞争的严峻形势。如果仍然采用传统的管理方式,不采用现代管理技术,不提高管理水平,就会在竞争中一败涂地。

首先,随着网络和电子商务的快速发展,企业所处的环境是一个信息化的社会(电子商务、网上银行、电子报关、网上纳税、远程教育)。一个企业如果不采用信息化手段,将在很大程度上限制其与外界交流的能力,其至失去自己的生存空间。其次,市场快速多变,对手难以捉摸,来自客户、竞争对手的压力不断增大。最后,产成品价格下降、原材料价格上升利润被压缩,以及产品生命周期越来越短。

▶ 1.1.3　企业信息化与 ERP

信息技术和制造业的融合正逐步成为现代制造业的主要特征。信息技术改变了传统产业的企业结构、社会经济结构及其运行模式。在国内外竞争环境变化的今天,企业信息化工作日益成为企业的讨论和应用的热点问题之一。

国家“863”计划、火炬计划以及国家自然科学基金等对我国制造企业的信息化问题研究给予了大力的支持。国家的“十五”规划中更是指出“以信息化带动工业化,发挥后发优势,实现社会生产力的跨越发展”,并将此作为我国工业发展的基本战略之一,为我国企业信息化的快速发展创造了良好的机遇。

在"以信息化带动工业化"的方针指导下,中国制造业只有用先进的管理理念、先进的技术实现手段(计算机技术)武装自己,才能在激烈的国际竞争中站稳脚跟,实现我国的工业化进程,并在新世纪的竞争中处于不败之地。以信息化带动工业化,ERP无疑是一个强有力的手段。

企业信息化是指利用电子信息技术,实现企业经营、生产、管理和产品开发的自动化、集成化、智能化,让自动化的工具不仅代替人的体力劳动,而且还代替或者部分代替人的脑力劳动。企业信息化的核心是对信息资源的开发利用。如果说信息网络建设是企业信息化的"路",信息处理硬软件设备是企业信息化的"车",那么,企业的内外信息资源就是"货"。因此,企业信息化建设要重视对信息资源的开发利用。

企业信息化工作大体上可以划分为三个方面的内容:工程技术领域、生产制造领域和企业管理领域,如图1-1所示。其中前面两个领域属于制造过程信息化的范畴,也就是产品设计和生产过程的自动化,主要目标是利用CAD(Computer Aided Design,计算机辅助设计)、CAPP(Computer Aided Process Programming,计算机辅助工艺设计)、DFM(Design For Manufacturing,面向制造的设计)、DFA(Design For Assembling,面向装配的设计)等计算机辅助设计以及工艺编制等手段,采用数控加工、加工中心以及柔性生产线等数字化加工设备,达到设计和生产的自动化、信息化;第三个领域属于管理过程的信息化,也就是经营和管理的自动化,主要目标是利用ERP、CRM(Client Relationship Management,客户关系管理)、SCM(Supply Chain Management,供应链管理)、DSS

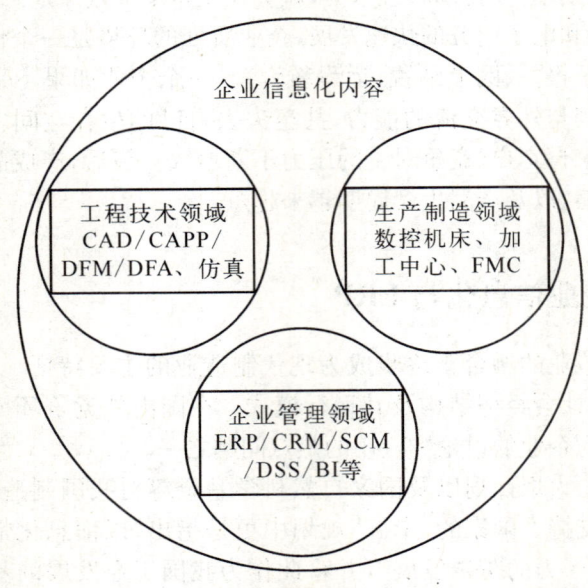

图1-1 企业信息化主要内容

(Decision Support System，决策支持系统)和 BI(Business Intelligence，商务智能)等软件工具，通过对经营和管理过程的信息处理计算机化，帮助企业管理人员进行辅助管理和决策，达到企业经营、计划、管理等的自动化和智能化。其中 ERP 系统是企业信息化的核心部分，很多企业都以 ERP 系统的实施作为企业信息化的开始。

第 2 节　ERP 基本概念

▶ 1.2.1　ERP 定义

ERP 是 Enterprise Resource Planning 的缩写，含义为企业资源计划。ERP 是 Gartner Group 公司于 1990 年首先提出的，但到目前为止对其还没有一个统一和公认的定义。下面是一些权威组织对于 ERP 进行的定义：

(1) 美国 Gartner Group 公司于 1990 年在其信息技术词汇表中的定义如下：一个由 Gartner Group 开发的概念，描述下一代制造商业系统和制造资源计划(MRP Ⅱ)软件。它将包含客户/服务架构，使用图形用户接口，应用开放系统制作。除了已有的标准功能，它还包括其他特性，如品质、过程运作管理以及调整报告等。特别是，ERP 采用的基础技术将同时给用户软件和硬件两方面的独立性从而更加容易升级。ERP 的关键在于所有用户能够裁剪其应用，因而具有天然的易用性。

(2) 美国 APICS 协会(American Production and Inventory Control Society，美国生产与库存控制协会)在 2002 年对 ERP 的定义如下：一种能有效地对制造、分销和服务中的客户订单所需要的资源，包括获取、加工、传输及会计处理等，进行计划和管理的方法。

(3) 美国 Gartner Group 公司又于 2000 年在原来 ERP 概念进行扩展的基础上，对 ERP 作新的定义如下：ERP 是通过支持和优化企业内部和企业之间的协同运作和财务过程，以创造客户和股东价值的一种商务战略和一套面向具体行业领域的应用系统。

通过综合上述定义，笔者认为，ERP 是指建立在信息技术基础上，通过一些先进管理思想和方法，对企业内部资源和企业相关的外部资源进行整合，通过标准化的数据和业务操作流程，把企业的人、财、物、产、供、销及相应的物流、信息流、资金流进行紧密集成，最终实现资源优化配置和业务流程优化的目的，并为企业各级管理人员提供一个有效、科学的决策管理平台。

应该认识到 ERP 不仅仅是一个软件，更重要的它还是一个蕴涵先进管理思想的管理系统。ERP 的概念可以从管理思想、软件产品和管理系统三个不同层次进行理解(如

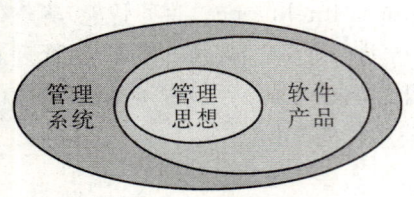

图 1-2　ERP 基本概念的三个层次

图 1-2)。

（1）是由美国著名的计算机技术咨询和评估集团 Garter Group Inc. 提出的一整套企业管理系统体系标准，其实质是在 MRP Ⅱ（Manufacturing Resources Planning，制造资源计划）基础上进一步发展而成的面向供应链（Supply Chain）的管理思想。

（2）是综合应用了客户机/服务器体系、关系数据库结构、面向对象技术、图形用户界面、第四代语言（4GL）、网络通信等信息产业成果，以 ERP 管理思想为灵魂的软件产品。

（3）是整合了企业管理理念、业务流程、基础数据、人力物力、计算机硬件和软件于一体的企业资源管理系统。

1.2.2　ERP 中的"R"

ERP 中 R 的含义为"资源"。一个企业，要想在激烈的竞争中生存发展，就要有效地挖掘自身资源的潜力，优化其配置、整合资源结构以发挥更大的作用。那什么是资源？ERP 中所指的资源主要包含四个方面：人、财、物和信息。

这里对上述资源进行两点说明：

（1）首先强调"信息"的重要性。在传统企业"资源"（人、财、物）的基础，本文新增了"信息"一项。这是由于 ERP 作为企业进行优化管理、提升竞争力的先进工具，其采集、加工处理的对象主要就是企业进行经营运作过程的各种"信息"，而且其结果也是以"信息"的方式表现出现。ERP 强调以"信息"代替库存，以"信息"创造利润。

（2）资源的范围。根据 ERP 的定义，应该注意的是这里的人、财、物及信息所涉及的范畴，不仅包含本企业，而且还包含企业下游的客户，以及上游的供应链。

1.2.3　ERP 中的"P"

ERP 中"P"的含义是计划。计划是指为达到一定的目标而制定的行动方案。在 ERP 中，计划是由粗到细，由长期、中期到短期，分别包含了五个层次的计划，即经营规划、销售与运作规划、主生产计划、物料需求计划和能力需求计划、车间作业及采购计划。ERP 的计划体系具体组成如图 1-3 所示。ERP 的计划包括两个方面的计划：一方面是需求计

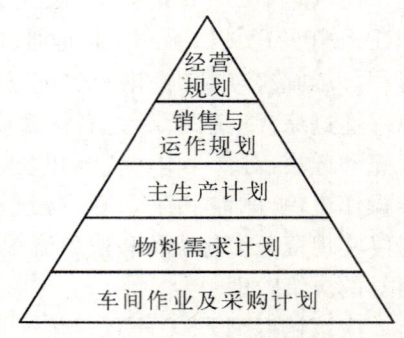

图 1-3　ERP 的五层计划体系示意图

划(前三个层次)，另一方面是供给计划(后两个层次)。两方面的计划相辅相成，从而实现企业对整个生产经营活动的计划与控制。

(1) 经营规划。

该计划是企业总目标的具体体现，是企业的高层决策者。该层根据市场调查和需求分析、企业资源能力和历史状况、同行竞争对手的情况等有关信息，制订企业经营计划。它包括，在未来 2～7 年内，本企业生产产品的品种及其在市场上应占有的份额，产品的年销售额、年利润额等。战略计划是以下各层计划的基础。其准确性由预测的方法、信息的来源及信息的可靠性所决定。

(2) 销售与运作规划(S&OP)。

该计划的任务是根据战略计划的目标，确定企业的每一类产品在未来的 1～3 年内，每年每月生产的数量，需要哪些资源。生产计划大纲总是与资源需求相关。因此，生产计划大纲也称为资源需求计划。详细内容见第 3 章。

(3) 主生产计划(MPS)。

该计划以生产计划大纲为依据，按时间段安排和计划企业应生产的数量和交货期，并在生产需求和可用资源之间作出平衡。详细内容见第 4 章。

(4) 物料需求计划(MRP)。

根据主生产计划对最终产品的需求数量和交货期，推导出构成产品零部件和材料的需求数量和需求日期，再导出自制零件的制造订单的下达日期和采购件的采购订单发放日期，并进行需求资源和可用能力之间的进一步平衡。详细内容见第 5 章。

(5) 车间作业及采购计划。

该计划处于 ERP 计划的最低层，也是基础层。它根据 MRP 生成的制造订单和采购订单来编制工序生产计划，以及具体的采购计划(确定供应商、定购批量等)。详细内容见第 8 章和第 9 章。

第 3 节　ERP 在国内的应用与发展

1981 年，自从沈阳第一机床厂从德国工程师协会引进了第一套 MRP Ⅱ (Manufacturing Resource Planning，制造资源计划)软件以来，ERP 在中国的应用与推广已经历了 20 多年的风雨历程。回顾 ERP 在我国的应用和发展过程，大致可划分为以下 4 个阶段：

(1) 启蒙期。这一阶段贯穿了整个 20 世纪 80 年代。主要特点是"洋为中用"，软件系统都是从国外引进的。所引进的 MRP Ⅱ 系统的应用范围局限于传统的机械制造业，如机床制造、汽车制造等行业。在这个阶段，MRP Ⅱ 系统的实施和应用很不理想。从整体来看，企业所得到的效益与巨大的投资以及当初的期望相去甚远。因此也引发了对于 MRP Ⅱ 的许多甚至是很尖锐的批评。但是无论如何，这些企业作为先驱者，启动了 MRP Ⅱ/ERP 在中国的发展历程。

80 年代是中国 MRP Ⅱ/ERP 的启动期，主要特点是 MRP Ⅱ 的引进、实施以及部分应用。应用范围局限于传统的机械制造业。如沈阳第一机床厂、沈阳鼓风机厂、北京第一机床厂、第一汽车制造厂等先后从国外引进了 MRP Ⅱ 软件。作为 MRP Ⅱ 在中国应用的先驱者，由于条件的制约，它们曾经走过了一段坎坷而曲折的道路。在当时，从国外引进一套 MRP Ⅱ 软件系统及相应硬件设备要花几十万乃至几百万美元，然而应用效果是不理想的。

分析其原因：第一，当时的管理体制不具备实施 MRP Ⅱ 的客观条件。在 80 年代，中国经济是以计划经济为主，市场经济为辅。企业参与市场竞争的意识不具备或不强烈，企业内部也是按计划经济的模式来运作。MRP Ⅱ 的推广应用涉及企业管理方法、经营机制、生产组织方式、人员素质、管理基础和国家经济政策等诸多因素，不是一项单纯的计算机技术，是一项系统工程，要有市场经济条件下现代企业管理机制来保证；第二，当时的管理软件本身存在技术上的问题。当时引进的国外软件大多运行在大、中型计算机上，是相对封闭的专用系统，开放性、通用性极差且操作复杂，引进的软件没有本地化，在中国只有少数人能够使用；第三，缺少 MRP Ⅱ 应用实施的经验。当时对 MRP Ⅱ 理论和系统的认识只停留在初级阶段，基础较差，只能是边干边学。

(2) 导入期。这一阶段大致是从 1990 年至 1997 年。在这个阶段出现了 ERP 的概念。从名称上，人们开始更多地说 ERP，而越来越少地说 MRP Ⅱ。在该阶段，许多国外的软件供应商纷纷涌入中国，国外的软件系统占据了主导地位。随着改革开放的不断深化，我国的经济体制已从计划经济向市场经济转变，产品市场形势发生了显著的变化。这对传统的管理方式提出了严峻的挑战。中国企业希望革新企业管理制度和方法，希望采用新型的管理手段来增强企业的综合竞争力。在这个阶段，ERP 软件的实施和应用所涉及的领域已突破了机械行业而扩展到航天航空、电子与家电、制药、化工等众多行业。大多数的 ERP 用户都获得了或多或少的收益，从而以事实说明了 ERP 的有效性。这一阶段，企业管理与信息化基础还比较薄弱。ERP 的用户以及 ERP 的成功用户多为国外独资企业或中外合资企业。在国有企业中，ERP 的用户以及 ERP 的成功用户都比较少。但是，在这个阶段有一个引人注目的动向，那就是国外 ERP 软件在中国的应用引发了中国 ERP 产业的萌芽和发展。

1990 年至 1996 年是 MRP Ⅱ/ERP 的成长期，在这期间 MRP Ⅱ/ERP 在中国的推广应用取得了较好的成绩。唱主角的主要还是外国软件。应用领域已突破了机械行业而扩展到航天航空、电子与家电、制药、化工等行业。如北京第一机床厂的管理信息系统实现了以生产管理为核心,连接物资供应、生产、计划、财务等各个部门,可以迅速根据市场变化调整计划、平衡能力,效率提高 30 多倍,于是 1995 年获得美国制造工程师协会授予的"工业领先奖"。成都飞机制造公司实施 MRPⅡ后,仅在进口器材管理方面就节约了 300 万元,库存积压下降 20％,生产周期缩短了 1/10,纸片信息单据减少 50％,节约工时费用和材料费用 600 万元。

这段时期之所以取得了这样的成绩,主要原因在于:第一,中国企业已进入体制转变与创新阶段,革新企业管理制度和方法,采用新型的管理手段来增强企业的综合实力已越来越受到中国政府和企业界的高度重视。许多企业的领导已认识到 MRPⅡ 的应用是"一把手工程"。同时体制的转变、管理的规范化又为 MRPⅡ 的实施提供了客观条件。第二,信息技术的高速发展为 MRPⅡ 软件应用提供了更为宽广的舞台。计算机性能不断提高,网络技术和数据库技术高速发展。大多数 MRPⅡ 软件不再局限于封闭、昂贵的大、中型计算机环境,而主要运行于微机网络环境。软件产品具有开放性、通用性。有些软件产品进行了汉化,具有中文界面,能被更多的非专业人士使用和掌握。三是人们对 MRPⅡ 的认识更加深入,实践经验逐渐丰富起来。

这段时期 MRPⅡ 的应用也存在不足之处。如实施 MRPⅡ 时缺少整体规划;应用广度不够,局限在制造业内;管理的范围和功能只局限于企业内部,尚未将触角伸向市场。

(3)发展期。该时期是从 1997 年到 2004 年。经过了导入期的孕育、萌芽和发展,到了 1997 年,在 ERP 软件市场上出现了中国自己的品牌。特别是一些以前从事开发企业财务电算化软件的主流厂商,发挥了重要的作用。这些公司原本就有着大量的财务电算化用户,当这些用户随着形势的发展而不满足于仅仅做财务管理的时候,这些公司也把它们的财务软件转型为 ERP 产品了。这些公司和它们的用户之间的亲和力使得这些用户继续购买这些公司的 ERP 产品,或者说这些公司继续用它们的 ERP 产品帮助这些用户提升竞争力都是近水楼台、顺理成章的事情。特别引人注目的是,伴随着 ERP 在中国的深入发展和成熟,在中低端市场上中国的 ERP 软件厂商已经逐渐显露出超越国际厂商的竞争优势。ERP 系统在越来越多的企业中得到了成功的应用。

(4)普及期。2005 年以来,由于 ERP 概念、应用范围的普及以及价格的降低,以 ERP 为工具的管理现代化浪潮正席卷而来。中国企业的未来就是建立在企业信息化和自主研发能力基础上的国际化。正在加入全球供应链的中国企业需要 ERP,中国企业国际竞争力的形成需要 ERP,因此说 ERP 在中国已经进入了一个快速发展和普及期。

第4节 ERP 的目标

对于企业,ERP 的价值在于通过对整个企业供应链中的物流、资金流、信息流和价值流进行系统的计划和控制,结合企业的流程优化,有效地配置各项资源,以加快对市场的响应,降低成本,提高效率和效益,从而提升企业的竞争能力。具体讲企业通过实施 ERP,可以达到以下几个基本目标:

(1) 缓解市场多变和生产均衡之间的矛盾。

市场是多变的,而企业希望自己的生产是均衡的,这是制造企业面临的基本矛盾之一。使用 ERP 系统来计划生产时,要制定主生产计划。通过这一计划层次,由主生产计划员均衡地对产品或独立需求件做出生产安排,使得在一段时间内主生产计划量和市场需求(包括预测及客户订单)在总量上相匹配,而不追求在每个具体时刻上均与市场需求相匹配。在这段时间内,即使需求发生很大变化,但只要需求总量不变,就可能保持主生产计划不变,从而可以得到一份相对稳定和均衡的生产计划。由于产品或独立需求件的主生产计划是稳定和均衡的,据此所得到的物料需求计划也将是稳定的和均衡的,从而可以解决以均衡的生产应对多变的市场的问题。

(2) 解决企业库存管理的难题。

企业经常处于库存数量的矛盾中。一方面,库存可以缓解客户需求的压力,以及增强企业生产的连续性;而另一方面,库存会增加企业的成本,如保管、损耗、税收等。ERP 通过先进的 MRP 运算,可以准确地计算出企业生产中的原料、半成品和成品的生产数量和日期,确保在正确的时间将正确的物料按照正确的数量交付到正确的地点。在有效降低企业库存的同时,保证了客户和生产部门的满意度。

(3) 提高客户满意度。

要提高市场竞争力,既要有好的产品质量,又要有高水平的客户服务。这是因为在当今市场竞争节奏加快,客户需求千变万化的时代,能否对客户订单做出准确和可靠的订单承诺,即能否准确、及时地响应客户需求,并保证按时交货已成为决定企业成败与否的关键问题之一。ERP 系统作为计划、控制和通讯的工具,使得市场销售和生产制造部门可以在决策以及日常活动中有效地相互配合。从而可以缩短生产提前期,迅速响应客户需求,并按时交货。

(4) 有效解决信息孤岛问题。

在传统企业中,各部门各自为政的现象比较严重。部门过于注重自身利益,而忽略了对自身有利的决策,有可能损害其他部门的利用,提高企业整体利益的观念不强。ERP 系统通过信息集成技术,将生产、财务、销售、工程技术以及采购等部门结合成为一个一体化的整体,所有数据均来源于企业的中央数据库,各部门在统一的数据环境下工作,使得企业的整体合作意识增强了。

（5）提高劳动生产率。

提高劳动生产率,首先体现在提高直接的劳力生产率。使用 ERP 之后,由于减少了生产过程中的物料短缺,从而减少了生产和装配过程的中断,使直接劳力的生产率得到提高。有资料表明,生产线生产率平均提高 5%～10%,装配线生产率平均提高 25%～40%。

其次,ERP 可以提高间接的劳力生产率。以 ERP 作为通讯工具,减少了文档及其传递工作,减少了混乱和重复的工作,从而提高了间接劳力的生产率。有资料表明,间接劳力生产率可以提高 25%。最后减少了企业盲目频繁加班的现象。过多的加班会严重降低生产率,还会造成过多的库存。使用 ERP,可以提前做出能力需求计划,从而减少加班。有资料表明,加班时间可以减少 50%～90%。

第 5 节　ERP 的管理思想

ERP 是当今世界企业经营和管理技术进步的代表,根据前面的 ERP 概念介绍,ERP 首先应该是管理思想,其次才是管理手段与信息系统。管理思想是 ERP 的灵魂,不能正确认识 ERP 的管理思想就不可能很好地去实施和应用 ERP 系统。ERP 核心管理思想主要体现在以下三个方面:

（1）事先计划与事中控制的思想。

古人云:"圣人不治已病治未病,不治已乱治未乱。夫病已成而药之、乱已成而后治之,譬犹渴而穿井,不亦晚乎";又说"预防重于治疗",能防患于未然之前,更胜于治乱于已成之后。

与上同理,在企业生产运作过程中,如果计划能够事先科学、合理地进行安排,并且能够在执行中很好地控制,就可以有效减轻在采购、生产和销售等活动中可能出现的缺料、停产等混乱现象。

正如前面所述,计划和控制始终是 ERP 的核心内容和主线。从 MRP 到 MRP Ⅱ 再到 ERP,名称组成中的"R"由"Requirement"（需求）变成"Resources"（资源）;"M"由"Material"（物料）变为"Manufacturing"（制造）,又变成"E"——"Enterprise"（企业）。唯

一没有变化的是"P"——"Planning",即计划。

ERP 的计划由粗到细,逐层细化。各层计划始终保持与企业的经营目标相一致,"一个计划"是 ERP 的原则,它将多级计划管理统一起来,计划编制工作集中在厂级管理部门。同时 ERP 通过计划下达前的反复验证和生产能力平衡,并根据反馈信息及时调整,处理好供需矛盾,确保计划的有效性和可执行性。

(2) 企业供应链管理的思想。

ERP 中蕴涵的另一个重要的管理思想就是供应链管理。"供应链管理"一词出现于 20 世纪的 80 年代末期,随后很快就在国内外得到了普及。供应链管理作为一种新的引人注目的企业管理思想,是一种系统化、集成化、敏捷化的先进管理模式。

供应链管理是 ERP 的核心思想,它将企业的业务流程看作是一个紧密相连的供应链,其中包括供应商、制造工厂、分销网络和客户等,将企业内部规划为多个相互协同作业的支持子系统。

供应链管理可以协调节点之间的生产、库存、运输和销售活动,对企业中的物流、信息流、资金流进行协调和优化,实现高效、快速反应市场需求的目的。其中,物流是指由供应商、制造工厂、分销网络到最终客户间的物质转换过程(包括原材料、半成品和成品);信息流指客户订单、库存数量、生产能力、运输能力等需要在节点间传递和共享的生产、运输及库存信息;而资金流则主要指企业的资金流动。

ERP 从供应链的概念出发改变了企业传统的部门各自为政和单打独斗的经营思想,通过有效处理各环节间的供需矛盾和利益冲突,以企业有限的资源去迎接无限的市场机遇,以最低的成本、最短的生产周期和最优的客户服务创造出企业最大的收益。

(3) 信息集成的管理思想。

信息集成就是指任何一项数据或信息,由一个部门的专职人员负责,在规定的时间,录入到系统里去,存储在指定的数据库中,然后根据业务流程的要求,按照规定的运算方法进行加工处理。所有与某项业务流程有关的授权人员,都可以及时地从指定的同一数据库中,调用原始数据和加工处理后的信息,这些信息在所有相应的报表上按照一定的格式显示。

在 ERP 的管理思想中,企业是一个信息集成和协作的系统,结合通信技术和网络技术,在整个供应链网络系统内部建立起一个能够实现上情下达、下情上达的信息集成、交流和沟通的软件系统平台。该系统能保证上级及时掌握情况,获得作为决策基础的准确信息,同时还能保证指令的顺利下达和执行。

总的来看,与传统手工管理相比,ERP 的信息集成主要体现在 ERP 对企业所处供应链上各企业间的信息和功能的集成,以及 ERP 将企业内的物流、信息流和资金流进行高度集成。

当然,随着社会的不断发展,ERP 还在不断地吸纳最新的先进管理思想或模式,如敏捷制造与敏捷虚拟企业组织管理模式、供应链环境下的精良生产管理模式、基于电子商务的企业协同管理模式、跨企业的协同项目管理模式等等,此处不再详述。

第 6 节　ERP 给企业带来的效益

实施 ERP 可使制造业企业获得明显的直接经济效益和间接(社会)效益。

1.6.1　直接效益

(1) 因为有效遏制了盲目采购和盲目生产,可以使库存成本显著下降。

(2) 延期交货减少的同时,提高用户服务水平。由于管理层决策的科学性和生产计划的合理性可以使企业的准时交货率平均提高 55%。

(3) 采购提前期缩短,费用节省。采购人员有了及时准确的生产计划信息,就能够集中精力进行价值分析、货源选择、研究谈判策略和了解生产问题,可以有效缩短采购提前期和采购费用。

(4) 停工待料减少。由于零件需求的透明化,计划的合理化,使得生产过程中零配件能够准时到达,有效减少了生产线的停工待料现象。

(5) 制造成本降低。由于库存费用下降、采购费用的节省、管理效率的提高、设备利用率的提高,必然会降低企业的制造成本,增强企业的竞争力。

(6) 管理水平提高。企业上了 ERP 系统后,各部门之间协作水平将明显改善,决策更加合理和科学,人员工作效率大幅提升,这些都将显著提高企业的管理水平和效率。

1.6.2　间接效益

(1) 使企业的基本数据更加完备、精细,准确度大大提高。

(2) 使企业高层的决策更加快捷、科学,企业对市场的应变能力和速度大为提高。

(3) 使企业员工从繁琐的手工管理中摆脱出来,从而有更多的时间从事真正的管理工作。

(4) 理顺了企业的业务流程,打破了企业各部门之间条块分割的格局,增强了员工的全局观念,使企业部门间的协作工作成为可能。

(5) 使企业的管理更加规范,减少了企业管理的随意性,提高了企业管理的计划性和可行性。

第7节 ERP 的未来发展趋势

下面主要从以下四个方面对 ERP 的未来发展趋势进行讨论：

（1）ERP 与因特网、电子商务的结合——iERP。

随着 Internet、EC 迅速深入社会每一个角落，一些软件已经开始采取 Internet/Intranet 策略，不可否认，基于 Internet、支持 B2B 和 B2C 的管理信息系统是一种新的趋势。通过 WEB 浏览等方式，使客户积极地成为 ERP 的直接用户。通过与电子商务的紧密结合，可以使企业为客户提供网络化、自动化的服务。如企业可以通过因特网发布网上采购订单，经企业认证的供应商可直接给企业供货，并通过网上支付完成采购行为的现金结算；同样，企业的客户也可以进行网上下订单，企业与客户通过电子合同的形式完成产品的订货和销售业务。即企业通过与供应商、客户之间的 B2B、B2C 等电子商务业务模式，实现了企业网络化的供应链管理模式，可以显著增强企业的核心竞争力。

（2）ERP 与商务智能（BI）的结合。

通过实施 ERP 系统，企业能够拥有大量的数据信息。商务智能（Business Intelligence，简称 BI）可以帮助企业从自身海量的数据中获得有用的知识指导自己进行科学有效的决策。

对于企业高层管理者来说，从规模庞大、数据完整但"事无巨细"的 ERP 系统中直接获取对宏观决策时所需的数据是很困难的。因此，ERP 系统与 BI 的结合，使得新一代 ERP 系统不但具有获得企业日常运作的基本数据，并且具有对其进行智能的分析和提炼综合能力，为企业高层领导提高性能更为卓越、全面的"驾驶员管理仓"的功能。

20 世纪 90 年代中期出现了数据仓库 DW 和联机分析处理 OLAP 技术，新一代的 ERP 软件立即将其综合进去，为用户提供企业级宏观决策的分析工具。SAP 利用它的业务应用程序接口 BAPI 将第三方的 DSS 和 OLAP 软件集成进来。Information builder 公司将为 R/3 的用户提供数据仓库软件包，Business Objects 与 SAP 联合开发了一个针对 R/3 的集综合查询、报表和 OLAP 为一体的 DSS 版本。

（3）ERP 与优化技术的结合——IRP（Intelligent Resource Planning）。

IRP（Intelligent Resource Planning，智能资源计划）是一种具有优化功能的管理思想和模式。它打破了以前所有那些"面向事务处理"的管理模式，可使管理人员按照设定的目标去寻找一种最佳的方案并迅速执行。这样就可紧紧跟踪，甚至超前于市场的需求变化，快速做出正确的决策、随之改变原有的计划，并以最快的速度执行这些变化。此外，

IRP 还将解决以前无法解决的"协同制造"以及"约束资源"等问题。

（4）ERP 与 PDM、Workflow 的结合。

PDM 将企业中的产品全寿命周期的设计各种信息、产品不同设计阶段的数据和文档组织在一个统一的环境中。PDM 作为 CAM、设计与制造、制造与 ERP 的桥梁和并行工程的基础，愈显重要。CAD 和 ERP 厂商都将 PDM 作为自己的产品来发展。在 ERP 方面，BAAN 公司利用自己的 PDM 产品，实现设计数据、产品松型、BOM、设计文档、有效性控制等。在 Oracle 的 Manufacturing 10SC 中的工程数据管理是面向企业新产品开发和研制的，具有相当强的 PDM 功能。

BPCS 的 C/3 版以及 SAP 的 R/3 中都直接加入了与 PDM 相重叠的功能，增加了对设计数据的管理、设计文档的应用和管理，减少了 MRP Ⅱ 庞大的数据管理和数据准备工作量。R/3 和 BAANPDM 还能直接与 CAD 软件相连接。

对工作流（Workflow）的需求是与无纸管理及 EDI 在 ERP 软件中的应用同时发生的。使用 ERP 以后就出现了电子文档（电子计划文件、电子订单或工程更改文件）在要求的时间按照规定好的路线传递到指定的人员处的问题必须采用工作流管理进行控制。新的管理模式也要求将重构后的业务流程用计算机软件的方式控制起来。对工作流的管理使 ERP 的功能扩展到办公自动化和业务流程的控制之中。

 本章小结

ERP 作为一种蕴涵众多先进管理思想的管理工具，在国内企业的广泛传播和应用，具有非常强烈的背景。本章首先从管理水平、竞争环境的变化及企业信息化影响等三个方面介绍了企业应用 ERP 的缘由，然后解释了 ERP 的基本概念，其中重点强调了 ERP 中的五层计划体系结构；接着对国内从 20 世纪 80 年代开始到现在 20 多年的 MRP、MRP Ⅱ 和 ERP 的认知、学习和应用的过程进行了简单回顾；然后又重点讲解了 ERP 蕴涵的管理思想，应用 ERP 能够给企业带来的直接和间接效益，以及企业所期望达到的五个目标；最后简单阐述了 ERP 在未来的四个发展趋势。

 **练习与思考题**

一、填空题

1. 对于 ERP 的基本概念，可以从管理思想、_____ 和 _____ 三个层面进行理解。

2. ERP 在国内的 20 多年的应用历程中,可以将其划分为启蒙期、_____、发展期和_____。

3. ERP 中的 R 代表资源,其除了传统的人、财和物之外,还应该包括_____。

4. 企业信息化工作大体上可以划分为三个方面的内容:工程技术领域、生产制造领域和_____。

二、名词解释

1. 企业信息化

2. ERP

三、简答题

1. 简述目前 ERP 在国内企业的应用背景。

2. ERP 所蕴涵的先进管理思想主要包含哪些?

3. 实施 ERP 能够给企业带来哪些变化?

4. ERP 能够给企业带来哪些直接效益?

5. 简述 ERP 的未来发展趋势。

 案例分析

格力小家电的 ERP 应用效益

　　格力小家电有限公司是珠海格力集团属下开发、研究、生产、销售小型家用电器的专业骨干公司,自 2000 年 2 月组建以来得到了长足发展,到目前已具相当规模,主要生产"格力"牌电风扇、电暖器、电热水器、电磁灶、电饭煲、抽油烟机、电子消毒柜等七大类产品一百多种型号系列小家电产品,自产小家电产品生产能力达 800 多万台。企业规模的迅速扩张,批量化生产给企业管理提出了更高的要求,为满足企业发展需要,同年 4 月,格力小家电决定导入先进的信息化管理系统,解决因信息不畅导致的一系列管理症结。经过认真调研和严格的选型过程,通软阳光以强大的功能、稳定的性能、合理的实施方案等较多的优势胜出,帮助企业推进信息化进程。

　　通软阳光 Tonsoft/ERP 在格力小家电实施和试运行的一年多来,格力小家电与通软阳光双方项目组的人员为之付出了大量心血。据该项目负责人介绍,从目前系统运行和企业管理情况分析,通软阳光 ERP 不仅为格力小家电解决企业管理上存在的诸多问题,而且帮助企业提升了管理水平和经济效益,基本达到了预期效果。具体表现为以下几个方面:

　　(1) 规范了企业管理。在 Tonsoft/ERP 系统实施的过程中,根据系统的具体要求,

通软阳光对企业的物料进行了统一编码和统一命名,对供应商和经销商进行了统一的编码和分类,对仓库和外地中转仓进行了统一编码和分类。由此解决了企业长期物料不清和不明的状态,解决了对供应商和经销商的不规范管理状态,解决了仓库物料管理粗放,分类不清等状态。

（2）为企业的决策提供了依据。在 Tonsoft/ERP 系统实施和运行的过程中,由于信息共享,数据及时可靠,使企业领导对企业的状况一清二楚,为经营决策和加强管理提供了充分的依据。对库存状态的充分了解,为企业领导提供了如何降低库存的依据。对销售状态的充分了解,为企业领导提供了如何加强产品销售和市场营销的依据。对采购状态的充分了解,为企业领导提供了如何改善和加强对采购瓶颈的管理的依据。对生产状态的充分了解,使企业领导看清如何充分利用现有产能生产出更多符合市场需要的产品。

（3）明显地提高了企业效益。在 Tonsoft/ERP 系统实施和运行过程中,通过库存管理系统我们充分了解厂内和中转仓库存产品积压状态,做出了减少积压产品的生产计划,加强了积压产品的销售计划,使生产占用和库存占用的资金大大下降,同时又使企业的销售资金大大回笼。根据 Tonsoft/ERP 系统计算出的物料需求数据其准确性与以往的手工管理得出的数据大不一样,既加强了采购管理,提高了采购物料的准确性,又降低了物料的库存积压状态。

（4）提高了计划的准确性和可执行性。由于充分地应用了 Tonsoft/ERP 系统,建立了企业内部及供应商和经销商等各方面的基础数据,使企业的销售计划、生产计划和采购计划的准确性大大提高。Tonsoft/ERP 系统提供的主生产计划反复排程功能,使计划的可执行性得到充分反映。

（5）解决了企业财务管理存在数据不清不明问题。长期以来企业资金账和实物账不能保持一致,使困扰企业多年的财务数据与实际数据不清、不明和不准确。自从使用 Tonsoft/ERP 系统,通过对企业的应收账和应付账进行及时收集和处理,解决了这一问题。

第 2 章

ERP 发展历程

学习目的

　　通过学习从订货点法、时段式 MRP、闭环 MRP、MRPⅡ，到目前的 ERP 这五个阶段的各自特点、功能以及不足，使学生了解和熟悉 ERP 的整个发展过程。

第 1 节　管理需求推动 ERP 的发展

　　任何企业的存在目的和经营目标都是一致的，即通过企业资源的有效利用和优化配置，降低成本，实现企业的利润最大化。但在实际的运营过程中，这一目标的实现却面临着一系列严峻的挑战，例如生产计划的合理性、成本的有效控制、设备的充分利用、作业的均衡安排、库存的合理管理、财务状况的及时分析等等。于是，为了解决上述种种经营难题，出现了各种的企业管理理论和管理软件，这其中当然包括了对企业管理影响极为深远的企业管理软件 ERP 的使用。

　　任何一个新概念，都不是一蹴而就的。或者说，新的概念都是在老概念的基础不断完善和发展起来的。作为企业管理软件的高级应用，ERP 是伴随着管理矛盾的解决与新矛盾的产生而不断发展的，经历了从简单、局部应用到高级、全面解决管理问题的一段比较长时期的发展历程，管理的侧重点也从原先的侧重于物流（原料、产品）扩展到物流与资金流相结合，进而扩展到再与信息流结合在一起。综合来看,从 20 世纪的 40 年代到现在,ERP 的发展经历了下面 5 个重要阶段:订货点法、时段式 MRP(Material Requirement Planning,物料需求计划)、闭环 MRP、MRP Ⅱ(Manufacturing Resource Planning,制造资源计划)以及 ERP。从订货点法到 ERP 的发展过程,是从库存管理到物流和资金流,从企业内部到整个供应链的信息集成范围不断扩大,功能不断包容和增强的过程。它们出现的时间以及核心功能如图 2-1 所示。

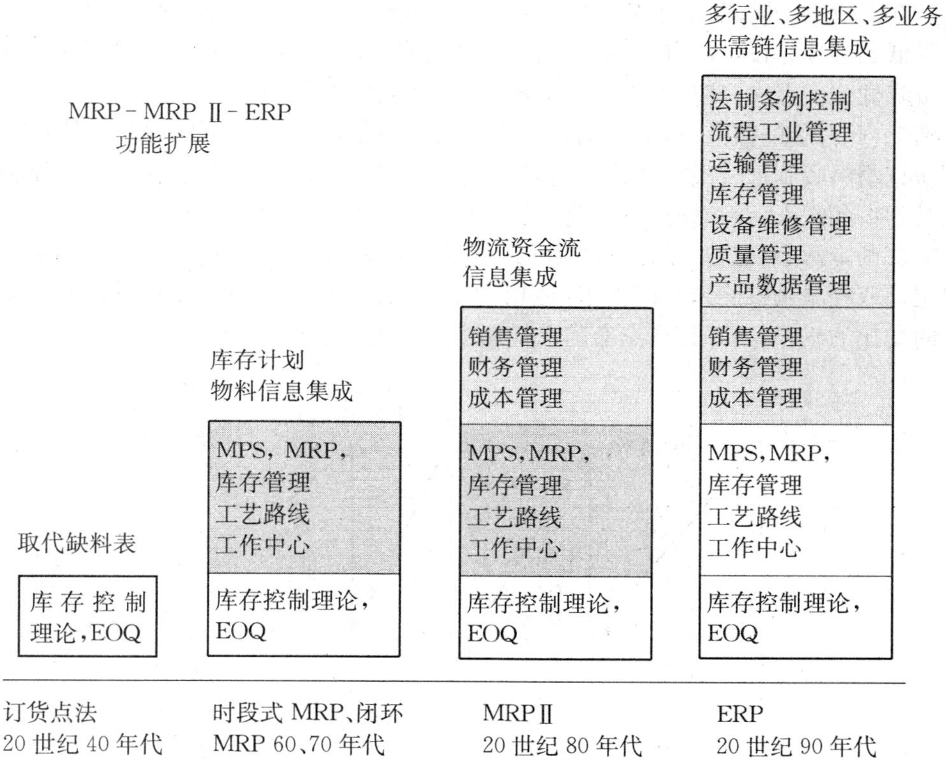

图 2-1　ERP 发展的 5 个阶段

第 2 节　订货点法

2.2.1　订货点法的产生背景及基本概念

在计算机出现之前,库存管理发出生产订单和采购订单的主要依据是依靠由生产车间反馈的缺料表信息。这种表上所列的是生产车间生产过程中马上要使用,但却发现没有库存的物料。通过缺料表,库存管理人员进行发出新订单和催货的业务操作。因为这种物料采购模式没有任何预见性和前瞻性,因此在企业的实际生产过程中,会造成严重的停工待料现象。

订货点法就是在当时的条件下,为改变这种被动的状况而提出的一种库存物料管理方法。在订货点法阶段,对于某种物料或产品,由于生产或销售的原因而逐渐减少,当库存量降低到某预先设定的点时,即开始发出订货单(采购单或加工单)来补充库存,直至库存量降低到安全库存时,发出的订单所定购的物料(产品)刚好到达仓库,补充前一时期的消耗,此订货的数值点,即称为订货点。订货点法也称为安全库存法。从订货单发出到所订物料收到这一段时间称为订货提前期。订货点法本质上是按过去的经验预测未来某物料的需求,并相应进行提前订货以避免缺货现象发生而提出的一种方法。订货点法需要确定两个参数:订货点数量和订货批量。如图 2-2 所示。订货点法主要根据历史记录或经验来推测未来的需求,适用于需求或消耗量比较稳定的物料,但对需求量随时间变化的物料,由于订货点会随消耗速度的快慢而增减,因而并不适用。

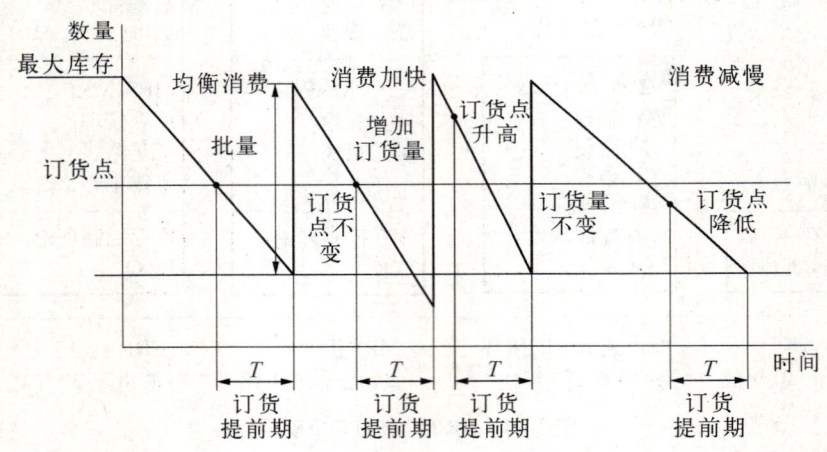

图 2-2 订货点法示意图

根据订货点法的工作原理,订货点数量的计算公式为:订货点数量=单位时区的需求×订货提前期+安全库存量。例如,假定某项物料的需求量为每周 30 件,提前期为 5 周,并保持 100 件的安全库存量,那么,该项物料的订货点可如下计算:$30 \times 5 + 100 = 250$(件)。

▶ 2.2.2 订货点法的不足

尽管与其前身(企业采用缺料表进行物料管理的模式)相比,订货点法具有非常大的改进。但在实际的使用过程中,订货点法往往造成物料库存过高或缺料的现象频频出现,究其原因,主要因为订货点法存在还很多不足之处,具体表现为以下 4 个方面。

(1) 各种物料需求相对独立。

订货点法不考虑物料项目之间的关系,每项物料的订货点分别独立地加以确定。即订货点法是面向零件的,而不是面向产品的。但是在一个企业中,一个很重要的要求就是生产过程中各种物料必须配套,以便生产能够连续进行。由于订货点法对各项物料独立地进行供货预测和订货,则会在装配时发生各项物料数量不匹配的情况。这些虽然单项物料的供货率提高了,但总的供货率却降低了。例如对应包含 10 个零件的一个产品,即使当每个零件的准时供货率都可以达到 90%,但联合准时供应率却仅为 34.8%。

(2) 物料需求的连续性。

物流需求的连续性是订货点法非常重要的假设,而正是这个假设条件严重限制了其在实际应用的场合和效果。根据订货点法的假定,其认为需求相对均匀,从而库存消耗也相对稳定。但实际生产过程中,物料的需求在很多情况下是不均匀、不连续和不稳定的。其中一个非常重要的原因就是物料的消耗连续性受到其下道工序的批量需求的影响。也就是说,即使对最终产品的需求是连续的,也往往由于生产过程中的批量需求,造成实际对零部件和原材料的需求是不连续的客观事实。

需求不连续的现象提出了一个如何确定需求时间的问题。订货点法根据以往的平均消耗来间接地指出需要时间,但对于不连续的非独立需求来说,这种平均消耗率的概念是毫无意义的。也就是说,采用订货点法,系统下达订货的时间或者偏早,造成库存积压,或者造成库存短缺。

(3) 库存消耗后应立即被重新填满。

在订货点法的工作过程中,当库存管理人员发现某项物料的库存量低于其订货点数量时,就需要启动订货程序,以保证库存降低到安全库存之前重新填满库存。但如果需求是间断的,那么这样做不但没有必要,而且也不合理。例如,某种物料库存量虽然降低到了订货点,但是可能在近一段时间企业没有收到新的订单,所以近期内没有新需求产生,暂时可以不用考虑补货。故此订货点法也会造成一些较多的库存积压和资金占用。

(4) 提前期已知且固定。

这是订货点法非常重要的假设之一,由订货点的计算公式可以看出。但在现实中,情况并非如此。对一项指定了 5 周提前期的物料,其实际的提前期有可能最短为 3 周左右,而最长可能为 8 周左右。将在较长时间范围内变化的一个变动提前期浓缩为一个固定值,作为该物料的提前期,显然是不合理的,有可能造成实际生产中的物料短缺或库存积压现象。

第3节 时段式MRP

▶ 2.3.1 时段式 MRP 产生的背景

MRP 是 Material Requirement Planning 的缩写,含义是物料需求计划。时段式MRP 是在解决订货点法的缺陷的基础上发展起来的,亦称为基本 MRP,或简称 MRP。企业管理人员经常碰到如下问题:销售部门好不容易签下了销售合同,生产部门说计划排不下去;一旦生产计划能安排了,供应部门又说材料来不及采购。在仓库里,生产要用到的物料经常出现短缺,而没有用的物料却又长期大量积压。MRP 就是解决这个头痛的"销产供脱节"问题的信息化管理系统,即实现"既不出现短缺,又不积压库存"的目标。

1957 年,美国 27 位生产与库存控制工作者创建了美国生产与库存控制协会(American Production and Inventory Control Association, 简称 APICS)。1960 年前后,由 APICS 的物料需求计划(Material Requirements Planning, 简称 MRP)委员会主席Joseph Orlicky 等人第一次运用 MRP 原理,开发了一套以库存控制为核心的微机软件系统。

▶ 2.3.2 时段式 MRP 与订货点法的区别

时段式 MRP 与订货点法相比,主要区别有以下 3 点:

(1) 通过产品结构(BOM)将所有物料的需求联系起来。如前所述,传统的订货点法进行物料管理时,是彼此孤立地预测每项物料的需求量,而不考虑它们之间的联系,从而造成库存积压和物料短缺同时出现的不良局面。产品结构表示了产品的组成及结构信息,包括所需组件、子件、零部件直到原材料的结构和数量关系。MRP 通过产品结构把所有物料的需求联系起来,考虑不同物料的需求之间的相互匹配关系,从而使各种物料的库存在数量和时间上均趋于合理。

(2) 将物料需求区分为独立需求和非独立需求并分别加以处理。按需求的来源不同,MRP 将企业内部的物料分为独立需求和相关需求两种类型。

独立需求是指需求量和需求时间不依赖于企业内其他物料的需求量,而是由企业外部的需求来决定的物料。例如,客户订购的产品、科研试制需要的样品、售后维修需要的备品备件等。相关需求是指由企业内独立需求物料的需求量来确定自身需求量的物料。例如,半成品、零部件、原材料等的需求。

(3) 对物料的库存状态数据引入了时间分段的概念。所谓时间分段,就是给物料的库存状态数据加上时间坐标,亦即按具体的日期或计划时区记录和存储库存状态数据。在传统的库存管理中,库存状态的记录是没有时间坐标的。记录的内容通常只包含库存量和已订货量。当这两个量之和由于库存消耗而小于最低库存点的数值时,便是重新组织进货的时间。因此,在这种记录中,时间的概念是以间接的方式表达的。而时间分段法则使所有的库存状态数据都直接与具体的时间联系起来。

2.3.3　时段式 MRP 的基本概念

MRP 是一种模拟技术,它根据主生产计划(根据客户订单结合市场预测制定出来的各产品的生产计划,即要生产什么,什么时候生产,生产多少等内容)、物料清单(产品结构在计算机中的表示)和库存信息,对每种物料进行计算,指出何时将会发生物料短缺,并给出建议,以满足需求且避免物料短缺。

由上述概念的阐述可以看出,时段式 MRP 实际上回答了企业经营中 4 个非常重要的问题,它们是:

(1) 要生产什么? 生产多少?(根据 MPS)

(2) 要用到什么?(根据物料清单或产品信息)

(3) 已经有了什么?(根据物料库存信息)

(4) 还缺什么? 何时需要? 何时订货? 何时生产?(MRP 运算结果)

这 4 个问题是任何制造业,不论其产品类型、生产规模、工艺过程如何,都必须回答的基本问题,被称之为"制造业的方程式"。MPS、物料单和库存信息称为 MRP 的三项基本要素。其中 MPS 起"驱动"作用,它决定 MRP 系统的现实性和有效性,另外两项是最基本的数据依据,它们的准确性直接影响 MRP 运算的结果。

企业生产的主要经济矛盾是需求与供给的矛盾。MRP 不仅说明供需之间品种和数量的关系,更重要的是说明了它们之间的时间关系;不仅说明需用的时间,还说明了下达订单的时间。

2.3.4　时段式 MRP 的业务逻辑流程

时段式 MRP 的基本内容是编制零件生产计划和采购计划,即回答了"何时订货"、"订多少货"、"何时生产"及"生产多少"等问题。时段式 MRP 的工作逻辑流程如图 2-3

所示。从时段式 MRP 的工作逻辑流程图,可以看出要正确编制零件计划,首先需要获得产品的出产计划,即主生产计划(Master Production Schedule,简称 MPS),这是 MRP 展开的依据。主生产计划是确定每一具体的最终产品在每一具体时间段内需求数量的计划。主生产计划详细规定生产什么、什么时段应该产出,它是独立需求计划;MRP 还需要知道产品的零件结构,即物料清单(Bill of Material,简称 BOM),才能把主生产计划展开成相关需求件的零件计划;同时必须知道库存数量才能准确计算出零件的采购数量,整个系统就是在 MPS 的驱动下,基于 BOM 表与库存信息实现生产计划与控制的。关于 MPS 和 BOM 的详细内容见后面章节。

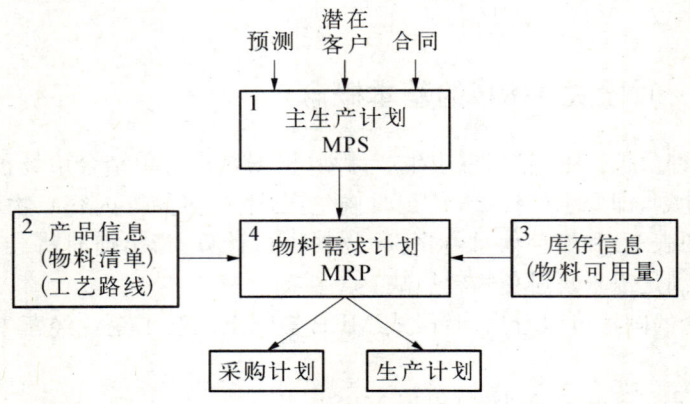

图 2-3　时段式 MRP 的工作逻辑流程图

　　上面讲解了物料需求计划(MRP)"量"的问题,然而任何计划都是"期"和"量"的结合,下面介绍如何确定"期"的问题。物料需求计划(MRP)确定物料需求时间是采用"倒排计划"的方式。由于各个物料的加工或采购周期不同,即从完工日期起倒排进度的提前期不同,下达订单(加工单或采购单)的日期应有先后,即有优先级(priority)。在保证配套日期的原则下,生产或采购周期长的物料应先下达订单(投料或订购),生产或采购周期短的可以晚些下达。时段式 MRP 方法根据产品结构的层次从属关系,以产品的零件为计划对象,以完工日期为计划基准倒排计划,按提前期长短区别各个物料下达订单的优先级;或者说在需用的时刻所有物料都能配套备齐,不到需用的时刻不要过早积压,从而达到减少库存量和占用资金的目的。图 2-4 以自行车的简化的产品结构为例说明物料需求计划(MRP)的倒排计划。MRP 方法正是根据产品结构的层次从属关系,以产品的零件为计划对象,以完工日期为计划基准倒排计划,按提前期长短区别各个物料下达订单的优先级;或者说在需用的时刻所有物料都能配套备齐,不到需用的时刻不要过早积压,从而达到减少库存量和占用资金的目的。

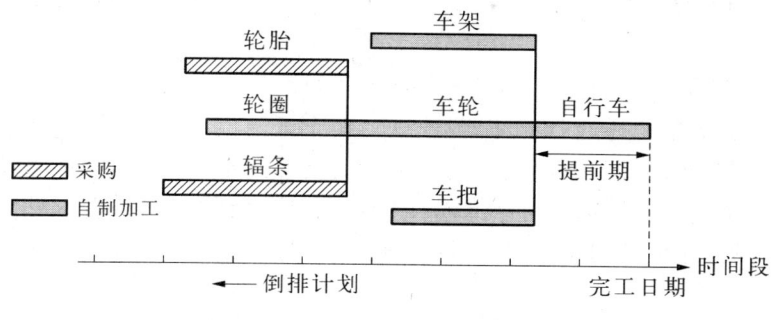

图 2-4　MRP 计划的倒排

第4节　闭 环 MRP

2.4.1　闭环 MRP 的产生背景

20 世纪 60 年代提出的时段式 MRP 可以根据 MPS 编制出所有物料的需求计划，从而解决在生产过程中需要什么，需要多少和什么时间需要等问题。但是它还无法回答如下问题：

（1）企业是否有足够的能力在 MRP 需求的时间内生产或采购所需要的物料？

（2）计划下达到车间或采购部门后，是否能一直按照预定的日程进行，如果出现意外情况影响原定计划的进度，如何处理？

（3）根据某个 MPS 编制出的 MRP 并下达执行后，如果必须对这个 MPS 进行调整，MRP 如何适应 MPS 的调整？

这是因为时段式 MRP 没有考虑到生产企业现有的生产能力和采购的有关条件的约束。相应其计算出来的物料需求的日期有可能因设备和工时的不足而没有能力生产，或者因原料的不足而无法生产。同时，它也缺乏根据计划实施情况的反馈信息对计划进行调整的功能。因此，针对上述问题，MRP 必须解决：

（1）在编制 MRP 的过程中，和正式下达 MRP 以前，必须对其所需要的各种能力进行平衡，以保证企业能完成这个 MRP。

（2）MRP 下达后，必须随时把握计划的完成情况，同时还要建立一种控制机制控制计划的执行，以避免因误差的积累而使原计划失去可行性。

(3) 当计划编制依据(MPS、BOM 和库存等)需要变更时,应能采取措施及时调整 MRP。

所以在 20 世纪 70 年代,能力需求管理(capacity requirement management)的概念被提出来了。即根据物料的需求计划,预见其在未来对能力的需求情况。能力计划不同于用已有能力去限制需求,而是对能力进行规划与调整。相应地,时段式 MRP 系统在 20 世纪 70 年代也发展为闭环 MRP。闭环 MRP 系统除了物料需求计划外,还将生产能力需求计划、车间作业计划和采购作业计划也全部纳入 MRP,形成一个封闭的系统。

2.4.2 闭环 MRP 的基本概念

所谓闭环 MRP 有两层含义:

(1) 闭环 MRP 在时段式 MRP 的基础上,把需要与可能结合起来,通过能力与负荷的反复平衡,实现了一个完整的计划与控制系统。即通过把生产能力计划、车间作业计划和采购作业计划等功能纳入到 MRP,形成一个封闭系统。

(2) 在计划执行过程中,必须有来自车间、供应商和计划人员的反馈信息,并利用这些反馈信息进行计划调整平衡,从而使生产计划方面的各个子系统得到协调统一。其工作过程是一个"计划——执行——评价——反馈——计划"的过程。

闭环 MRP 的目的是使计划落实可行,主要方法是反复进行需求与供给的平衡。这种需求和能力的平衡包括两个方面:在运行 MPS 时,要进行粗能力计划(Rough Cut Capacity Planning,简称 RCCP),同关键工作中心(工作中心是能力单元的统称,详见第 5 章)能力等进行平衡,它的计划对象为独立需求件,主要面向的是主生产计划。在运行 MRP 时要进行能力需求计划(Capacity Requirements Planning,简称 CRP),或称细能力计划,它的计划对象为相关需求件,同所有工作中心的能力(负荷)进行平衡(RCCP 和 CRP 详见第 6 章第 1 节)。

2.4.3 闭环 MRP 的业务逻辑流程

由于 MRP 和 MPS 之间存在内在联系,所以粗能力需求计划与细能力需求计划之间也是一脉相承,而后者正是在前者的基础上进行计算。只有在采取措施做到能力与资源可满足负荷与任务需求时,才开始执行计划,尽力做到下达的计划基本上是可行的。这样,基本 MRP 系统进一步发展,把能力需求计划和执行及控制计划的功能也包括进来,形成一个环形回路,称为闭环 MRP。闭环 MRP 的业务逻辑流程如图 2-5 所示。

在计划正式确定并下达以前,如果发现有能力不能满足需要,就需要采取措施,要么提高能力计划(如增加设备、加班等);要么调整物料需求计划(如在不影响最后交货期的前提下,适当提前或推迟某些物料的作业日期,以避开能力需求高峰)等。

经过调整后,物料需求计划和能力计划已经可以在确认后正式下达了。要保证实现计划就要控制计划,执行 MRP 时要用派工单来控制加工的优先级,用采购单来控制采购的优先级。闭环 MRP 的一个重要特点是:它能及时从供应商、车间作业现场、库房管理员等那里了解计划的执行情况,及时把计划的执行情况反馈到计划部门。

综上所述,闭环 MRP 作为一个完整的生产计划与控制系统,有效地解决了前面提出的三个问题,基本上可以保证计划的有效性。

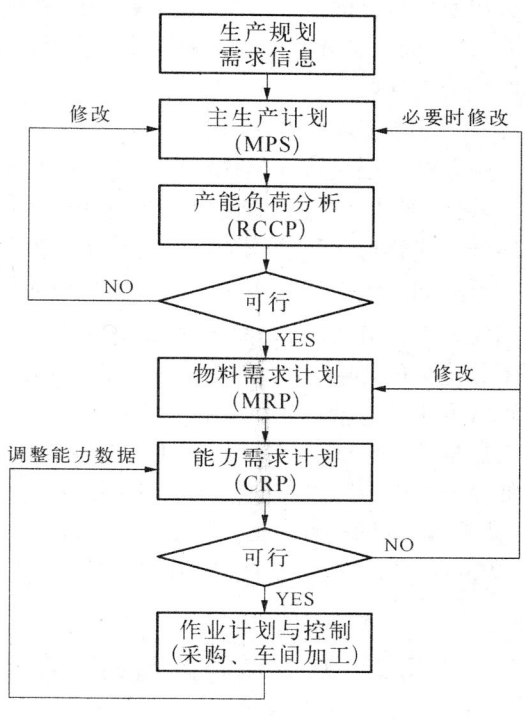

图 2 - 5　闭环 MRP 逻辑流程图

第5节　制造资源计划

2.5.1　制造资源计划的产生背景

闭环 MRP 系统的出现,使生产活动方面的各种子系统得到了统一,解决了"需要什么,何时需要,需要多少",以及"需要多少能力,何时需要,是否需要调整计划"等问题。但这还不够,在闭环 MRP 解决了计划有效性问题后,人们发现除了计划部门外,其他部门也需要利用闭环 MRP 的支持来解决他们自己的问题:

(1)财务会计部门。

原来企业的会计系统会面临的问题是有多个相互矛盾的系统在同时发生作用,财会人员在使用自己的核算系统,有自己的财务数据,同时库存管理人员则另有一套关于库存的数据,成本会计必须在这两套数据以及车间作业数据之间做出调整,因为两者的准确性都值得怀疑。

(2) 经营决策管理部门。

企业的高层决策人员也需要知道:我们需要销售什么才能完成利润指标?我们有什么,需要生产什么?这和生产计划人员的观点类似,但前者更加关注的是货币形式,后者关注的是实物形态。他们的经营计划和生产计划是由不同部门编制的。

上述问题的出现是因为,在企业的管理中生产管理只是一个方面,它所涉及的仅仅是物流的一部分,而与物流密切相关的还有资金流。事实上,资金的流动对企业的生产有十分重大的影响,资金的运作情况将影响到生产的运作情况。无法想象一个出现了资金短缺的企业还会按照计划进行生产。

这样,闭环 MRP 系统就需要进一步发展,以实现一个将物料流动同资金流动结合起来的完整的经营生产管理计划系统,并且在这个系统中,通过把计算机模拟功能纳入进来,使管理人员能够通过对计划、工艺、成本等等功能的模拟,预见到"如果怎样,将会怎样(What-if)",为管理提供预见性和寻求合理解决方案的决策工具。

2.5.2 制造资源计划的基本概念

在 1977 年 9 月,美国著名生产管理专家奥列弗·怀特(Oliver W·Wight)把销售、生产、采购和财务等各个子系统集成为一个一体化的系统,并称为制造资源计划(Manufacturing Resource Planning)系统,缩写还是 MRP,为了区别物流需求计划而记为 MRPⅡ。

MRPⅡ是把经营、生产、财务、销售、工程技术、采购等各个子系统集成为一个一体化的系统,是对企业资源和产、供、销、财各个环节进行有效计划、组织和控制的一整套方法。它围绕企业的基本经营目标,以生产计划为主线,对企业制造的各种资源进行统一的计划和控制,使企业的物流、信息流、资金流流动畅通并动态反馈。

这里讲的制造资源,指人工、物料、设备、能源、资金,各种制造资源都是以"信息"的形式来表现的。通过信息集成,有效地对企业有限的各种制造资源进行周密的计划,合理利用,以提高企业的竞争力。

2.5.3 制造资源计划的业务逻辑流程

MRPⅡ的业务逻辑流程见图 2 - 6。

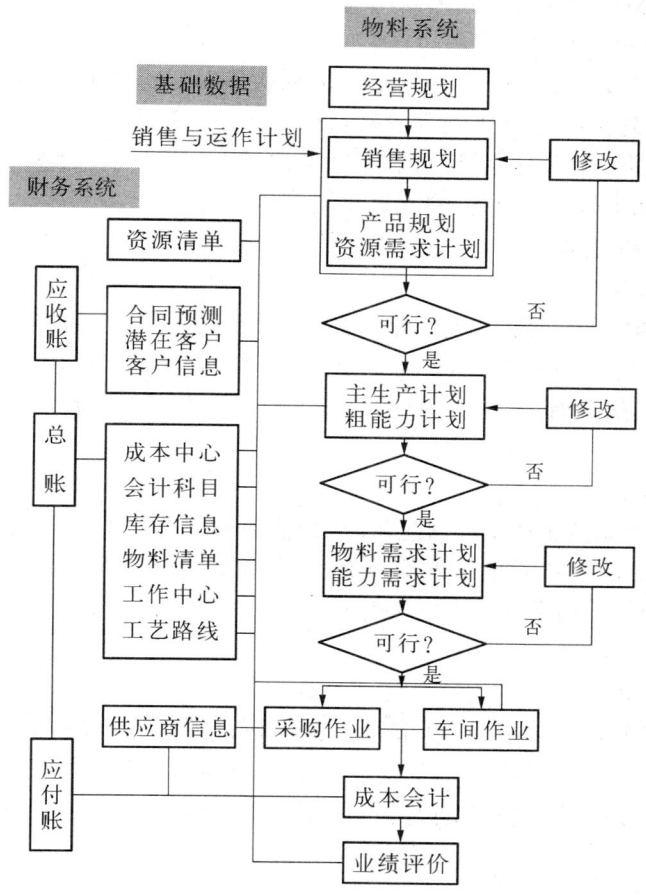

图 2 - 6　MRPⅡ 逻辑流程图

在流程图的右侧是计划与控制的流程,它包括了决策层、计划层和控制执行层,可以理解为经营计划管理的流程;中间是基础数据,要储存在计算机系统的数据库中,并且反复调用。这些数据信息的集成,把企业各个部门的业务联系起来,可以理解为计算机数据库系统;左侧是主要的财务系统,这里只列出应收账、总账和应付账。图中的连线表明信息的流向及它们相互之间的集成关系。

▶ 2.5.4　制造资源计划的特点

MRPⅡ的特点可以从以下几个方面来说明,每一项都含有管理模式的变革和人员素

质或行为变革两方面内容,这些特点是相辅相成的:

(1) 计划的一贯性与可行性。

MRP Ⅱ是一种计划主导型管理模式,计划层次从宏观到微观、从战略到技术、由粗到细逐层优化,但始终保证与企业经营战略目标一致。它把通常的三级计划管理统一起来,计划编制工作集中在厂级职能部门,车间班组只能执行计划、调度和反馈信息。计划下达前反复验证和平衡生产能力,并根据反馈信息及时调整,处理好供需矛盾,保证计划的一贯性、有效性和可执行性。

(2) 管理的系统性。

MRP Ⅱ是一项系统工程,它把企业所有与生产经营直接相关部门的工作联结成一个整体,各部门都从系统整体出发做好本职工作,每个员工都知道自己的工作质量同其他职能部门的关系。这只有在"一个计划"下才能成为系统,条块分割、各行其是的局面应被团队精神所取代。

(3) 数据共享性。

MRP Ⅱ是一种制造企业管理信息系统,企业各部门都依据同一数据信息进行管理,任何一种数据变动都能及时地反映给所有部门,做到数据共享。在统一的数据库支持下,按照规范化的处理程序进行管理和决策。这就改变了过去那种信息不通、情况不明、盲目决策、相互矛盾的现象。

(4) 动态应变性。

MRP Ⅱ是一个闭环系统,它要求跟踪、控制和反馈瞬息万变的实际情况,管理人员可随时根据企业内外环境条件的变化迅速作出响应,及时决策调整,保证生产正常进行。它可以及时掌握各种动态信息,保持较短的生产周期,因而有较强的应变能力。

(5) 模拟预见性。

MRP Ⅱ具有模拟功能。它可以解决"如果怎样,将会怎样"的问题,可以预见在相当长的计划期内可能发生的问题,事先采取措施消除隐患,而不是等问题已经发生了再花几倍的精力去处理。这将使管理人员从忙碌的事务堆里解脱出来,致力于实质性的分析研究,提供多个可行方案供领导决策。

(6) 物流、资金流的统一。

MRP Ⅱ包含了成本会计和财务功能,可以由生产活动直接产生财务数据,把实物形态的物料流动直接转换为价值形态的资金流动,保证生产和财务数据一致。财务部门及时得到资金信息用于控制成本,通过资金流动状况反映物料和经营情况,随时分析企业的经济效益,参与决策,指导和控制经营和生产活动。

以上几个方面的特点表明,MRP Ⅱ是一个比较完整的生产经营管理计划体系,是实现企业整体效益的有效管理模式。

第 6 节　企业资源计划 ERP

2.6.1　ERP 的产生背景

到了 20 世纪 90 年代,随着新兴的管理思想和方法的出现,企业间跨地区、跨国界的合作和生产模式的出现以及信息技术的发展,MRPⅡ逐渐显示出它的局限性和不足,主要表现在以下几方面:

(1) 企业之间的竞争范围的扩大,这就要求在企业管理的各个方面加强管理,要求企业的信息化建设应有更高的集成度,同时企业信息管理的范畴要求扩大到对企业的整个资源集成管理而不单单是对企业的制造资源的集成管理。而 MRPⅡ主要以计划、生产和作业控制为主线,并未覆盖企业的所有职能层面。

(2) MRPⅡ主要面向企业内部资源的计划管理,而企业规模扩大化,多集团、多工厂要求协同作战,统一部署,这已经超出了 MRPⅡ的管理范围。

(3) 信息全球化趋势的发展要求企业之间加强信息交流与信息共享,企业之间既是竞争对手,又是合作伙伴。生产企业与分销网点之间的集成,主机厂同配套厂之间的集成,供需双方业务联系的电子数据交换(EDI),这些都迫切需要信息管理扩大到整个供应链的管理,这些更是 MRPⅡ所不能解决的。

(4) MRPⅡ需要同现代管理思想和方法融合来完善自身,如准时制生产(JIT),全面质量管理(TQM),优化生产技术(OPT),同步工程(SE),敏捷制造(AM),精益生产(LP)等。20 世纪 90 年代 MRPⅡ发展到了一个新的阶段:ERP(Enterprise Resource Planning——企业资源计划)。

ERP 汇合了离散型生产和流程型生产的特点,面向全球市场,包罗了供给链上所有的主导和支持功能,协调企业各个管理部门围绕市场导向,更加灵活或"柔性"地开展业务活动,实时地响应市场需求,进一步提高企业的竞争力。为此,需要重新定义供应商、分销商和制造商相互之间的业务关系;重新构建(Re-engineering)企业的业务和信息流程及组织结构。

ERP 的提出同计算机技术高度发展是分不开的,用户对系统有更大的自主性。作为计算机辅助管理所涉及的功能已远远超过 MRPⅡ的范围。

▶ 2.6.2　ERP 的功能模块结构

ERP 包括的功能除了 MRPⅡ(制造、供销、财务)外，还包括多工厂管理、质量管理、实验室管理、设备维修管理、库存管理、运输管理、过程控制接口、数据采集接口、电子通讯(EDI、电子邮件)、项目管理、市场信息管理等等。它将重新定义各项业务及其相互关系，在管理和组织上采取更灵活的方式，对供需链上供需关系的变动，同步、敏捷、实时地做出响应；在掌握准确、及时、完整信息的基础上，做出正确决策，能动地采取措施。ERP 的主要功能模块及其联系见图 2-7。

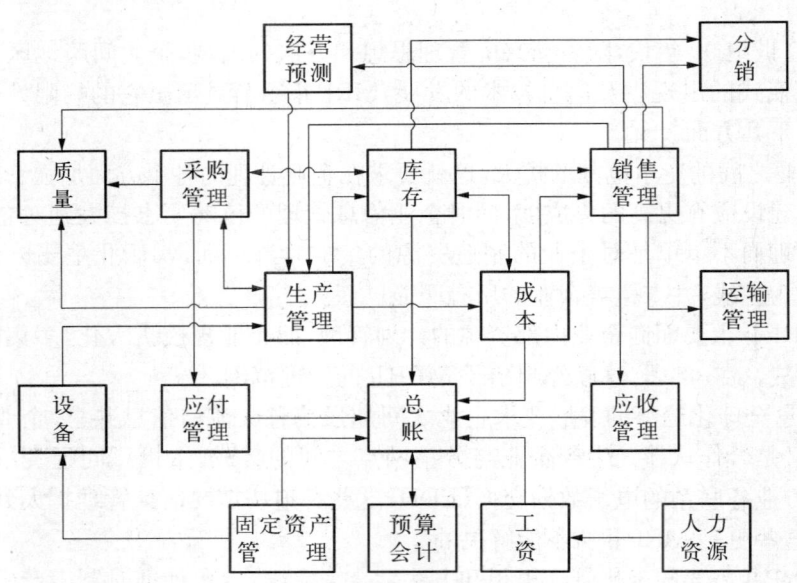

图 2-7　ERP 主要功能模块及其联系

▶ 2.6.3　ERP 与 MRPⅡ 的区别

ERP 同 MRPⅡ 主要存在以下区别：

(1) 扩充了企业经营管理功能。ERP 相对于 MRPⅡ，在原有功能的基础上进行了拓宽，增加了质量控制、运输、分销、售后服务与维护、市场开发、人事管理、实验室管理、项目管理、配方管理、融资投资管理、获利分析、经营风险管理等功能子系统。它可以实现全球范围内的多工厂、多地点的跨国经营运作。

(2) 面向供应链，扩充了企业经营管理的范围。ERP 系统把客户需求和企业内部制造活动以及供应商的制造资源整合在一起,强调对供应链上所有环节进行有效管理。ERP 能对供应链上所有资源进行计划、协调、控制和优化,降低了库存、运输等费用,并通过在整条供应链上传递信息,使整条供应链面对同一需求做出快速的反应,使企业以最快的速度、最低的成本将产品提供给用户。ERP 可以实现全球范围内的多工厂、多地点的跨国经营运作。ERP 供应链管理范畴如图 2-8 所示。

(3) 应用环境的扩展——面向混合制造方式的管理。ERP 不仅支持各种离散型制造环境,而且支持流程式制造环境。

(4) MRPⅡ以物流为核心和以计划为主线,而 ERP 则以成本为核心和以计划为主线。

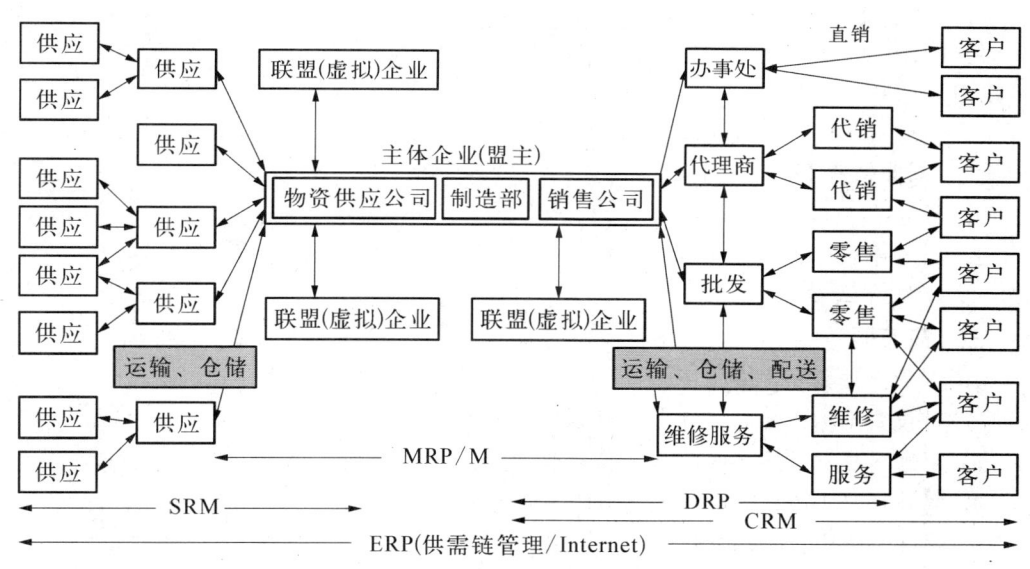

图 2-8 ERP 供应链管理图示说明

 **本章小结**

本章主要讲解了 ERP 在发展历程中的五个重要阶段,它们分别是订货点法、时段式 MRP、闭环 MRP、MRPⅡ和 ERP。在订货点法阶段,主要讲解了订货点的计算,以及订货点法存在的缺陷和不足;在时段式 MRP 阶段,主要讲解了与订货点法相比,时段式 MRP 所作的三个改进,然后重点讲解了基本 MRP 的业务逻辑流程;在闭环 MRP 阶段,主要讲解了闭环所包含的两层含义,及其逻辑流程;在制造资源计划(MRPⅡ)阶段,阐述

了 MRP Ⅱ 相对闭环 MRP 的区别及存在的不足;最后介绍了 ERP 阶段相对 MRP Ⅱ 阶段的改进,以及自身的特点和功能模块结构。

 练习与思考题

一、填空题

1. 在订货点法管理模式下,物料的订货点数量计算公式是:订货点数量＝_____×订货提前期＋_____。

2. MRP 将需求分成了两类:_____和_____。

3. ERP 的发展与形成经历了五个阶段:_____、_____、_____、_____和 ERP。

4. ERP 中的"三流"是指:_____、_____和_____。

二、名词解释

1. 独立需求

2. 相关需求

3. 物料清单

三、简答题

1. 订货点法的不足是什么?

2. 时段式 MRP 相对订货点法有哪些改进之处?

3. 简述时段式 MRP 的基本工作逻辑。

4. 简述闭环 MRP 对时段式 MRP 的改进。

5. 简述 MRP Ⅱ 的基本思想。

6. ERP 与 MRP Ⅱ 的区别是什么?

第3章

销售与运作规划

学习目的

　　通过本章的学习,使学生了解销售与运作规划的基本概念、作用和工作流程,并掌握 MTS 和 MTO 环境下的销售与运作规划以及相应的资源需求计划的编制。

第1节　销售与运作规划基本概念

3.1.1　企业经营规划

　　企业的计划是从长远规划开始的,这个战略规划层次在 ERP 系统中称为经营规划。经营规划要确定企业的经营目标和策略,为企业长远发展做出规划,主要是:① 产品开发方向及市场定位,预期的市场占有率;② 营业额、销售收入与利润、资金周转次数、销售利润率和资金利润率(ROI);③ 长远能力规划、技术改造、企业扩建或基本建设;④ 员工培训及职工队伍建设。

　　企业经营规划的目标,通常是以货币或金额来表达。这是企业的总体目标,是 ERP 系统其他各层计划的依据。所有层次的计划,只是对经营规划进一步具体细化,而不允许偏离经营规划。经营规划在企业高层领导主持下会同市场、生产、计划、物料、技术与财务各部门的负责人共同制定。在执行过程中有意外情况,下层计划人员只有反馈信息的义务,没有变动规划的权限;变更经营规划只能由企业高层领导决策。

按 ERP 标准系统要求,软件应包括这个企业经营规划这个计划层次,但由于它主要是由人工方式进行决策并录入数据,不是由系统运算得出的结果。因此,并非所有的软件都包括这层计划功能。

▶ 3.1.2 销售与运作的规划

销售与运作规划(Sales and Operational Planning,简称 S&OP)是 ERP 的五层计划体系中的第二个层次,是对企业经营规划的细化,是企业实现供需协调的关键之一。在早期的 MRP II 中销售规划与生产规划(或产品规划)是两个相互独立的层次。但由于它们之间有不可分割的联系,后来在 ERP 阶段两者被合并为一个层次。销售与运作规划是为了体现企业经营规划而制定的产品系列生产大纲。由于销售与运作规划和上层计划企业经营规划具有相同的属性,即均属于战略规划,计算机系统目前无法体现出其优势,因此在部分软件系统中也没有包含这层计划功能。

在 APICS(美国生产与库存管理协会)字典中,S&OP 被定义为:"设定整体制造产量及其他活动水平的一种功能,其目的是最好地满足当前计划中的销售水平,同时实现整体商业目标,例如盈利、生产力、有竞争力的顾客交付周期、库存及储备水平等"。S&OP帮助公司管理层设定顾客服务与库存的目标水平,以及生产计划。更重要的是,它还可引导企业积极地迈向最佳的业务表现。

销售与运作规划具有如下特点:① S&OP 是一个单一的、集成的和协调一致的计划,作为企业各个部门行动的依据;② S&OP 规划必须由企业总裁主持,会同各高层经理一起制订;③ S&OP 必须与经营规划保持一致;④ S&OP 是对各产品系列进行计划的。

销售与运作规划主要用以说明企业在可用资源的条件下,1～3 年中产品系列的销售和生产大纲。它通常会包含以下四个方面的内容:① 每一产品类的月生产量;② 每一产品类的年汇总量;③ 所有产品类的月汇总量;④ 所有产品类的年汇总量。

销售规划和生产规划不一定完全一致。例如,销售规划要反映季节性需求,而生产规划要考虑均衡生产。在不同的销售环境下,生产规划的侧重点也不同。对现货生产(MTS)类型的产品,生产规划在确定月产率时,要考虑已有库存量。如果要提高成品库存资金周转次数,年末库存水准要低于年初,那么,生产规划的月产量就低于销售规划的预测值,不足部分用消耗库存量来弥补。对订货生产(MTO)类型的产品,生产规划要考虑未交付的拖欠订单量(Backlog),如果要减少拖欠量,那么,生产规划的月产量要大于销售规划的预计销售量。

第2节 销售与运作规划的作用与效益

销售与运作规划的作用是：① 把经营规划中用货币表达的目标转换为用产品系列的产量来表达；② 制定一个均衡的月产率，以便均衡地利用资源，保持稳定生产；③ 控制拖欠量（对 MTO）或库存量（对 MTS）；④ 作为编制主生产计划（MPS）的依据。

销售与运作规划的主要效益在于提升整体盈利水平，在适当的时间、适当的地点拥有适当的产品。销售与运作规划让行政人员及管理者更好地控制业务、掌握未来，并充分利用各种信息来做出更好的决策。可量化的效益主要包括改善客户服务水平、降低库存，以及提高生产效率。另外一个重要而难以量化的效益在于：这个程式鼓励并发展高层及中间管理层中的团队精神。

第3节 销售与运作规划的编制

销售与运作规划的编制分为五个步骤进行：
(1) 从各个来源搜集资料。
(2) 编制销售与运作规划（S&OP）初稿。
(3) 确定资源需求。
(4) 确定销售与运作规划（S&OP）。
(5) 审查批准销售与运作规划（S&OP）。
具体的流程见图 3−1。

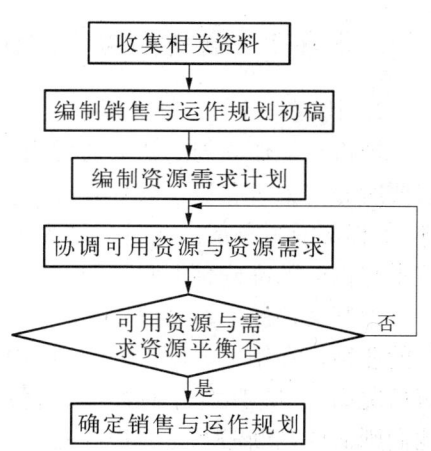

图 3−1 销售与运作规划的编制流程

▏▶ 3.3.1 搜集需求资料

首先识别销售与运作规划制订（S&OP）的小组成员，分配任务进行收集资料及衡量业绩，并对资料进行整理与分析，找出发展趋势并将生产表现与目标相比较。S&OP 工作流程中准备与资料收集工作的重要性经常被低估，事实上会议所做出决策的有效性非常依赖于这些基础资料。为编制销售与运作规划(S&OP),需要从许多来源收集具体数据,这些来源包括:经营规划、市场部门、工程部门、生产部门和财务部门。

(1) 经营规划提出了企业未来的销售额的目标和利润目标,通常以金额为单位,如一个自行车公司来年的销售额目标为 1 000 万元。

(2) 市场部门根据对产品类分时间段的销售预测,得到客户对某类产品或零件的未来需求的估计。如对自行车产品类的预测是一年 3 000 辆。

(3) 工程部门提供资源清单,即生产每单位产品类所需的劳力、机器和材料清单。如公司的工程部门将提供每生产一辆自行车需要用的钢材数量、所需要的劳力和装配工时。

(4) 生产部门提供关于能力,即关于资源的可用性方面的数据。如可用的劳力工时,可用的机械小时和工作中心小时。还提供当前库存水平,当前未交付的订货等实时的数据。

(5) 从财务部门获得经核算确定的单位产品的收入和成本,增加资源(如设备)的财务预算,可用的资金(如流动资金的限额、信贷资金的限额)等。

总之,经营规划,市场部门和工程部门提出的是需求方面的数据,这些需求来自市场、客户,也来自企业自身发展的需要,需求数据的表现形式可以是销售额、产品数量、所需的劳力、机器和材料;而生产部门和财务部门提供的主要是能力方面的数据,关于劳力、设备、库存品,及资金方面的可用性。

▶ 3.3.2 编制销售与运作规划初稿

1. 销售与运作规划协调会

销售与运作规划的初稿通常由企业每月一次的销售与运作规划会议完成。该会议需要所有与销售和运作规划有关的功能部门参加,包括高层管理层、销售与市场部、生产部、工程部及财务部。其目标是为每个产品系列的当前状况与未来计划达成共识,实现需求与供应的准确预测和平衡。

编制初稿的工作会议中,首先回顾上一段时期计划的实际完成情况,包括销售与运作的业绩。在销售方面他们应当集中了解预测以及客户服务的问题,例如为什么实际销售情况高于/低于/等于预测的销售量以及是否已经达到顾客服务的目标。在运作方面他们则需要判断需求是否得到有效的满足:实际产量是否符合计划中的产量? 能否保持达到库存/储备的目标? 过期库存是否已经减少?

然后讨论具体的产品系列,包括特例、实现目标的具体困难、可能的解决办法,并设计一套方案。从销售的角度探讨需求方面的因素:某个产品系列将来的需求如何发展? 市场需要什么新产品、而旧产品何时淘汰? 新产品的需求量如何? 我们是否需要增加宣传或促销来刺激需求,从而实现销售目标? 从运作的角度将会讨论供应方面的问题:我们是否持有过量/过时的库存? 我们是否需要将库存尽快出手(通过促销活动尽快消耗库存,或者将库存发送到减价商店以便尽快清货)? 考虑到生产能力与物料方面的因素,我们需要对生产计划做出何种调整? 这将带来何种成本? 何时需要进行此种调整? 如果调整生产或分销地点,运输成本是否会上升? 设计、测试与生产新产品需要何种资源及时间?

最后,要经过参与会议各部门一致同意的情况下,制订出企业在未来一定时间内企业需要生产的产品系列种类,以及各产品系列在计划展望期内各时段的销售与生产数量。

2. 编制销售与运作规划初稿

不同的制造模式下,销售与生产规划的侧重点也不同。对面向库存生产(MTS)类型的企业,生产规划在确定月运作规划量时,要考虑已有库存量。如果要提高成品库存资金周转次数,年末库存水准要低于年初,那么,生产规划的月产量就低于销售规划值,不足部分用消耗库存量来弥补。对面向订单(MTO)生产模式的企业,生产规划要考虑未交付的欠单量,如果要减少拖欠量,那么,生产规划的月产量要大于预计的销售规划量。下面分别介绍 MTS 和 MTO 两类制造模式下的销售与运作规划初稿的编制方法。

(1) MTS 制造模式下的销售与运作规划(初稿)编制。

MTS 制造模式下编制销售与运作规划(S&OP)初稿,其目标是使生产满足销售规划量和保持一定的库存量和平稳的生产率,以此来确定月生产量和年生产量。其具体编制步骤和各步骤所用公式如表 3-1 所示。

表 3-1　MTS 制造模式下的销售与运作规划初稿编制过程

过　　程	公式/说明	例　　子
(1) 将年销售规划均匀分布在计划展望期各时段上	把由市场部门提供的整个计划展望期上的销售预测分布在各时间段上	年销售规划量:1 200 辆山地车,月预测量:100 辆
(2) 计算期初库存	期初库存＝当前库存－欠单量	500 辆(当前库存)－100 辆(欠单量)＝400 辆(期初库存)
(3) 计算库存水平的改变	库存变化＝目标库存－期初库存(负值说明库存减少,正值说明库存增加)	100 辆(目标库存)－400 辆(期初库存)＝－300 辆(变化是减少 300)
(4) 计算总生产量	总生产量＝预测数量＋库存改变(若库存增加,则多生产;否则少生产)	1 200 辆(预测)－300 辆(库存改变)900 辆(总生产量)
(5) 把总生产量和库存改变按时间段分布在整个展望期上	平稳的产出率:月生产规划量＝总生产量/12	900/12＝75(月生产规划量)

(2) MTO 制造模式下的销售与运作规划(S&OP)初稿。

MTO 制造模式下销售与运作规划(S&OP)初稿的编制,其目标是使生产满足销售运作量和欠单量变化造成的影响。其具体编制步骤和各步骤所用公式如表 3-2 所示。

表 3-2　MTO 制造模式下的销售与运作规划初稿编制过程

过　　程	公式/说　明	例　　子
(1) 把年销售规划分布在计划展望期上	由销售部门提供的整个计划展望期上的规划值分布在各段上	年规划量:1 200 辆山地车月规划量:100 辆
(2) 把未完成订单分布在计划展望期上	未完成订单按照客户交货期分布在计划展望上	参见销售与运作规划(S&OP)的例子
(3) 计算欠单量的变化	欠单量的变化＝目标期末未完成订单－当前未完成订单(未完成订单减少,变化量为负;反之则变化量为正值)	300 辆(期末)－420 辆(当前)＝－120 辆(未完成订单减少)
(4) 计算总生产规划量	总生产规划量＝年销售规划量－欠单量改变(若拖欠量增加,则少生产;否则多生产)	1 200 辆(预测)－(－120)辆(未完成订单变化)＝1 320 辆(总生产量)
(5) 把总生产规划量和库存改变按时间段分布在整个展望期上	总产量分布在计划展望期上应满足未完成订单的目标,重要的是月产量至少满足当月的未完成订单	参见销售与运作规划(S&OP)的例子

▮▮▶ 3.3.3　编制资源需求计划

在销售与运作规划(S&OP)的编制过程中,当确定产品系列的生产量时,要考虑生产这些产品需要占用多少有效资源(物力、劳力和设备),如果资源不足,应协调这些差距。这个过程也称资源需求计划(Resource Requirements Planning)。资源需求计划所指的资源是关键资源,可以是关键工作中心的工时、关键原材料(受市场供应能力或供应商生产能力限制)、资金等。用每一种产品系列消耗关键资源的综合平均指标(如工时/台、吨/台或元/台)来计算。ERP 是一种分时段的计划,计算资源需求量必须同生产规划采用的时间段一致(如月份),不能按全年笼统计算。只有经过按时段平衡了供应与需求后的生产规划,才能作为下一个计划层次——主生产计划的输入信息。有些 ERP 软件是从销售与运作规划（SOP）层次开始的。计划期一般为 1 年，时段为月。

制订资源需求计划的步骤如下：

（1）审定资源清单。

所谓资源清单是生产单位产品系列所需的材料、劳动工时、设备工时、收入、利润等的记录。资源清单中的数字表示的是一个产品系列中所有项目的平均值。

（2）计算资源需求。

在审定资源清单的基础上，计算资源需求，即每类产品的计划生产量和资源需求率相乘。如果资源由几类产品共享，则汇总所有产品类的资源需求。

（3）解决资源需求与可用资源之间的差距。

当资源需求超过可用资源时，将出现物料、劳动力和设备等资源短缺。可以根据具体情况采取措施加以协调。

物料短缺：增加物料购买、减少生产总量、用其他供给源、用替换物料。

劳动力短缺：安排加班、雇用临时工、转包、减少生产总量、调整生产线。

设备短缺：购买新的设备、升级现有设备、转包作业、改变工艺过程、减少生产总量、调整产品类或生产线。

▶ 3.3.4　需求与供应计划的修订与传达

当跨部门小组一致同意高层的销售与运作计划（S&OP）之后，接着便对需求与供应计划进行具体的修订。销售部门需要根据 S&OP 会议上的决策修订销售预测、营销计划、销售计划以及促销活动。运作部门则须根据需要修改生产计划、分销策略，及运输安排。根据最新的小组决策对 S&OP 报告进行更新，并分发给小组成员，而且编写及分发会议纪要。最后，新计划必须传达给有关的其他部门，包括采购部、研发部、工程部等。

第 4 节　销售与运作规划中的沟通与协作

销售与运作规划（S&OP）必须结合四种关键而关联的活动：需求预测、销售计划、物料管理以及生产规划。尤其在高度外包的供应链中，这经常会带来各种问题。有效的协同工作必须在销售部、市场部、采购部、分销部、生产部以及高级管理层之间进行沟通与协商。公司面临的挑战就是如何建立一套工作流程,确保通过协同工作来制订出供求平衡的计划。

S&OP 的挑战通常来自三个方面。

首先公司必须面临会议无建设性的问题。许多 S&OP 会议基本上是情况汇报会。各个业务部门的代表利用会议的时间来讨论一般性、非关键性的问题。因此,凡与当前计划无冲突的销售与运作资料都应当在会议之前分发给各个代表以供参考。而 S&OP 会议应当营造一个协作的气氛,创造一个论坛来讨论并解决计划外的特殊问题。

第二种常见问题是缺乏综合而灵活的规划与衡量工具,来为不断改进提供支持。会议中的资料经常来自多个不同的系统、代表不同的时间阶段,而且统计方式不同。这些资料难以快速而方便地获取,亦难以融合于管理报告中使用。参加会议的代表需要花费大量时间挖掘出这些资料,并编写出可以在会议上使用的报告。

第三种常见的问题是缺乏准确的计划信息。当小组设定整体生产量水平及其他活动来实现计划中的销售水平时,就必须有特别精确的预测。而由于许多规划工具的能力有限,所做出的预测与运作计划在现有资源条件经常无法完成。

第5节　销售与运作规划编制示例

【例 3-1】　MTS 制造模式下的销售与运作规划编制

现假定某公司生产自行车,年销售规划量为 3 600 辆,则月销售量为 300 辆,当前库存为 1 250 辆,拖欠订单量为 650 辆,目标库存为 300 辆,请编制其销售与运作规划初稿。

解:根据前面介绍的计算步骤,可得:

(1) 把销售规划分布在计划展望期各时段上,结果(如表 3-3 第 1 行);

(2) 计算期初库存(=当前库存-拖欠订货数=1 250-650)为 600;

(3) 计算库存改变量(=目标库存-期初库存=300-600)为-300;

(4) 计算总生产量(=预测数量+库存改变量=3 600-300)为 3 300;

(5) 把总生产量按时间段分布在整个展望期上,分配时通常要求按均衡生产率原则:把 3 300 辆产量(按均衡生产率)分布到 12 个月,其中每月均为 275 辆(如表 3-3 第 2 行);

(6) 把库存改变按时间段分布在整个展望期上,按以下公式来计算每月的预计库存:本月库存量=上月库存量+本月运作规划量-本月销售规划量(如表 3-3 第 3 行)。

表 3-3　某自行车公司某年的销售与运作规划(S&OP)(MTS 制造模式)　　(单位:辆)

	1 月	2 月	3 月	4 月	5 月	6 月	7 月	8 月	9 月	……	全年
销售规划	300	300	300	300	300	300	300	300	300	…	3 600
运作规划	275	275	275	275	275	275	275	275	275	…	3 300
预计库存 600	575	550	525	500	475	450	425	400	375	…	目标库存 300

【例 3-2】　MTO 制造模式下的销售与运作规划编制

某公司生产的台式计算机,其年销售规划量为 3 600 台,则月销售规划量为 300 台;期初欠单量预计为 1 250 台,其数量分别为 1 月 250 台,2 月 250 台,3 月 250 台,4 月 200台,5 月 100 台,6 月 100 台,7 月 100 台,期末拖欠量为 950 台,请编制其生产大纲初稿。

解:根据前面介绍的计算步骤,可得:

(1) 把销售规划分布在计划展望期的各时段上(如表 3-4 第 1 行);

(2) 把未完成的订单分布在计划展望期上(如表 3-4 第 2 行);

(3) 计算拖欠量变化(=期末拖欠量—期初拖欠量=950—1 250)为—300 台;

(4) 计算总产量[=预测量—拖欠量变化=3 600—(—300)]为 3 900 台;

(5) 把总产量按时间段分布在计划展望期上,分配时通常要求按均衡生产率原则,且月生产量应保证满足月末完成订单的数据,即把 3 900 台产量(按均衡生产率)分布到 12 个月,得到 1～12 月均为 325 台(如表 3-4 第 4 行);

(6) 把预计未完成的订单按时间段分布在计划展望期上,按以下公式来计算每月的预计未完成订单量:本月未完成订单量=上月未完成订单量+本月运作规划量—本月销售规划量(见表 3-4 中第 3 行)。

表 3-4　某公司某年的销售与运作规划(S&OP)(MTO 制造模式)　　(单位:台)

	1 月	2 月	3 月	4 月	5 月	6 月	7 月	8 月	9 月	……	全年
销售规划	300	300	300	300	300	300	300	300	300	…	3 600
期初未完订单	250	250	250	200	100	100	100			…	1 250
预计划未完订单	1 225	1 200	1 175	1 150	1 100	1 075	1 050	1 025	1 000	…	950
运作规划	325	325	325	325	325	325	325	325	325	…	3 900

本章小结

　　本章首先介绍了作为企业经营规划细化的销售与运作规划（S&OP）的概念及内容、作用与意义；然后详细阐述了销售与运作规划（S&OP）的编制流程和方法，以及资源需求计划的概念和编制过程；最后通过示例详尽讲解了在 MTS 和 MTO 两种制造模式下的销售与运作规划（S&OP）编制计算和资源需求计划编制。销售与运作规划（S&OP）下的生产规划将成为编制下层计划（主生产计划）的根据和基础。

 **练习与思考题**

一、填空题

1. 企业经营规划的目标，通常是以_____来表达。

2. 销售与运作规划是 ERP 的五层计划体系中的第_____个层次，它的上层是_____。

3. 销售与运作规划是编制_____的依据。

4. 销售与运作规划的英文全称为_____。

二、简答题

1. 简述销售与运作规划的特点。

2. 销售与运作规划的作用有哪些？

3. 简述销售与运作规划的编制步骤。

三、计算题

　　某公司的生产类型是面向订单的生产模式，且某产品 X 的下年销售预测量为 2 400 台，期初未完成的拖欠预计为 400 台，其数量为 1 月 120 台，2 月 90 台，4 月 80 台，6 月 50 台，8 月 60 台，期末的拖欠量目标为 200 台，请编制其销售与运作规划初稿。

 **案例分析**

宝洁公司的销售与运作规划应用

　　在 APICS 杂志最近发表的文章《销售与运作规划》中，宝洁公司全球客户服务部产品供应副总裁 Mike Kremzar 介绍了销售与运作规划的效益，他说："销售与运作规划不但提供了资料、论坛及衡量工具，让公司领导层不断为他们的品牌做出明智的决策，而且整个团队都清楚地明白对成本、库存及服务的影响。销售与运作规划的效益十分显著并不断增加，部分部门在库存方面改善 20%、客户服务水平提高 25%的同时，而成本更加减少了！ 销售与运作规划在各个功能部门都提升了效益。通过销售与运作规划，公司将可以更加灵活地对顾客需求做出反应、更加容易按时按量交货。"

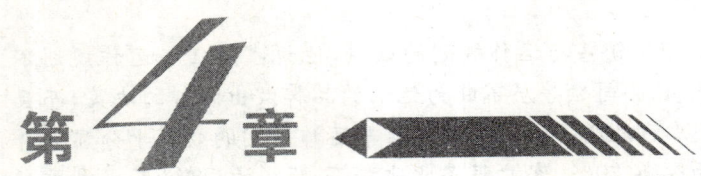

第 4 章

主 生 产 计 划

学习目的

通过本章的学习,使学生了解主生产计划(MPS)和粗能力需求计划(CRP)的基本概念、作用和业务流程,并熟练掌握主生产计划和粗能力需求计划的编制。

第1节 主生产计划基本概念和作用

早期的物料需求计划(MRP)系统直接将客户的需求数据(包括预测或订单)根据物料清单(BOM)展开计算,得到在数量和时间上与预测和客户订单需求相互匹配的生产和采购计划。然而由于预测和客户订单是不稳定和不均衡的,而企业的生产能力和其他资源是有限的,这必然造成企业的生产过程频繁出现如下现象:时而加班加点也不能完成任务,时而设备闲置导致很多人没有活干,造成生产效率低下和混乱无序的情况。在这样的背景下,主生产计划的概念被提了出来。

▶ 4.1.1 基本概念

主生产计划(Master Production Schedule,MPS)是 ERP 五层计划体系中的第三层,

即销售运作规划（S&OP）和物料需求计划（MRP）之间，是对企业销售与运作规划（S&OP）的细化，和进一步进行物料需求计划（MRP）的基础和前提。它以需求预测和客户订单为输入，说明将来各时段中生产什么、生产多少以及什么时段完成，将上层产品系列生产计划转化为具体产品的计划。这里的时间段，通常是以周为单位，在有些情况下，也可以是日、旬、月。主生产计划的对象一般是最终产品，即对于企业来说最终完成、要出厂的完成品，它要具体到产品的品种、型号，但有时也可能是组件的 MPS 计划。

▶ 4.1.2 主生产计划的作用

主生产计划是 ERP 的计划体系中一个重要的层次，属于传统手工管理模式没有的新概念。ERP 中加入主生产计划这一层次，可以有效避免出现上述生产安排严重失衡的现象出现。通过人工干预，均衡安排，使得在一段时间内主生产计划量和预测及客户订单在总量上相匹配，而不追求在每个具体时刻上均与需求相匹配，从而得到一份稳定均衡的计划。据此得到的关于非独立需求项目的物料需求计划也将是稳定和均衡的。因此，制定主生产计划可以得到一份稳定、均衡的生产计划。

概括起来，主生产计划主要有以下作用：

（1）把较高层次的生产计划与日常的日程计划连锁在一起。这就确保后者支持前者，而且在两者不能保持同一步伐之前，会生成早期警告信号。

（2）驱动若干种明细计划。包括物料需求、能力需求（人力与设备）这些明细计划建立物料、人员、机器、机床安装、供应、检测与用来生产 MPS 中最终物料所需的其他设备的恰当时机与数量。其结果是连接一家制造厂及其供应商的一套充分一体化的计划。

（3）驱动财务计划。导向组件库存与制品库存、采购与承诺、直接劳务与售出物料的成本等的弹性预算。这些是可从该作业计划直接计算出来的财务分析中的主要因素。正式的利润计划所需的间接劳务、工厂管理费与销售净收益可从二次计算得到。

（4）为订货生产产品做出客户交货承诺。当客户订单被记载入册时，倘若它们被转换成 MPS 中的模块与最终物料并从 MPS 中某一适当的时间期间减去的话，这些订单就可看做是消耗了 MPS。剩下的余额，常称为可供销售量，为对新的客户订单做出交货承诺提供了可靠的基础。在一种健全的计划与有效地执行的环境中，做出承诺比较容易，而且可以达到及时交货的较高水平。这些比之各种提前期公式或经验性规则要强得多，因为后者对现存负荷不能做出充分的考虑。

（5）监督各项实际绩效。市场营销，评价市场需要与期望；销售，获取客户订单；工程设计，坚持设计与开发工作的进度；计划工作，开发健全的计划；制造，执行该计划。通过这一手段，失败的根源与原因得以澄清，指责可以消除而绩效得以改善。

（6）协调诸多管理人员的活动。开发与维持 MPS 的工作迫使大家一致同意一项最好地满足他们各自需要与期望的操作计划。这为执行该计划中的集体合作奠定了基础。

第2节 编制主生产计划的相关概念

▅▅▅▶ 4.2.1 提前期

提前期是指某一工作的时间周期,即从工作开始到工作结束的时间。提前期是生成MPS、MRP、车间作用计划和采购计划的重要基础数据。在 ERP 中提前期是在物料主文件中进行维护的(直接维护或根据工艺路线生成)。

按照提前期是否可变分为固定提前期和变动提前期两种。固定提前期是不论批量大小,都以一定时间为提前期,它适合于用作采购零部件和原材料的提前期。变动提前期是提前时间的长短随着每批加工量大小而变动的,它适合于用作自制件的提前期。

另外,按照提前期在生产过程中所完成的功能,可以划分为:

(1)生产准备提前期,是从生产计划开始到生产准备完成(可以投入生产)所需的时间。

(2)采购提前期,是采购订单下达到物料完工入库的全部时间。

(3)生产加工提前期是生产加工投入开始(生产准备完成)至生产完工入库的全部时间。

(4)装配提前期是装配投入开始至装配完工的全部时间。

(5)累计提前期是采购、加工、装配提前期的总和。

(6)总提前期是指产品的整个生产周期,包括产品设计提前期、采购提前期以及加工、装配、试车、检测、发运等提前期的总和。

各提前期的时间组成如图 4-1 所示。

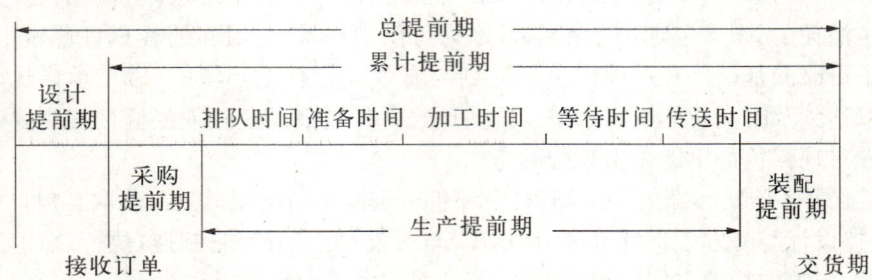

图 4-1 各类提前期示意图

下面详细说明加工提前期的构成,由上图可以看出其包含以下五个部分:

(1) 排队时间。指一批零件在工作中心前等待的时间。

(2) 准备时间。包括熟悉图纸及技术条件、工装的准备和调整等时间。

(3) 加工时间。在工作中心加工或装配的时间,与工作中心的效率、人员技术水平相关。每批零件加工时间＝零件数量×单个零件加工时间。

(4) 等待时间。加工完成后等待运往下道工序或存储位置的时间。有些软件系统将等待时间合并到传送时间中去。

(5) 传送时间。工序之间或工序至库位之间的运输时间,若为外协工序则包含的内容更多。

上述五类时间之和形成了加工件的生产周期,即从下达任务开始到加工完成为止的时间。

对于物料提前期的设置问题,在 ERP 系统中一般是在物料主文件中进行维护的(直接维护或根据工艺路线生成),采购件要设置采购提前期,而自制件则要设置加工提前期,这是进行物料需求计划(MRP)展开计算重要的基础数据之一。累计提前期是根据物料清单的结构层次,由系统自动逐层滚动累加而生成的。生产加工部分的变动提前期是占用工作中心的加工时间。这里可以看出,加工提前期与物料的工艺路线及工作中心能力有关。

▶ 4.2.2　计划展望期和计划时段

1. 计划展望期

计划展望期(Planning Horizon,PH)指编制计划所覆盖的时间范围,也称为计划跨度、计划水平期或计划期。它说明了 MPS 计划能够看多远。为了便于安排产品开发或生产准备计划,它通常不小于 MPS 计划对象(如产品)的总提前期。实际运行时,只要有长期合同订单或可靠的数据录入,计划期可以长些,如一年或更长,以提高计划的预见性。

ERP 中的不同计划层次,其计划展望期是不尽相同的。一般来说,计划的层次越高,计划展望期越长;计划层次越低,计划展望期越短。例如,经营计划的计划展望期一般为 2～7 年;生产计划大纲一般为 1～3 年;主生产计划为 1～6 个月;MRP 为 2 周至3 月。

2. 计划时段

计划时段(Time Buckets,TB)是组织和显示计划的时间单位。将计划展望期分成若干各时间段,是为了说明在各个时间跨度内的计划量、产出量、需求量,以固定的时间段间隔对计划量、产出量和需求量进行汇总,便于对比计划,从而可以区分出计划需求的优先级别,进而合理安排和组织生产。同时,计划时段也说明计划报表能够细分的程度,时段的长度可以由用户任意设定。在系统参数中,用户可定义每个时段所表示的长度,如近期为日或周,中远期为月或季。

与计划展望期类似,计划的层次越低,其计划时间周期越短。经营计划的计划周期一般为 1 年;生产计划大纲的计划周期一般为 1 月;主生产计划的计划周期一般为 1 周,如果再细分,可以是每日一个计划时段;而 MRP 的计划周期一般为 1 日。

▶ 4.2.3 时区和时界

在产品的计划展望期的各时段,计划的修改对企业的影响力各有不同,因此 ERP 系统引入了时区(Time Zone,TZ)与时界(Time Fence,TF)的概念。时区和时界的划分是主生产计划人员控制计划变动的手段之一,用来说明需求量的计算依据,变动计划的限制条件、难易程度以及付出的代价,从而谋求一个比较稳定的主生产计划。

在主生产计划中,将计划展望期依次划分为三个时区:需求时区(时区 1)、计划时区(时区间 2)和预测时区(时区 3),每个时区包含若干个计划时段。其中,需求时区是产品的总装提前期的时间跨度,即指从产品投入加工开始到产品装配完工的时间跨度;计划时区是指在产品的累计提前期的时间跨度内,超过时区 1 以外的时间跨度;预测时区是指超过时区 2 以外的时间跨度。

时区之间的分隔点,称为时界,因此存在两个时界。其中需求时区和计划时区之间的分隔点称为需求时界(Demand Time Fence,简称 DTF),计划时区与预测时区之间的分隔点称为计划时界(Planning Time Fence,简称 PTF)。

下面以图示的方式从一个产品在单个订单和多个订单两周情况下,解释和说明时区和时界的概念及其间的关系。

(1) 某产品单个订单在时间上的时区和时界分布关系。

图 4-2 中横坐标为计划展望期,共包括 19 个计划时段,并假定第 1 个时段的开始时间为计划的当期时间(计划开始时间)。该产品的总装配提前期为 5 个时段,采购和加工提前期为 7 个时段。现该订单要求该产品在第 19 时段完工交货,因此按照前面的定义,由远及近,第 15~19 时段为需求时区(时区 1),第 8~14 时段为计划时区(时区 2),第 1~7 时区为预测时区(时区 3)。第 15 时段开始时间为需求时界(时界 1),第 8 时段开始时间为计划时界(时界 2)。

随着时间的推移,该产品所处的时区从预测时区移至计划时区,进行该产品的原材料的采购和零部件的加工工作,最后移至需求时区,完成产品的组装和装配工作,并在第 19 时段结束时完工入库。

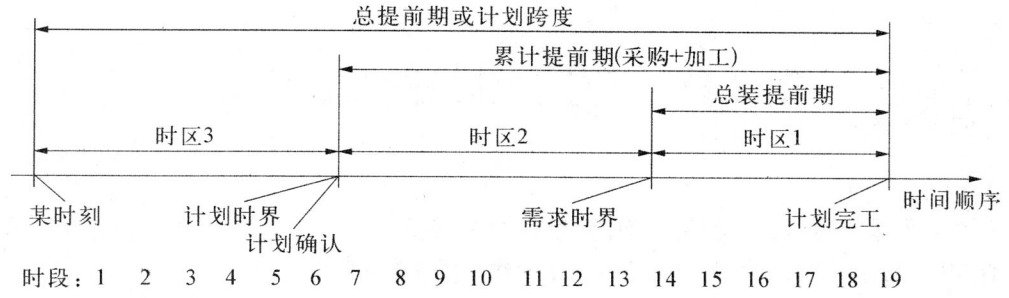

图 4-2　某产品在单个订单情况下的时区和时界分布关系

（2）某产品在多个订单情况下在时间上的时区和时界分布关系。

如图 4-3，该产品目前有 6 张订单，在这种情况下，时区的划分是由近及远，以当期时间为基准，订单 1 和订单 2 已处于总装阶段，因此位于需求时区（时区 1）内；订单 3 和订单 4 处于采购和加工阶段，位于计划时区（时区 2）内；订单 5 和订单 6 则位于预测时区内。一般情况下，主生产计划的时区和时界是按照图 4-3 中所示，由近及远进行划分的。

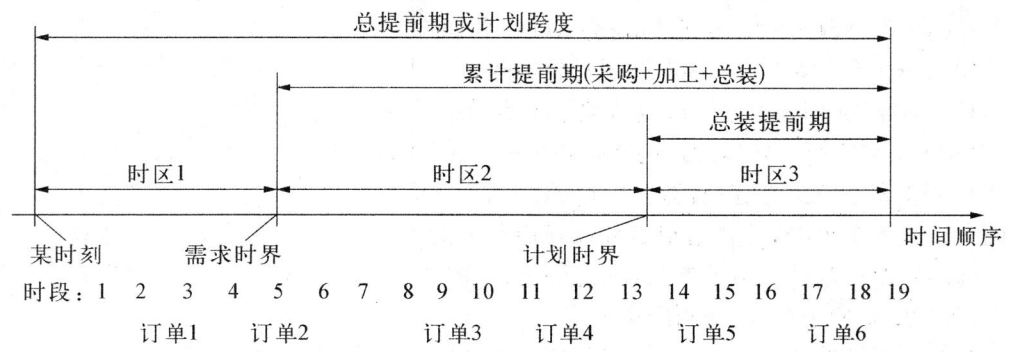

图 4-3　某产品在多个订单情况下的时区和时界分布关系

根据前面叙述可知，不同的时区内计划的修改对企业的影响是不同的。在时区 1 内，需求依据实际合同，计划已下达及执行，计划变动代价极大，很难变动。产品已经投入生产，装配已在进行，变动需由厂领导决定，应该尽量避免更改；在时区 2 内，需求依据合同与预测，可以取：合同、预测、合同与预测之和或者最大值。计划已确认及下达，变动代价大，系统不能自动变动更改，只能由人工干预。在时区 3 内，计划以预测为主，或取预测与合同的最大值。计划允许变动，无代价。系统可自动更改，计划员即有权进行更改。

第3节 主生产计划的编制步骤

主生产计划的编制步骤包括确定 MPS 物料、编制 MPS 初步计划、编制 RCCP 清单、评估 MPS 初步计划、批准和下达 MPS 等步骤。各步骤间的关系如图 4-4 所示。

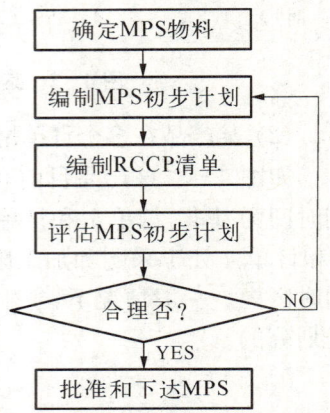

图 4-4 主生产计划编制流程图

4.3.1 确定 MPS 物料

确定 MPS 物料就是把销售与运作规划中的产品系列进行具体化的最终项目(End Item)。最终项目通常是独立需求件。在不同的生产方式下,主生产计划中的最终项目可以是产品、主要组件、虚拟物料单中的组件或者甚至可以是产品结构中最高层次上的单个零件。下面介绍面向库存的生产 MTS、面向订单的制造 MTO 和面向订单的装配 ATO 等环境下的主生产计划对象的确定。

(1)备货环境下,主生产计划对象指产品,备品备件等独立需求项目。

MPS 要确定每一具体的最终产品在每一具体时间段内的生产数量,其中的最终产品是指对于企业来说最终完成的、要出厂的产品。实际,这主要是指大多数备货生产型企业而言。此类企业中,虽然用到多种原材料和零部件,但最终产品的种类一般较少且大都是标准产品。这种产品的市场需求预测的可靠性也较高。因此,通常是将最终产品预先生产出来,放置于仓库,随时准备交货。

(2)面向订单制造环境下,若交货期比产品生产提前期长,可直接安排这些最终产品,否则就需预测产品的需求。

当最终产品和主要的部件,组件都是顾客订货的特殊产品时,这些最终产品的主要部件、组件的种类比他们所需的主要原材料和基本零件的数量可能要多得多。因此,类似装配生产,MPS 可能以主要原材料和基本零件为对象来制定。

(3)面向订单装配的环境下,若产品是一个系列,结构基本相同,都是由若干组件和一些通用件组成,每项基本组件又可有多种可选件,从而可形成一系列多种规格的变型产品,在这种情况下,最终项目指基本组件和通用件。编制计划时,先根据历史资料确定各基本组件中各种可选件占需求量的百分比,并以此安排生产,保持一定库存储量。一且收到正式订单,只要再编制一个总装计划,规定从接到订单开始的一系列核查库存,组装,测试检验,包装发货的进度,就可以选装出各种变型产品,从而缩短交货期,满足客户需求。

今天,企业要生产的最终产品的"变型"很多,变型产品是若干标准模块的不同组合。如今天的汽车,每天生产的汽车可以说几乎没有一模一样的,因为顾客对汽车的颜色,驱动系统,方向盘、坐椅、音响、空调系统等不同部件可以自由选择,最终产品的装配只能根据顾客需求来决定,车的基本型号也是有若干不同部件组合而成。基于顾客的不同选择,可装配出的汽车种类有 A×B×C… 种,但主要部件和组件一共只有 A+B+C+… 件,部件种类的总数比最终产品种类的总数要少得多。因此,对这类产品,一方面,对最终产品的需求是非常多样化和不稳定,很难预测,因此保持最终产品的库存是一种很不经济的做法;另一方面,由于构成最终产品的组合部件种类较少,因此预测它们的需求要容易得多,也精确很多。所以,在这种情况下,通常只是持有主要部件和组件的库存,当最终产品的订货到达后,才开始按订单生产。如以最终产品编制 MPS,则由于种类很多,计划大大复杂化,而且由于需求难以预测,计划的可靠性也难以保证。此时,MPS 是以主要部件和组件为对象来制定的。

表 4-1 为各类生产模式下的主生产计划对象确定方法。

表 4-1　各类生产模式下的主生产计划对象确定方法

生 产 模 式	计 划 依 据	MPS 物 料	举　　例
现货生产 MTS	主要根据市场预测安排生产;产品完成后入库待销,要进行促销活动	独立需求类型物料	大批生产的定型产品,如日用消费品
订货生产 MTO	根据客户订货合同组织生产	独立需求类型物料	标准定型产品
订货组装 ATO	产品成系列,有各种变型,根据合同选择装配	通用件、特征件及可选件	标准系列产品,有可选项

4.3.2　MPS 报表

主生产计划以最终项目为计划对象,按每种产品分别提供计划报表。MPS 报表主要体现需求和供应的演算关系。报表的输入信息包括来自销售部门的预测和合同信息,来自物料主文件中与计划和物料管理相关的信息(如提前期、需求时界、计划时界、批量规则、批量、安全库存量等),以及来自库存管理子系统的库存量信息。输出信息是该产品在未来各时段的需求量、库存量、计划产出量和计划投入量、可供销售量等。

MPS 报表如表 4-2 所示。报表分表头和表体两部分。表头中除现在库存量随时间变化,属于动态信息(来源于库存管理子系统)外,其 WB 均为静态信息(来源于物料主文件)。

表 4-2　主生产计划横式报表示例

物料号:10000　　　　　物料名称:A　　　　　　安全库存:10
提前期:1　　　　　　　批量规则:固定批量　　　批量:10
当期库存:30　　　　　　需求时界:2　　　　　　计划时界:4
计划日期:2007/5/10　　 计划员:ZY

时　段	当期	1	2	3	4	5	6
		5/14	5/21	5/28	6/4	6/11	6/18
预测量		10	10	0	20	10	20
订单量		5	20	20	0	16	18
毛需求量		5	20	20	20	10	20
计划接受量			10				
预计可用库存量	30	25	15	15	15	15	15
净需求量			15	15	5	15	
计划产出量			20	20	10	20	
计划投入量		20	20	10	20		

横式报表显式地描述了某最终项目在各计划时段的毛需求量、净需求量、计划产出量、计划投入量和预计库存量的计算关系和计算过程,可以方便主生产计划的生成过程。如果为了追溯需求的来源、了解加工单和需求的对应关系以及出现例外情况的处理措施,就要用到竖式报表格式。

第4节　MPS 初步计划的编制

此处主要介绍横式 MPS 报表中各量的计算公式和顺序。

4.4.1 编制 MPS 初步计划的逻辑流程

主生产计划逻辑流程图如图 4-5 所示。

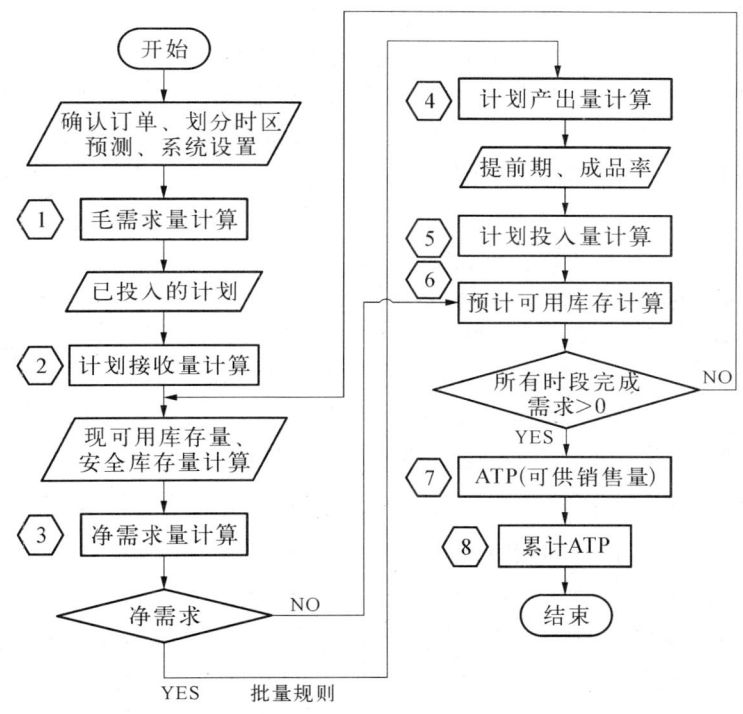

图 4-5 主生产计划逻辑流程图

4.4.2 逻辑流程中相关术语的概念及计算说明

(1) 毛需求量(Gross Requirement,GR):是在任意给定的计划周期内,项目的总需求量。涉及的计算数据主要包括项目的在计划展望期内的预测量和客户的订单量。其中,预测量和订单量均来自销售管理子系统。预测量通过销售预测确定的该项目在某时段的市场需求;订单量是由客户下达订单确定的需求量,是总的订单数减去已出库的数量(也即未完成订单的数量)。

如何把预测量和订单量组合得出毛需求量,这在各个时区的取舍方法是不同的。本书采用的方法如下:

预测时区：毛需求 ＝ 预测量

计划时区：毛需求 ＝ Max(预测量，订单量)

需求时区：毛需求 ＝ 订单量

当然不同的 ERP 软件，毛需求的计算方法还可以选择其他策略。

① 毛需求量＝预测量。这里不考虑合同，适合于库存型(MTS)企业。

② 毛需求量＝合同量。预测量只作参考，不解决计划。适合于订货型(MTO)企业。

③ 毛需求量＝预测量或合同量中的大者(各时区)。适合于既有预测又有合同的企业。

④ 毛需求量(在需求时界内)＝ 合同量；毛需求量(在需求时界外)＝ 预测量。

⑤ 毛需求量(在需求时界内)＝ 合同量；毛需求量(在需求时界外)＝ 预测量和合同量中的大者。

⑥ 毛需求量＝合同量＋预测量。

(2) 计划接收量(Scheduled Receipts,SR)：也叫预期到货量，是指正在执行或者已经确认的订单量。在制定 MPS 计划时，往往把制订计划日期之前已经下达和执行的订单，并在本计划期内完成或到达的数量作为计划接收量处理。

(3) 净需求量(Net Requirement,NR)：指任意给定的计划周期内，某项目实际需求数量。毛需求量指"需要多少"，而净需求量指"还缺多少"。

净需求量＝本时段毛需求量＋安全库存量－(前一时段末的可用库存量＋

本时段计划接收量)

若计算值≤0，则无净需求；若计算值＞0，净需求＝计算值。

这种从毛需求到净需求的计算方法称为净需求计算法(Netting)。如果产生了净需求，则启动了 MPS 的批量排产。其中，安全库存量是指库存量的最低限。设置安全库存旨在预防需求或供应方面不可预料的波动，避免造成生产或供应中断，缓解用户需求与工厂之间、供应商和工厂之间、制造和装配之间的矛盾。

(4) 计划产出量(Planned Order Receipts,PORC)。

计划产出量是为了满足净需求，系统根据设定的批量政策计算得出的供应数量。其计算公式为：

计划产出量＝N×批量。

最后的结果要满足：

计划产出量≥净需求＞(N－1)×批量。

目前 MPS 的批量规则根据是否变化分为静态和动态两种。

① 静态方法。

固定批量法(Fixed Quantity)：固定批量法是指每次 MPS 的计划量是相同的或是某常数的倍数，但下达的间隔周期不一定相同。该规则主要适用于订货费用较大物料。由于受生产条件、运输等的限制,不论实际需求量有多少,均需按照标准批量的整数倍数进行生产或采购。

经济批量法(Economic Order Quantity):经济订货批量简称 EOQ,是指某种物料的订购费用和保管费用之和为最低时的最佳 MPS 批量法。订购费用是指从订购至入库所需要的差旅费用、运输费用等;保管费用是指物料储备费、验收费、库存管理费所占用的流动资金利息费、物料储存消耗费。EOQ 法一般用于需求是常量和已知的,成本和提前期也是常量和已知的,库存能立即补充的情况之下,即它是用于连续需求的,库存消耗稳定的场合。因此,对于需求是离散的 MRP 方法来说,库存消耗是变动的,此时 EOQ 方法的效率不高。

② 动态方法。

直接批量法(Lot for Lot):完全根据实际需求量来确定 MPS 的计划量,即 MPS 计划量定义实际需求量。这种批量规则往往适用于生产或订购数量和时间基本上能给予保证的物料,并且所需要的物料的价值较高,不允许过多地生产或采购。

固定周期法(Fixed Time):是指 MPS 计划的下达间隔周期相同,但其计划量却不尽相同。这种批量法一般用于内部加工自制品生产计划,旨在便于控制。即通过人为设定一个时间间隔,按这段时间内的用量订货。

(5) 计划投入量(Planned Order Releases,POR):是系统根据计划产出量、规定的提前期和成品率计算得出的计划投入数量。说明"什么时间下达计划"。计划投入量的所处时段是在对应的计划产出量的基础上往前推相应的提前期。

(6) 预计可用库存量(Projected Available Balance,PAB):是从现有库存中,扣除了预留给其他用途的已分配量,可以用于下一时段净需求计算的那部分库存。它同现有量不是同一个概念。

$$预计可用库存量=(前一时段末的可用库存量+本时段计划接收量+$$

$$本时段计划产出量)-本时段毛需求量$$

(7) 可用承诺量(Available to Promise,ATP)。

因为计划产出量的计算中考虑了批量规则,并补足了安全库存,则计划产出量经常会出现净需求的情况。此外,若预测值大于订单量,毛需求取预测值,也会出现产出大于实际合同需求的情况。

可用承诺量是指在某一期间内,产品的产出数量可能会大于订单数量的差值。这里的"某一期间"是指连续两次产出该产品的时间间隔。可用承诺量是一种多余的库存,可以随时向客户出售,而不影响其他订单的交货,这个数量为销售部门的销售提供了重要的参考依据。

可用承诺量=某期间的计划产出量(包括计划接收量)-该期间的订单总和。

可用量承诺 ATP 的具体计算可分为如下三个阶段。

阶段 1:

时段 1 的 ATP＝当前库存量 ＋ MPS 在时段 1 的计划接收量－时段 1 的订单量以及在下一个计划产出量出现之前的实际需求量。

阶段 2：

随后出现的"MPS 计划产出"时段的 ATP ＝ 计划接收量－本时段发生的订单量和随后几个时段的订单量进行合计，直到出现新的计划接收量的时段为止。

阶段 3：

如果本期的 ATP 出现负值（时段 1 除外），把上一个 ATP 不为 0 的时段中的 ATP 值减去本期的负值的绝对值，同时把本期的 ATP 设置为 0。

可用承诺量的计算结果信息主要是供销售部门决策用的，它是销售人员同临时来的客户洽商供货条件时的重要依据，通俗的意思是"我还有多少'没有买主'的库存可卖"。因此我们称为"可销售"。

（8）累计 ATP 数量。

从最早的时区开始，把各个时区的 ATP 数量累加到所考虑的时区即是这个时区的累计可签约量。它指出在不改变主生产计划的前提下，积累到目前所考虑的时区为止，关于此最终项目还可向客户作出多大数量的供货承诺。

（9）安全库存（Safety Stock，SS）。

安全库存是一种额外持有的库存，它作为一种缓冲器，用来预防由于自然界或环境的随机干扰而造成的缺货，用来补偿在订货提前期内实际需求量超过期望需求量或实际提前期所产生的需求。安全库存是为了对应供应链中需求和材料供应的不确定性而设立的。因为客户需求经常在变动，而且供应商的交货期也可能出现拖期交货的现象，所以为了不至于缺货，必须设立一定的安全库存。

▶ 4.4.3 MPS 初步计划编制案例

现假定已知某自行车企业的某种型号自行车的提前期为 1 个时段，计划展望期为 10 个时段，需求时界是 3，计划时界是 7，安全库存量是 5，批量规则采用固定批量法，批量是 10。在计划展望期内各时段的预测量和订单量如表 4－3 所示。

表 4－3 某计划展望期内的某型号自行车预测量和订单量

类　别	时段	1	2	3	4	5	6	7	8	9	10
	当期	4/1	4/8	4/15	4/22	4/29	5/6	5/13	5/20	5/27	6/3
预测量		15	30	10	30	18	30	32	25	30	20
订单量		20	25	20	25	20	16	35	20	28	25

（1）确定毛需求量。

根据订单或预测数据，确定毛需求采用如下规则：

时区 1：毛需求＝订单量。

时区 2：毛需求＝Max（订单量，预测量）。

时区 3：毛需求＝预测量。

结果如表 4－4 所示。

表 4－4　某计划展望期内的某型号自行车毛需求量的确定

类　别	时段	1	2	3	4	5	6	7	8	9	10
	当期	4/1	4/8	4/15	4/22	4/29	5/6	5/13	5/20	5/27	6/3
预测量		15	30	10	30	18	30	32	25	30	20
订单量		20	25	20	25	20	16	35	20	28	25
毛需求量		20	25	20	30	20	30	35	25	30	20

（2）读入计划接收量和当期库存量。

如表 4－5 所示。

表 4－5　某计划展望期内的某型号自行车计划接收量和当前库存量的录入

类　别	时段	1	2	3	4	5	6	7	8	9	10
	过去	4/1	4/8	4/15	4/22	4/29	5/6	5/13	5/20	5/27	6/3
预测量		15	30	10	30	18	30	32	25	30	20
订单量		20	25	20	25	20	16	35	20	28	25
毛需求量		20	25	20	30	20	30	35	25	30	20
计划接收量		10									
预计库存	16										

（3）计算第 1 时段净需求量。

根据前面介绍的净需求计算公式，第 1 时段的净需求量＝本时段毛需求量＋安全库存量－（前一时段末的可用库存量＋本时段计划接收量）＝20－（16＋10）＋5＝－1。如果如表 4－6 所示。

表4-6 某计划展望期内的某型号自行车第1时段净需求量的确定

类　别	时段	1	2	3	4	5	6	7	8	9	10
	过去	4/1	4/8	4/15	4/22	4/29	5/6	5/13	5/20	5/27	6/3
预测量		15	30	10	30	18	30	32	25	30	20
订单量		20	25	20	25	20	16	35	20	28	25
毛需求量		20	25	20	30	20	30	35	25	30	20
计划接收量		10									
预计库存	16										
净需求量		−1									

（4）计算第1时段预计可用库存。

由于上述第1时段的净需求计算值≤0，即无净需求，根据前面介绍的 MPS 初步计划的计算逻辑流程，下一步需转入第1时段的预计可用库存。

第1时段的预计可用库存＝（前一时段末的可用库存量＋本时段计划接收量＋本时段计划产出量）−本时段毛需求量 ＝（16＋10＋ 0）−20＝6。结果如表4-7所示。

表4-7 某计划展望期内的某型号自行车第1时段预计可用库存的确定

类　别	时段	1	2	3	4	5	6	7	8	9	10
	过去	4/1	4/8	4/15	4/22	4/29	5/6	5/13	5/20	5/27	6/3
预测量			15	30	10	30	18	30	32	25	30	20
订单量		20	25	20	25	20	16	35	20	28	25
毛需求量		20	25	20	30	20	30	35	25	30	20
计划接收量		10									
预计库存	16	6									
净需求量		−1									

（5）计算第2时段的净需求量。

第1时段，预计可用库存计算完成后，下面转入第2时段的计算。根据前面的逻辑介绍,首先计算净需求量。

第 2 时段净需求量＝本时段毛需求量＋安全库存量－(前一时段末的可用库存量＋本时段计划接收量)＝25＋5－(6＋0)＝24。结果如表 4－8 所示。

表 4－8　某计划展望期内某型号自行车第 2 时段净需求量的确定

类　别	时段	1	2	3	4	5	6	7	8	9	10
	过去	4/1	4/8	4/15	4/22	4/29	5/6	5/13	5/20	5/27	6/3
预测量		15	30	10	30	18	30	32	25	30	20
订单量		20	25	20	25	20	16	35		28	25
毛需求量		20	25	20	30	20	30	35	25	30	20
计划接收量		10									
预计库存	16	6									
净需求量		－1	24								

(6) 计算第 2 时段的计划产出量。

由于第 2 时段的净需求量大于 0,根据计算逻辑流程,下一步需计算第 2 时段的计划产出量。计划产出量由净需求量根据批量规则归整而得,本例采用固定批量法,且批量为 10。则当净需求量＜10,计划产出量取 10;若净需求量大于批量,超出 10 的倍数的零头部分,需归整 10。因此第 2 时段的计划产出量应为 30。结果如表 4－9 所示。

表 4－9　某计划展望期内的某型号自行车第 2 时段计划产出量的确定

类　别	时段	1	2	3	4	5	6	7	8	9	10
	过去	4/1	4/8	4/15	4/22	4/29	5/6	5/13	5/20	5/27	6/3
预测量		15	30	10	30	18	30	32	25	30	20
订单量		20	25	20	25	20	16	35	20	28	25
毛需求量		20	25	20	30	20	30	35	25	30	20
计划接收量		10									
预计库存量	16	6									
净需求量		－1	24								
计划产出量			30								

(7) 计算第 2 时段的计划投入量。

计划投入量的计算是由计划产出量根据设定的提前期和成品率计算得到的,说明什么时间下达计划。本例中,产品的成品率为 100%,即没有损耗。则仅需根据提前期(当前物料的提前期为 1 个时段)来倒推得到计划投入量。结果如表 4-10 所示。

表 4-10　某计划展望期内的某型号自行车第 2 时段计划投入量的确定

类　别	时段	1	2	3	4	5	6	7	8	9	10
	过去	4/1	4/8	4/15	4/22	4/29	5/6	5/13	5/20	5/27	6/3
预测量		15	30	10	30	18	30	32	25	30	20
订单量		20	25	20	25	20	16	35	20	28	25
毛需求量		20	25	20	30	20	30	35	25	30	20
计划接收量		10									
预计库存量	16	6									
净需求量		−1	24								
计划产出量			30								
计划投入量		30									

(8) 计算第 2 时段的预计可用库存量。

预计可用库存量＝(前一时段末的可用库存量＋本时段计划接收量＋本时段计划产出量)－本时段毛需求量＝(6＋0＋30)−25)＝11。结果如表 4-11 所示。

表 4-11　某计划展望期内的某型号自行车第 2 时段预计可用库存量的确定

类　别	时段	1	2	3	4	5	6	7	8	9	10
	过去	4/1	4/8	4/15	4/22	4/29	5/6	5/13	5/20	5/27	6/3
预测量		15	30	10	30	18	30	32	25	30	20
订单量		20	25	20	25	20	16	35	20	28	25
毛需求量		20	25	20	30	20	30	35	25	30	20
计划接收量		10									

类　别	时段	1	2	3	4	5	6	7	8	9	10
	过去	4/1	4/8	4/15	4/22	4/29	5/6	5/13	5/20	5/27	6/3
预计库存量	16	6	11								
净需求量		−1	24								
计划产出量			30								
计划投入量		30									

（9）依次计算其他时段。

根据计算逻辑流程,采用相同的计算顺序和公式,依次计算其他时段的各量,计算结果如表 4-12 所示。

表 4-12　某计划展望期内的某型号自行车其他时段的各量的确定

类　别	时段	1	2	3	4	5	6	7	8	9	10
	过去	4/1	4/8	4/15	4/22	4/29	5/6	5/13	5/20	5/27	6/3
预测量		15	30	10	30	18	30	32	25	30	20
订单量		20	25	20	25	20	16	35	20	28	25
毛需求量		20	25	20	30	20	30	35	25	30	20
计划接收量		10									
预计可用库存	16	6	11	11	11	11	11	6	11	11	11
净需求量			24	14	24	14	24	29	24	24	14
计划产出量			30	20	30	20	30	30	30	30	20

（10）依次计算各时段的可供销售量（ATP）。

根据 ATP 的计算公式[ATP=某期间的计划产出量（包括计划接收量）—该期间的订单总和],可计算得到各时段的 ATP 如表 4-13 所示。

表 4-13　某计划展望期内某型号自行车可供销售量的确定

类　别	时段	1	2	3	4	5	6	7	8	9	10
	过去	4/1	4/8	4/15	4/22	4/29	5/6	5/13	5/20	5/27	6/3
预测量		15	30	10	30	18	30	32	25	30	20
订单量		20	25	20	25	20	16	35	20	28	25
毛需求量		20	25	20	30	20	30	35	25	30	20
计划接收量		10									
预计可用库存量	16	6	11	11	11	11	11	6	11	11	11
净需求量			24	14	24	14	24	29	24	24	14
计划产出量			30	20	30	20	30	30	30	30	20
ATP		6	5		5		14	—5	10	2	

（11）依次计算各时段的累计可供销售量。如表 4-14 所示。

表 4-14　某计划展望期内某型号自行车累计可供销售量的确定

类　别	时段	1	2	3	4	5	6	7	8	9	10
	过去	4/1	4/8	4/15	4/22	4/29	5/6	5/13	5/20	5/27	6/3
预测量		15	30	10	30	18	30	32	25	30	20
订单量		20	25	20	25	20	16	35	20	28	25
毛需求量		20	25	20	30	20	30	35	25	30	20
计划接收量		10									
预计可用库存量	16	6	11	11	11	11	11	6	11	11	11
净需求量			24	14	24	14	24	29	24	24	14
计划产出量			30	20	30	20	30	30	30	30	20
ATP		6	5		5		14	—5	10	2	
累计 ATP		6	11	11	16	16	30	25	35	37	37

第 5 节 粗能力需求计划的编制

4.5.1 粗能力需求计划基本概念

主生产计划 MPS 的初稿计算和编制完成后,其可行性需要通过粗能力需求计划(Rough-cut Capacity Planning,简称 RCCP)进行校验和平衡。粗能力需求计划是伴随主生产计划运行的, 即 ERP 在生成 MPS 时同时计算 MPS 的能力需求。

由于这时还没有展开计算所有物料的需求,所以还不能知道所有工作中心的负荷情况,只能根据经验判断对"关键工作中心"的负荷做一个粗略的估计。因此粗能力需求计划是对"关键工作中心"的能力进行运算而产生的一种能力需求计划,它的计划对象只是针对设置为"关键工作中心"的工作中心能力,计算量要比能力需求计划(将在第 6 章详细讲解)小很多,是比较简单粗略、快速的能力核定方法,所以称为"粗能力需求计划"。粗能力需求计划为安排可行的主生产计划提供了参考,计划员可以据此决定主生产计划是否能得到有效地执行,从而决定是否继续进行下一步的物料需求计划 MRP。

粗能力需求计划通过工艺路线,将主生产计划与执行这些生产任务的关键工作中心(瓶颈资源)联系起来,完成将主生产计划的物料需求数量转换成对关键工作中心的能力需求的工作。能力需求中包括了劳动力、设备、库存空间及供应商的能力等,给出对这些能力需求的粗略估计,评估主生产计划的可行性并进行相应调整。

4.5.2 粗能力需求计划相关概念

1. 关键工作中心

由于粗能力需求计划的负荷计算对象是"关键工作中心",因此在划定工作中心时,需要对那些能力瓶颈的工作中心(即关键工作中心)特别标明。

一般来讲,关键工作中心具有如下特征:

(1) 设备经常满负荷,经常加班加点。

(2) 需要熟练技术工人,不能任意替代或随时招聘。

(3) 工艺独特的专用设备,没有可能替代或分包。

(4) 设备昂贵且不可能及时增添。

(5) 受成本或生产周期限制,不允许替代。

另外,需要注意的是,确定关键工作中心要考虑 MPS 全部计划对象,当产品结构变化时,对工作中心的能力需求也会发生变化,定义的关键工作中心也可能发生变化,因此要注意随产品结构的变化而修正。关键工作中心可在软件的工作中心文件中定义,系统会自动计算关键工作中心的负荷。

2. 偏置天数

主生产计划的计划对象主要是产品物料清单 BOM 结构中 0 层的独立需求型物料,它的工艺路线中可能并不含有关键工作中心,对这个产品来讲,关键工作中心往往是由它下属低层某个零部件决定的,这个零部件使用关键工作中心的日期同最终成品完工日期之间的时间,称为偏置天数或提前期偏置(days offset, or lead time offset),如图 4 - 6 中关于独立需求件铁锤的加工过程中,其零部件锤头加工过程中使用到关键工作中心车床的偏置天数。计算关键工作中心负荷时,除计算准备时间和加工时间外,还要说明发生这个负荷相对于 MPS 最终成品完工日期的偏置天数,这样才能比较符合实际。偏置天数由物料清单上相应物料的累计提前期确定。

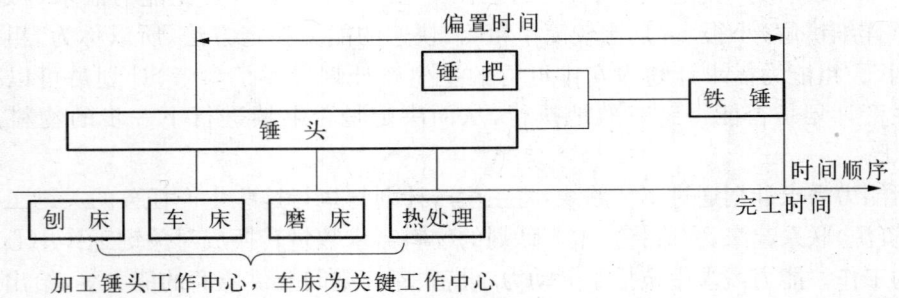

图 4 - 6　关键工作中心的偏置时间

▶ 4.5.3　编制粗能力需求计划——能力清单法

目前常用的粗能力计划编制方法是能力清单法,下面简单介绍该方法的基本步骤。

1. 建立关键工作中心的能力清单

能力清单(Bill of Capacity,简称 BOC)是一个与物料清单相似的文件,在有些技术文献中也称为资源清单(Bill of Resources,简称 BOR)。物料清单列出了生产某一产品所需物料的清单,而能力清单则描述了生产该产品所需的关键工作中心及其单位能力需求。

　　主生产计划能力清单的获得需要借助物料清单(BOM)和工艺路线两个文件计算得到,其中物料清单提供产品的结构信息。图 4-7 给出了一个简单产品 A 的物料清单,本节的例子中将使用它。

　　图 4-7 中的外购件 D、G、H、I 不消耗内部的生产能力,所以不用在能力计划中考虑。

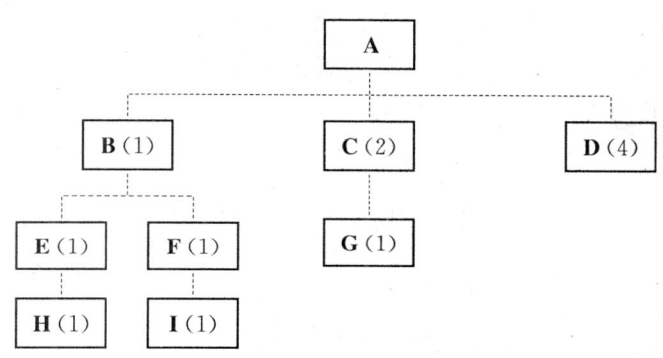

图 4-7　产品 A 的物料清单

　　另外,粗能力需求计划的计算还需要用到工艺路线文件,该文件包括加工每个物料所需的工作中心(此处只考虑关键工作中心)、每个工作中心上的单件定额工时和生产准备时间等。图 4-7 产品 A 及其相关零部件的工艺路线信息如表 4-15 所示。产品 A 的能力清单表明了单件成品与各个关键工作中心所需的定额工时数之间的关系,如表 4-16 所示。

表 4-15　与产品 A 相关的制造信息(对所有的项目用定额工时估计)

物料	工序号	关键工作中心	单件加工时间	生产准备时间	平均批量	单件准备时间	单件总时间
A	10	W30	0.09	0.40	20	0.020 0	0.110 0
B	10	W25	0.06	0.28	40	0.007 0	0.670 0
C	10	W15	0.14	1.6	80	0.020 0	0.160 0
	20	W20	0.07	1.1	80	0.013 8	0.083 8
E	10	W10	0.11	0.85	100	0.008 5	0.118 5
	20	W15	0.26	0.96	100	0.009 6	0.269 6
F	10	W10	0.11	0.85	80	0.010 6	0.120 6

能力清单如表 4-16 所示,其包含了产品 A 及其下属物料加工所涉及的关键工作中心列表,以及在各关键工作中心上的单件加工时间、单件生产准备时间和单件总工时。下面以关键工作中心 10 为例,讲解能力清单上各关键工作中心的各项时间的计算过程。按表 4-15 有关工艺路线的信息,物料 E 的工序 10 和物料 F 的工序 10 在关键工作中心 10 加工。

(1) 关键工作中心 10 的单件产品 A 的加工时间。

由图 4-7 可知加工单件产品 A 需要 1 件 E 和 1 件 F。所以在关键工作中心 10 上,单件产品的加工时间为:

单件产品 A 的加工时间

＝E 的 BOM 用量×E 的单件加工时间 ＋F 的 BOM 用量×F 的单件加工时间

＝1×0.11＋1×0.11

＝0.22(工时/件)。

(2) 关键工作中心 10 的单件产品 A 的准备时间。

在能力计划的计算中,要包括生产准备时间是比较复杂的。能力清单对单件最终产品的不同关键工作中心给出了加工处理时间。这意味着对某道工序的生产准备时间,必须首先分配给单个制造件,然后乘上完成单件最终产品的零件总数,这样给出了与最终产品相关的生产准备时间。该生产准备时间的分配基于每个物料的加工批量。因为批量在一段时间内是可变的,所以采用"平均批量"计算单件生产的准备时间。表 4-17 中给出了所有零部件的平均批量。这样对工作中心 10,单件产品 A 的生产准备时间为:

单件产品 A 的生产准备时间

＝ E 的 BOM 用量×E 的单件准备时间 ＋ F 的 BOM 用量×F 的单件准备时间

＝ 1×(0.85/100) ＋ 1×(0.85/80)

＝0.019 1(工时/件)

(3) 关键工作中心 10 的单件总工时。

单件总工时＝单件产品 A 的加工时间＋单件产品 A 的生产准备时间

＝0.22＋0.019 1＝0.239 1(工时/件)

按照上述计算过程,可以计算得到其他关键工作中心的各单件时间,最后产品的能力清单如表 4-16 所示。

表 4 - 16 产品 A 能力清单

关键工作中心	单件加工时间	单件生产准备时间	单件总工时
W10	0.22	0.019 1	0.239 1
W15	0.54	0.049 6	0.589 6
W20	0.14	0.027 6	0.167 6
W25	0.06	0.007 0	0.067 0
W30	0.09	0.020 0	0.110 0
合 计	1.05 工时	0.123 3 工时	1.173 3 工时

对主生产计划所需要定额工时,则用每个时段的计划产量乘以能力清单中各项时间值得到。用表 4 - 17 中的主生产计划,生成了表 4 - 18 中的能力计划。这里假设主生产计划的描述对最后一道工序用开工日期表示,而不是用需要日期表示。

表 4 - 17 产品 A 的主生产计划

周	1	2	3	4	5	6	7	8	9	10
MPS	25	25	20	20	20	20	30	30	30	25

表 4 - 18 产品 A 的能力需求计划

工作中心	周									
	1	2	3	4	5	6	7	8	9	10
30	2.75	2.75	2.20	2.20	2.20	2.20	3.30	3.30	3.30	2.75
25	1.68	1.68	1.34	1.34	1.34	1.34	2.01	2.01	2.01	1.68
20	4.19	4.19	3.35	3.35	3.35	3.35	5.03	5.03	5.03	4.19
15	14.74	14.74	11.79	11.79	11.79	11.79	17.69	17.69	17.69	14.74
10	5 398	5 398	4.78	4.78	4.78	4.78	7.17	7.17	7.17	5 398
总工时	29.34	29.34	23.46	23.46	23.46	23.46	35.20	35.20	35.20	29.34

2. 确定及调整超负荷时段

根据表 4 - 18 的计算结果,以及各关键工作中心的额定能力,可以方便地找到各关键工作中心的超负荷时段分布情况,常用的分析图有直方图、饼图和产品进度平衡图。

然后再调整和平衡关键工作中心的能力,同时要注意 MPS 最终产品的各子件的进度的总体平衡。此时只需进行初步平衡工作,详细的平衡和调整将制订在物料需求计划和能力需求计划时进行。主生产计划员要对主生产计划和关键资源的能力之间的矛盾进行协调和平衡有两种方法。其中改变负荷的措施主要有:重新制订计划,延长交货期,取消客户订单,减少订货数量等;改变能力的措施主要有:更改加工路线,加班加点,组织外协,增加人员和机器设备。具体的负荷分布直方图,以及超负荷时段调整的示例参考第 6 章能力需求计划的编制。

对那些难以解决的严重问题,应把分析情况及提出的建议报告上级,协调有关部门工作,与有关部门一起商讨解决办法。

第 6 节 评估和批准 MPS 初步计划

制订出的 MPS 初步计划经过 RCCP 调整和平衡后,应向负责 MPS 审核工作的部门提交该计划进行评估。负责审核和评估 MPS 的工作部门,应该及时组织与 MPS 实施相关的部门,例如市场销售部门、工程技术部门、生产制造部门、财务部门和采购部门等。审核和评估工作主要包括以下内容:

(1) 提供对 MPS 初步计划的分析。分析生产规划和 MPS 初步计划之间的所有差别。MPS 中产品大类的总数应约等于相应时期内销售计划的数量,若不一样,一般则需要改变 MPS,使 MPS 和销售计划尽量保持一致。

(2) 各部门要通过讨论和协商,解决 MPS 中的所有问题。

(3) 最后,MPS 初步计划经过审核和评估后,成为正式 MPS。此时应该召开会议批准 MPS,并将正式的 MPS 下达给有关部门,如生产制造、物料、采购、工程技术、市场销售、财务等部门以及相关人员。

 本章小结

本章从主生产计划(MPS)的基本概念与作用出发,介绍了其提前期、时区和时界等相关概念,详细介绍了 MPS 编制步骤和 MPS 物料的确定方法,然后着重讲解了 MPS 相关的需求和库存状态等指标量的计算公式,并以实例介绍了 MPS 初稿的具体编制过程,最后介绍了粗能力需求计划(CRP)的基本概念和具体编制计算过程。

 练习与思考题

一、填空题

1. 编制主生产计划时将计划展望期划分为_____、_____和_____三个时区，以及_____和_____两个时界。

2. 累计提前期是由_____、_____和_____三类提前期组成。

3. 主生产计划MPS的初稿计算和编制完成后，其可行性需要通过_____进行校验和平衡。

4. 粗能力需求计划的计划对象是_____，负荷计算对象是_____。

二、简答题

1. 简述主生产计划的作用。

2. 简述主生产计划(MPS)的编制步骤。

3. 简述粗能力需求计划(RCCP)的编制过程。

4. 什么是关键工作中心？有哪些主要特征？

5. 主生产计划初稿计算过程中，如何确定各时段的毛需求？

三、计算题

假定某企业生产一种产品X，该产品的生产批量为10，提前期为1周，安全库存为10，需求时界为3周，计划时界为6周，当前可用库存为40，第3周的计划接收量为15，已知各时段的订单和销售预测情况。

表4-19 某企业销售预测量和订单量

时 段	1	2	3	4	5	6	7	8
销售预测量	15	10	0	25	10	20	20	15
订 单 量	10	0	20	0	8	28	25	0

 案例分析

一个主生产计划的小故事

星期三上午，11:50，C电器设备公司的主生产计划员朱女士正准备去吃午饭，电话

铃响了,是公司主管销售的副总裁。

"朱女士,你好。我刚刚接到我们浙江的销售代表的电话,他说,如果我们能够比 D 公司交货更快,就可以和一家大公司做成 A3 系统的一笔大生意。"

"这是一个好消息。"朱女士回答,"一套 A3 系统可以卖一百多万。"

"是的。"副总裁说道,"这将是一个重要的新客户,一直由 D 公司控制着,如果我们这一步走出去了,以后的生意会接踵而来的。"

朱女士知道,副总裁打电话给她决不是告诉她这个好消息。"如果我们能够比 D 公司交货更快"才是打电话的原因。作为主生产计划员,她意识到副总裁下面还有话说,她全神贯注地听着。

"你知道,朱女士,交货是销售中的大问题。D 公司已经把他们的交货期从原来的 5 周缩短到 4 周。"副总裁停顿了一下,也许是让朱女士做好思想准备。然后他说,"如果我们要做这笔生意,我们就必须做得比 D 公司更好,我们可以在 3 周之内向这家公司提供一套 A3 系统吗?"

朱女士在今天上午刚检查过 A3 系统的主生产计划,她知道,最近几周生产系统都已经排满了,而且,A3 系统的累计提前期是 6 周。看来必须修改计划。"是 3 周以后发货吗?"朱女士问道。

"恐怕不行,3 周就要到达客户的码头。"副总裁回答。朱女士和副总裁都清楚,A3 系统太大,不能空运。

"那我来处理这件事吧。"朱女士说,"两个小时之后我给您回电话。我需要检查主生产计划,还需要和有关人员讨论。"

副总裁去吃饭了。朱女士继续工作。她要重新检查 A3 系统的主生产计划,有几套 A3 系统正处于不同的生产阶段,它们是为其他客户做的。她需要考虑当前可用的生产能力和物料;她要尽最大的努力,使销售代表能够赢得这个重要的新客户,同时必须让其他老客户保持满意。尽一切可能把所有事情做好,这是她的工作。

下午 1:50,朱女士给销售副总裁打了电话:"您可以通知您的销售代表从现在开始 3 周,一套 A3 系统可以到达客户的码头⋯⋯"

"太好了! 朱女士,您是怎么解决的?"副总裁高兴地问。

"事情是这样的,我们有一套 A2 系统正在生产过程中。我请您的助手给这套系统的客户代表打了电话,请他和客户联系,能否推迟 2 周交货。我们答应这家客户,如果他们同意推迟两周交货,我们将为他们延长产品保修期。他们同意了,我们的财务部门也批准了。我可以修改计划,利用现在的物料和能力把 A2 系统升级为 A3 系统,就可以按时交货了。但是还有一个问题,如果能解决,那就可以为您浙江的销售代表开绿灯了。"

"什么问题?"副总裁有点担心。

"您的广东销售代表有一份 A3 系统的单子正在生产过程中。如果我们按照那样来改变计划,这份订单就得推迟 3 到 4 天,您看可以吗?"

球又回到了副总裁手里。他清楚,对原有计划的任何修改都是要付出一定代价的。"好吧,我来处理。"副总裁说。

问题终于解决了。朱女士看看表,2:15,她感到了饥饿。

这个故事说明,主生产计划员利用 ERP 的 MPS 软件工具得到关于 A3 系统的生产、能力和物料的信息,在此基础上,她需要精心考虑,如果重新安排计划,既要实现公司的目标,又要让客户满意。

第5章

物料需求计划

学习目的

通过本章的学习,了解物料需求计划(MRP)的基本概念和特点,熟悉物料编码、物料清单和低层码等概念的含义及用途,并熟练掌握物料需求计划的编制和计算。

第1节 物料需求计划基本概念和特点

5.1.1 基本概念

企业管理人员经常碰到如下问题:销售部门好不容易签下了销售合同,生产部门说计划排不下去;一旦生产计划能安排了,供应部门又说材料来不及采购。在仓库里,生产要用到的物料经常出现短缺,而没有用的物料却又长期大量积压。物料需求计划(MRP)就是解决这个头痛的"销产供脱节"问题的,以实现"既不出现短缺,又不积压库存"的目标。

由第4章可知,主生产计划是对最终产品的计划。这里的最终产品是指对于企业来说最终完成、要出厂的完成品,它要具体到产品的品种、型号。但是一个产品可能由成百上千种相关物料组成,如果把企业所有产品的相关需求件汇合起来,数量更大。一种物料可能会用在几种产品上,不同产品对同一个物料的需用量又不相同。另外,不同物料的加工周期或采购周期不同,需用日期也不同。既要使每个物料能在需用日期配套备齐,满足装配或交货期的要求,又要在不需要的时期不要过量占用库存,还要考虑合理的生产批量,靠手工管理是不可能进行如此大量数据运算的。这是上述企业手工管理中难以解决的物料短缺和库存量过大等问题的症结所在,也是本章内容——物料需求计划(MRP)要解决的问题。

物料需求计划(Material Requirements Planning,简称 MRP)是对 MPS 需求按照产品结构进一步展开,把主生产计划排产的产品最终分解成各自制零部件的生产计划和采购件的采购计划。物料需求计划根据 MPS 展开编制相关需求类型物料的计划,也可以人工录入零部件的需求,而不从 MPS 展开,如临时增加的备件。MRP 最终要提出每一项加工件和采购件的建议计划,说明每一项加工件的开始日期和完成日期,说明每一项采购件的订货日期和到厂入库日期,以及说明各种物料的需求数量。

在物料需求计划的编制过程中,MPS 提供基本的数据,是 MRP 运行的驱动力量。开始编制物料需求计划时,必须首先得到一个有效的主生产计划。如前所述,主生产计划是制订一个面向独立需求物料的投产计划,该计划包含了在设定的计划展望期内,应该投产的独立需求物料的名称、数量和时间。这里主生产计划作为物料需求计划的输入项,主要解决了"生产什么"、"生产多少"和"什么时间需要"等问题。而物料需求计划则如同一个计算器,将输入的信息(诸如主生产计划、其他独立需求、物料清单和库存信息等),按照既定的逻辑进行运算,最后输出自制件的生产计划和外购件的采购计划。

▶ 5.1.2　特点

1. 同时编制所有的零件计划和采购计划

物料需求计划(MRP)的对象是相关需求类型的物料或其他客户订单和预测的非 MPS 的独立需求物料。一个产品可能有成百上千种相关需求型的物料,各自的加工或采购周期不同,需用日期也不相同。物料需求计划就是要编排好它们的加工和采购计划,使之在需用的日期能够配套备齐,满足装配或交货的要求,而在不需用的时期内又不要过量压库。要做到这点,就必须对不同的物料,按其加工或采购周期(提前期)的长短,从需用日期起算倒排计划,确定下达任务的日期和数量,使生产和采购部门明了每种物料需求的轻重缓急,也就是优先级,从而做到有条不紊地安排加工和采购作业进度。因此我们说 MRP 首先是一种优先级计划(Priority Planning)

方法。

2. 多时段计划

为了实现优先级计划,不仅要把 MRP 的计划对象分解到单个的加工件或采购件(不是部件,更不是产品台套),而且必须把 MRP 计划的时段划分细,只有这样才便于分辨出优先级。粗放管理的计划时段很长,比如说 3 月份交货,那么 3 月 1 日交货和 3 月 31 日交货都算完成计划,这种管理深度不能体现优先级。MRP 不仅要回答"需要什么?"而且更重要的是要回答"什么时候要?"通常 MRP 的计划时段是周,甚至更短,只有这样才能详细地说明需求和供给的时间关系,因此我们说 MRP 又是一种时段计划(Time-phased Planning)方法。

3. 计划滚动和重排

需求在变化,能力也在变化。为了使计划保持现实、有效和可信,就必须使计划能时时反映客观变化实际,保持优先级的准确。MRP 的复核间隔很短,一般是周甚至天,借助计算机这个工具来不断修正计划是非常方便的。因此,MRP 通过不断滚动的方法来解决计划于变化的问题。所以说 MRP 是一种不断滚动的计划方法。

第 2 节 物料需求计划的相关术语

5.2.1 物料编码

1. 物料编码基本概念

企业在数据准备阶段的一项非常重要的工作就是确定物料代码的编码原则和编码方法。不但要考虑当前的需求,而且要考虑今后的变化。

物料编码有时也叫物料代码,是以简短的文字、符号或数字、号码来代表物料、品名、规格或类别,以便于计算机系统对物料进行识别和处理。物料编码是物料的唯一识别代码,类似每个公民的身份证号。ERP 系统对物料信息的处理均是以物料代码作为操作对象的,因此对物料进行编码是 ERP 系统非常重要的基础工作之一。

2. 物料编码方法

物料编码通常采用以下三种方法。

(1) 阿拉伯数字法。

阿拉伯数字法,是以阿拉伯数字作为物料编码的工具,采用以一个或几个阿拉伯数字代表一项物料。这种方法容易理解,只是需另外准备物料项目与数字的对照表,又要记忆对照项目,因此有关人员必须经过一段时间的训练与适应才能运用自如。以阿拉伯数字做物料编码的,较常见的有连续数字编码法和分级式数字编码法。

(2) 英文字母法。

是以英文字母作为物料编码工具的物料编码法。英文字母中 I,O,Q,Z 等字母与阿拉数字 1、0、9、2 等容易混淆,故多废弃不用,除此之外,尚有 22 个字母可利用。如以 A 代表金属材料,B 代表非木材,C 代表玻璃。以 AA 代表铁金属,以 AB 代表铜金属……,英文字母在我国已经相当普遍,是可用的物料编码方法。

(3) 混合法。

混合法物料编码系联合使用英文字母与阿拉伯数字进行物料编码,而多以英文字母代表物料之类别或名称,其后再用十进位或其他方式编阿拉伯数字号码。

3. 物料编码应遵循的基本原则

(1) 完整性原则。在物料编码时,所有的物料都应有物料编码可归,这样物料编码才能完整。若有些物料找不到赋予之物料编码,则很显然物料编码缺乏完整性。

新产品新物料的产生容易破坏物料编码的完整性。因此每当有新物料产生,即应赋予新的物料编码,并规定新的物料没有编码,采购部门不得从事采购,即使没物料编码的新物料采购进来了,仓库部门或会计部门发现物料订购单缺少物料编码,即应请采购部门补填物料编码,否则不予入库、不予付款。这样才能确保物料编码的完整性。

(2) 唯一性原则。这是物料编码的最基本原则,必须做到一物一码,一码一物。同一种物料只能找到一个物料编码,而绝无一个物料有数个物料编码,或一个物料编码有数项物料,一般地,只要物料的物理或化学性质有变化、只要物料要在仓库中存储,就必须为其指定一个编码。例如,某零件要经过冲压成型、钻孔、喷漆三道工序才能完成。如果该物料的三道工序都在同一车间完成,不更换加工单位,即冲压成型后立即进行钻孔,紧接着进行喷漆,中间没有入库、出库处理,则该物料可取一个代码;如果该物料的三道工序不在同一个车间完成,其顺序是冲压、入库、领料、钻孔、入库、领料、喷漆、入库,则在库存管理中为了区分该物料的三种状态,必须取不同的物料编码。

(3) 简洁性原则。编号的目的在于追求处理简化,因此编号位数越少越好。如此,可以节省阅读、抄写、输入的作业时间,增加资料处理的效率。而且,由于编号简短,在处理的过程中出错的几率也较小。

(4) 顺序性原则。排序是计算机强大的功能之一。资料在打印或查询时通常会按照编码的大小顺序排列。因此在编号时对于物料编号大小顺序在事前要规划好。

(5) 避免有意义。很多人在设计编号时都希望编号反映某些意义,以方便记忆或"望文生义"。因此往往以(如物料的规格、尺寸)的英文单词前几个字母或缩写字母冠于编号中。这种方法在物料数量较少时可能可行,但当物料数量巨大时,反而会使其他的"顺序性"、"唯一性"、"弹性"等原则难以兼顾,结果只是徒增编码工作的困扰而已。有些公司为了编出有意义的物料编码体系,使得编到一半就夭折了。编码如身份证,是无需任何意义的。

(6) 分类的原则。编码如能反映分类,则在打印报表时,同类的物料才会被汇总在一起,方便比较和分析。分类的一般原则是大分类号在前,小分类号在后,依序排列。例如编码时,可以第一、二码表示大分类,第三、四、五码表示中分类,第六、七码表示小分类,之后加上几个的流水码。如果担心日后有新物料的加入,可以在分类号和流水号中预留一些空号以便日后可以插入。

(7) 尽量避免英文字母和特殊符号。

也就是说,最好全部使用阿拉伯数字来进行编码。一方面,可以使键入编码的作业效率大大提高;另一方面可避免数字与某些英文字母的混淆现象。如 0 与 O,2 与 Z,1 与 I 等。如果非要使用英文字母的话,则英文字母最好编码之前几位,且位数必须一致。千万避免英文字母与数字混杂使用。有人为了使编码段落分明而在编码中使用"—"、"*"或"/"等符号。这些符号的使用将影响输入效率,因此最好避免使用。

▶▶ 5.2.2 物料主文件

物料主文件是 ERP 系统最基本的文件之一,用来标识和描述生产过程中每一种物料的属性和信息。每一种物料都有一份文档,说明该物料的各种参数、属性及有关信息,反映物料同各个管理功能之间的联系,体现信息集成。

没有物料数据,其他模块数据如产品结构、库存信息、生产成本等数据都不可能建立。物料主文件是建立产品结构清单、库存物料、运行采购、销售、生产管理、主生产计划、物料需求计划、成本计划模块的最基本数据。

物料主文件包含的信息是多方面多角度的,基本上涵盖了企业物料管理活动的各个方面。一般来说,其包含的主要信息有:

(1) 技术资料方面信息。如图号或配方(原料、成分)号、物料名称、重量、体积(对比重小或占空间大的物料需要说明)、修改版本、物料的生效日期和失效日期等。

(2) 计划管理方面信息。如类型码、独立需求或相关需求标识、需求时界和计划时界、固定、变动和累计提前期、低层码、计划员码、工艺路线码等。

(3) 库存方面信息。如计量单位(采购或销售与存储单位、存储单位与发料单位不同时要有相应的换算系数)、成品率、ABC 码、缺省的仓库和货位、分类码、现有库存量、安全库存或最小库存量、最长存储天数、最大库存量限额、批量规则、循环盘点间隔期等。对外购件来讲还应有采购员码、主要和次要供应商、物料在供方的代码等。

（4）销售管理方面信息。如销售员码、计划价格、折扣、佣金、物料在买方使用的代码等。

（5）质量管理方面信息。如批号、待验期、复验间隔天数、最长保存期等。

▷ 5.2.3　物料清单

1. 基本概念

物料清单是 BOM 的中文译名。BOM 含义为 Bill of Materials。物料清单是一个用来定义、记录与储存最终产品组成项目、成分、数量及结构的清单，它表明了产品-部件-组件-零件-原材料之间的结构关系。物料清单中定义最终产品与其组成结构的从属关系，最终产品可能是成品或者是半成品，而组成结构指的是半成品或零件。产品结构示意图如图 5-1 所示。

物料清单是运行 ERP 系统的主导文件，在所有数据项中，物料清单的影响面最大，对它的准确性要求也最高。一个 A 级 ERP 企业，其物料清单的准确度应在 98% 以上，最好是 100%。物料清单如果不准确，运行 MRP 的结果会完全失去意义。

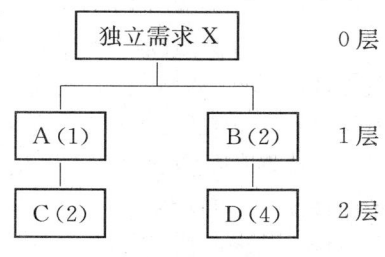

图 5-1　BOM 结构示意图

物料清单通常是以阶层式的方式（Level-by-Level）来呈现，最终产品定义为阶层 0（Level 0），而组成结构定义为 Level 1，组成结构的子项则定义为 Level 2，其子项再接续的子项定义为 Level 3，以此类推，直至最底层的零件或原料为止。

当然，图 5-1 的图形并不是我们最终所要的 BOM。为了便于计算机识别，必须把产品结构图转换成规范的数据格式，这种用规范的数据格式来描述产品结构的文件就是物料清单。它必须说明组件（部件）中各种物料需求的数量和相互之间的组成结构关系。表 5-1 就是一张简单的与产品 X 结构相对应的物料清单。物料清单的内容主要应该包含以下内容：① 父件（Parent）和子件（Child）的物料号码及其从属关系；② 产品组装时所需的子项数量（Quantity）；③ 与生产制造、成本和库存等其他模块的相关信息；④ 子件的生效和失效日期。

2. 物料清单的作用

（1）联系与沟通各业务部门的纽带。它是接收客户订单、选择装配、计算累计提前期、编制生产与采购计划、配套领料、跟踪物流、追溯任务、计算成本、投标报价等都不可少的重要文件。不难看出，上述各项业务涉及销售、计划、生产、供应、物料、成本等部门。BOM 体现了数据共享和信息集成。

表 5－1　产品 X 的物料清单示例

物料编码：10000　产品名称：X

底 层 码	物料编码	名　称	父件编码	数　量	单　位	…
0	10000	X			台	…
1	10100	A	10000	1	件	…
2	10101	C	10100	2	公斤	…
1	10200	B	10000	2	个	…
2	10201	D	10200	4	件	…

（2）反查与追溯。通过物料清单可以查询任何一个物料所从属的上层父件和顶层的最终产品，即反查其使用点（Where-used）。同样，也可以查询任何一个物料的需求量，即追溯（Pegging）任务的来源，如预测或合同订单。ERP 系统提供的反查与追溯功能，只有在一个准确的物料清单基础上才能实现。有了反查与追溯功能，物料的编码完全不必表示层次关系，可简化编码工作。

（3）网络层次结构的扩展用途。物料清单是基于一种类似网络系统的产品结构编制的，这种网络性质使它可以扩展到多方面的用途。例如，把物料清单的每项物料如果赋以成本信息，可形成"成本 BOM"；物料清单中的子件同父件有一定的数量关系，利用这种比例关系结合模块化产品结构可形成"计划物料清单"有助于编制系列产品或选择装配产品的计划。

3. BOM 的输出形式

BOM 的输出形式有多种表示方式，包括正展开（Explosion）与逆展开（Implosion）两类。正展开可细分单层展开、缩行展开和汇总展开，逆展开可细分为单层回溯、多层回溯和汇总回溯。

（1）单层展开（Single-level Explosion）

单层展开物料清单是所有物料清单中最基本、最简单的结构，它仅列出一个装配关系中父件与子件的关系，包括该装配件的所有组成零部件，以及各零部件的用量单位及数量。采用多个单层展开就能完整表示产品的多层结构。

（2）缩行展开（Indented Explosion）

缩行展开是由最终成品开始依序由上至下，在每一上层物料下以缩行的形式列出它们的下属物料，直到所有的子项都展开为止。同一层次的所有零部件都显示在同一列上。该种形式可以清楚地了解产品或次总成的组成结构关系。

（3）汇总展开（Summarized Explosion）

这种形式是将装配最终产品所需要的各阶层所有零件数量加总起来列出,不管其零件是母装配还是子零件,只将各阶层的所有零件汇总数量列示出来,并不具有阶层的关系,所以无法从中看出装配产品的顺序。此清单适用于快速检查可利用的零件数量及审核某成品成本的改变(当其所需的任何零件成本改变时)。

(4) 单阶回溯(Single-level Implosion)

所谓回溯式清单(Pegging List)是指出某一个零件用于那一个成品或装配件的清单,单阶回溯式清单列出某一个零件所有母装配的项目,以一层的方式列出。这种呈现的方式是由下而上的逆展开方式,透过这种方式可以很清楚地知道那一个零件是属于那一个成品或次总成的,当零件或产品结构有所变更时,就可以立即知道受到变更影响的父装配件。

(5) 多阶回溯式(Indented Implosion)

这种展开式是由子零件以逆展方式找出它的父装配项目,依序由下而上的方式展开,如果再遇到父装配时,再将父装配之上一层依次由下而上的方式展开,一直展开到最终产品为止,它的展开形式也有如"阶层、锯齿状",可以清楚地看出父装配与子零件的关系。这种形式的 BOM 可以有效地反映工程设计变更对产品设计的影响。

(6) 汇总回溯式(Summarized Implosion)

汇总回溯式的格式显示所有含有各零件的高层次物料以及每一物料所用零件的数量。这是一张扩展了的"用在哪里"清单,它列出了所有含有零件的高层次物料。

4. 虚拟件

虚拟件表示一种并不存在的物料,图纸上与加工过程都不独立出现,属于"虚构"的装配品。虚拟件是建立物料清单经常用到的一种说明产品结构的形式。它可以出现在产品结构的任意一层。通常情况下,虚拟件的提前期为零,一般无需存储,只有虚拟件下属的子件才有出入库事务。

使用虚拟件的原因有以下几种:

(1) 虚拟件作为一种过渡件处理,以处理设计图纸和制造工艺之间的差异。即在实际加工装配过程中有时并不一定把某些零件装成设计图上所示的组合件,或者说设计图纸或零件明细表上的组合件在实际装配过程中并不一定出现。如图 5-2 所示。产品 X 在设计图纸中存在一个装配由零件 A 和零件 B 装配而成,但在实际加工过程中装配件 P 并不出现,而是直接由零件 A 和零件 B 装配成产品 X,此时装配件 P 就可以定义为一个虚拟件。

(2) 作为共用件,让物料清单比较容易维护,简化 BOM 的结构(但不是层次),方便成组替代。例如在系列产品中有一组通用件(如几种电器系列产品都要用到的、规格数量相同的一组电器元件),可以用一个代表物代替。这个为了简化用的代表物件,可作为一种虚拟件处理。特别是在多个 BOM 中有大量的相同子件重复出现,这种定义方式的优越性就更加明显。另外,如果当虚拟件的子件发生工程改变时,只影响到虚拟件这一层,不会影响此虚拟件以上的所有父项。如图 5-3 所示。产品 X 和产品 Y 的结构中均存在零件 A、B、C、D 和 E。但是,由于这些零件之间并不存在一定的装配关系以构成某个部件,此时即可定义一个虚拟件 P,假定其结构包含了件 A、B、C、D 和 E。经过上述处理,产品 X 和产品 Y 的 BOM 结构均得到了极大的简化。

(3) 作为规划用料号,供预测、规划之用。按照类别,对一类物料的总用量进行预测。

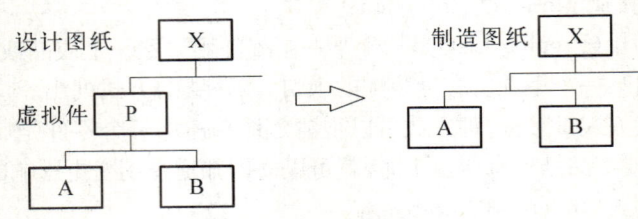

图 5-2　过渡件虚拟 BOM 示意图

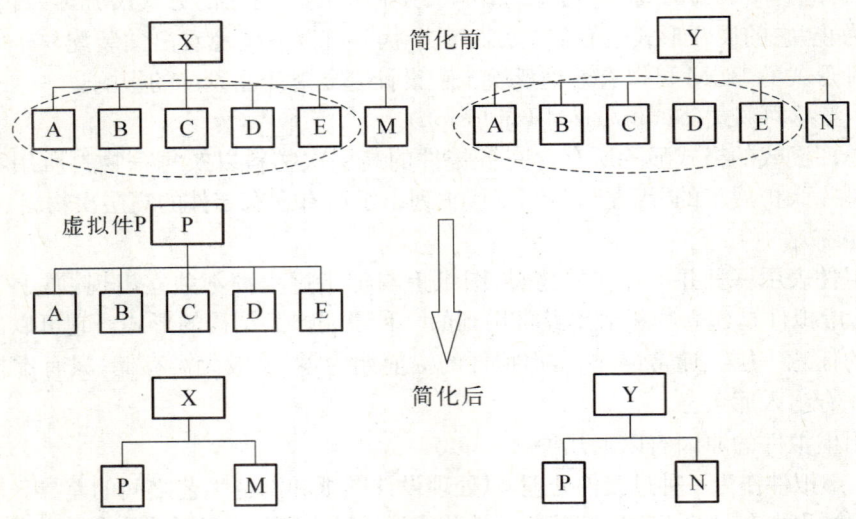

图 5-3　共用件虚拟 BOM 示意图

5. 计划 BOM

计划 BOM 是主要用于预测由不同的产品特征件组合而成的新产品或产品系列。对一种产品系列的销售预测,在计划 BOM 中,可以分解为每种产品各自总量的百分比,然后再确定产品的搭配,作为主生产计划参照的依据。这是因为在实际应用中,产品规格是多变的,零件表按产品结构特点来划分的话,可以分为以下几种类型:

(1) 产品单一,规格基本没有变化。

(2) 产品规格多样,可以选择装配。

(3) 产品系列化,但同一系列中性能变化。

（4）不同产品系列，多种选择装配。

在第 1 种类型中，可以按照最终产品总需求量进行零部件需求量的计算，但是对于其他几种类型，往往以最终产品的子件的总需求量来进行零部件需求量的推算。因为要按照最终产品来推算的话，则需要进行几百次的配件排列组合。

例如一个制造商能向用户提供由 10 种不同的发动机，30 种颜色，4 种车身，2 种车架组装成的汽车，这样就能组装出 $10 \times 30 \times 4 \times 2 = 2\,400$ 种不同式样的汽车，如图 5－4 所示。

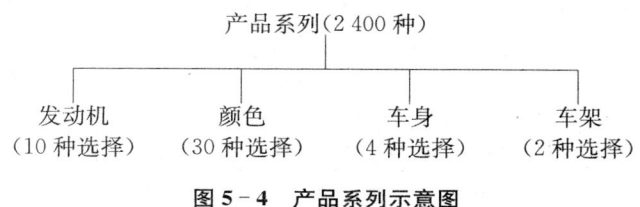

图 5－4　产品系列示意图

在这种情况下，要为每个最终产品分别建立一个独立的 BOM 是不合理的，也是不可行的。另外即使如此建立了 2 400 个 BOM，但在制订 MPS 时，要确定每一时段对每种款式汽车的需求也十分困难。解决这一问题的办法是不考虑每一种最终产品，只对产品系列进行预测，再根据过去的订货或估计得到的概率来得到最终产品的百分比。也就是说，BOM 中的子件同父件有一定的数量关系，利用这种比例关系结合模块化产品结构可形成"计划 BOM"有助于编制系列产品或选择装配产品的计划。例如，过去的销售情况指出 75％的订货要车架 A，25％要车架 B。如果某一时段预测需要 100 辆，则应计划生产车架 A75 个，车架 B25 个。用这种方法，只要每一种可选特征或模块要建立一个 BOM，这总共只要 $10 + 30 + 4 + 2 = 46$ 个 BOM，而不是 2 400 个。

▎▶ 5.2.4　低层码

企业中的产品结构往往有数层上千个零部件之多，有的零部件会重复出现；另一方面，企业中的不同产品中使用相同的零部件。在产品结构比较复杂的情况下，MRP 展开时，如何确定各零部件的计算先后顺序呢？ MRP 的解决方法是利用低层码（Low-Level Code，简称 LLC）来识别各个物料在 BOM 中的层次和先后关系。

物料的低层码是系统分配给物料清单上的每个物料一个从 0 至 N 的数字码。在产品结构中，最上层的低层码为 0，下一层的部件的低层码则为 1，依此类推。一个物料只能有一个低层码，当一个物料在多个产品中所处的产品结构层次不同或即使处于同一产品结构中的但却处于不同产品结构层次时，则取处在最底层的低层码作为该物料的低层码。如图 5－5 中，X1、Y1 的低层码为 0，A、B、C、F 和 G 的低层码为 1，D、E、H 和 K 的低层码为 2。通常情况下，低层码由计算机系统自动维护和计算。

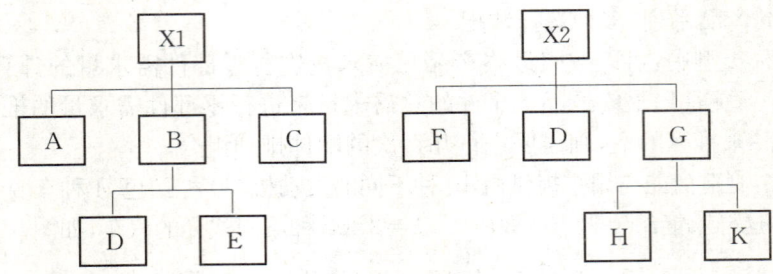

图 5-5　低层码示意图

　　在展开 BOM 进行物料需求计算时,计算的顺序是从上而下进行的,既从产品的 0 层次开始计算,按低层码的顺序从低层码数字小的物料向低层码数字高的顺序进行计算。这里需要说明的是,当计算到该产品的某一层次(如 1 层)的某物料时,该物料的低层码与计算层次不同,例如图 5-5 中当展开计算到 X2 产品的 D 物料时(此时计算层次为 1,但物料 D 的低层码为 2),则只计算该物料的毛需求量,并暂时存储起来,但不进行 MRP 需求计算与原材料(或构成的组件)的库存分配,直到计算层次与该物料的低层码相同为止(如图 5-5 中展开计算到 X1 产品的 D 物料时),将前面所有的毛需求进行汇总,并进行库存分配以及相应的该物料 MRP 计算。通过这样的处理逻辑,可以保证在实际的加工过程中,可用的库存量能够优先分配给处于最低层(最先开始加工)的物料,保证了时间上最先需求的物料先得到库存分配,避免了晚需求的物料提前下达计划,并占用库存。因此,低层码是 MRP 的计算顺序。

第3节　物料需求计划的展开计算过程

▶▶▶ 5.3.1　物料需求计划的展开计算逻辑流程

　　物料需求计划的计算过程包含了两层逻辑循环。其中,第 1 层是 MRP 的展开逻辑。MRP 的运算首先要遵循分层处理原则,按照 BOM 结构层次关系,自上而下逐层展开各层的相关需求件,直至最低层,这物料层次展开循环本文称为 MRP 展开逻辑,如图 5-6 所示。另外,第 2 层是物料在各时段的 MRP 计划的计算逻辑,其流程见图 5-7。物料需求计划借助于先进的计算机技术和管理软件而进行的物料需求量的计算,与传统的手工方式相比,计算的时间大大缩短,计算的准确度也相应地得以大幅度地提高。

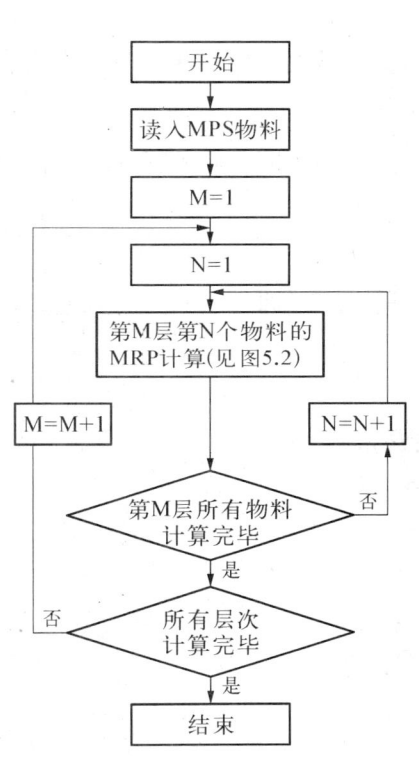

图 5-6　MRP 展开逻辑流程示意图

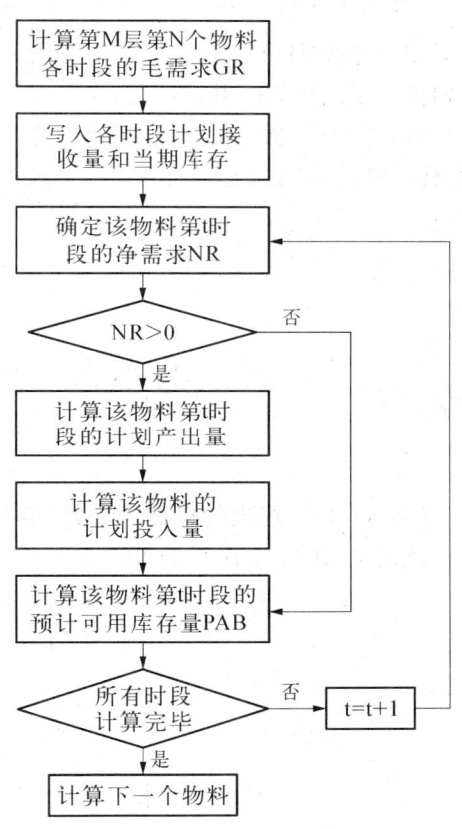

图 5-7　MRP 计算逻辑流程示意图

▶▶▶ 5.3.2　毛需求量的计算过程说明

通过比较物料需求计划 MRP 和主生产计划 MPS 的计算逻辑流程图,可以看出 MRP 的运算同 MPS 的运算基本相同,区别仅在于 MRP 报表编制过程中的毛需求是由 MPS 提出的,不涉及预测及合同等信息,而且不需要计算可供销售量。除上述两个计算量之外,其他计算变量的计算公式均相同。因此下面着重对 MRP 中毛需求量的计算进行说明,其他见第 4 章相关内容。

相关需求件的毛需求计算涉及下面两个方面:

(1)毛需求的确定:某时段下层物料的毛需求是根据上层物料在该时段的计划投入量和产品结构中上下层的数量关系计算得到的。即:

相关需求件的毛需求＝父件的计划投入量×BOM 中上下层的单位用量关系

（2）需求时间的确定：相关需求物料的毛需求的时间即为母件物料（即上层物料）的计划投入量的计划时间。

另外需要注意的是，在进行毛需求量的计算时，如果该物料同时还具有独立需求件的属性，则该物料的毛需求的计算公式相应更改为：

物料的毛需求总量＝独立需求的数量＋相关需求的毛需求数量

第4节 MRP 计算示例

【例 5－1】 标准物料需求计划 MRP 的运算过程示例

现假定 MPS 物料 X 的 BOM 局部视图如图 5－8 所示。

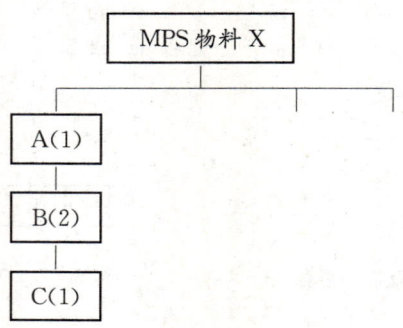

图 5－8 MPS 物料 X 局部 BOM 示意图

解：X 的物料需求计划的展开计算过程如下。

第 1 步：计算 X 的计划投入量，见表 5－2。

表 5－2 X 的 MPS 计划

X：提前期＝1；批量＝1；当期库存＝0

时 段	1	2	3	4	5	6	7	8	9	10
计划产出量			10		10		10		10	
计划投入量		10		10		10		10		

第 2 步：计算相关需求件 A 的 MRP 计划，见表 5-3。

表 5-3　物料 A 的 MRP 计划

A：提前期＝1；批量＝1；当期库存＝0

时　段	1	2	3	4	5	6	7	8	9	10
毛需求量		10		10		10		10		
计划投入量	10		10		10		10			

第 3 步：计算相关需求件 B 的 MRP 计划，见表 5-4。

表 5-4　物料 B 的 MRP 计划

B：提前期＝1；批量＝1；当期库存＝20

时　段	1	2	3	4	5	6	7	8	9	10
毛需求量			20		20		20		20	
计划投入量		20		20		20		20		

第 4 步：计算相关需求件 C 的 MRP 计划，见表 5-5。

表 5-5　物料 C 的 MRP 计划

C：提前期＝2；批量＝40；当期库存＝10

时　段	1	2	3	4	5	6	7	8	9	10
毛需求量		20		20		20		20		
计划接收量	40									
预计库存量	10	30	30	10	10	30	30	10	10	0
净需求量						10				
计划产出量						40				
计划投入量				40						

【例 5-2】　相关需求和独立需求同时存在的 MRP 计算

在相关需求与独立需求同时存在的情况下，毛需求量的计算则是将相关需求部分按产品结构树推算的结果加上独立需求部分的需求量。在制造生产的实际环境中，一个物料可能完全是相关需求的物料,但有时也可能既有相关需求又有独立需求。例如,某种零件用于制造某一产品,但同时也需作为服务件之用,便兼有两种性质。在这种情况下,该物料的毛需求总量的独立需求部分,有待预测得到,然后加到经计算而得到的相关需求之中。

本例中,见图5-9,物料A既是产品X的组件,同时又是产品Y的组件。此外零件A作为可以独立出售的备件,其独立需求部分为第1、2周的需求量为15。已知,X的MPS计划为:在第6、8、11时段的计划产出分别是40、15、30件;Y的MPS计划为:在第5、7、10时段的计划产出分别是25、30、15件。试计算物料A的毛需求。

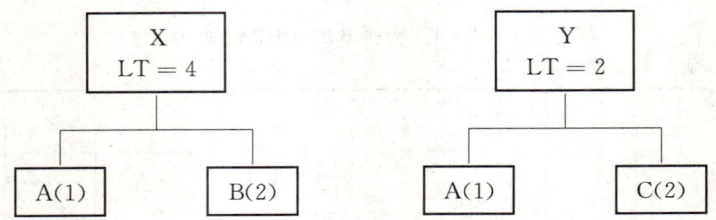

图5-9   共用物料A的BOM示意图

解:物料A的毛需求计算过程如表5-6所示。

表5-6   物料A的毛需求计算

	计	划	展	望	期					
	1	2	3	4	5	6	7	8	9	10	11
X(LT=4)						40		15			30
Y(LT=3)					25		30			15	
相关需求 X→A		40		15		30					
相关需求 Y→A			25		30			15			
独立需求 A	15	15									
A的毛需求量	15	55	25	15	30		30	15			

【例5-3】 存在低层码情况下的 MRP 计算

假定产品A的BOM结构如图所示,并且已知其在第6个计划周期时产出200件,各物料的计划接收量和已分配量均为零,求物料B的物料需求计划。

解：由图 5-10 可知，由于物料 B 同时处于产品 A 的第 1 和第 2 层，因此其低层码为 2，其他物料 A、C 和 D 的低层码则是其位于 BOM 中的层次码，分别为 0，1，2。如前所述，对于低层码的处理是，当物料需求计划展开计算过程中，如果某物料的计算层次和其低层码不一致时，只计算到毛需求量为止，暂不计算其净需求量。详细计算过程见表 5-7。该表采用了竖式MRP 报表格式。

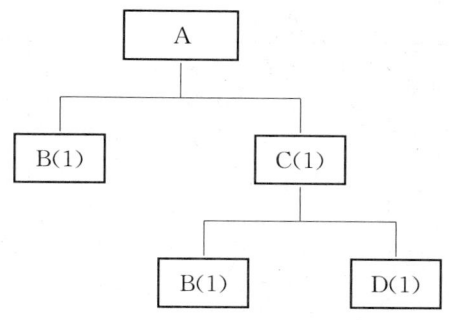

图 5-10　产品 A 的 BOM 示意图

表 5-7　例 3 物料 B 的计算过程

批量	提前期	现有量	安全库存	低层码	物料号	时　段	当期	1	2	3	4	5	6
1	1	0	0	0	A	毛需求量							200
						计划产出量							200
						计划投入量						200	
1	1	120	0	2	B	毛需求量							200
60	2	60	0	1	C	毛需求量							200
						计划接收量							
						预计可用库存	60	60	60	60	60	40	40
						净需求量						140	
						计划产出量						180	
						计划投入量					180		
40	1	120	0	2	B	毛需求量				180		200	
						计划接收量							

续　表

批量	提前期	现有量	安全库存	低层码	物料号	时　段	当期	1	2	3	4	5	6
40	1	120	0	2	B	预计可用库存	120	120	120	20	20	20	20
						净需求量				60		180	
						计划产出量				80		200	
						计划投入量			80		200		

第 5 节　MRP 的工作方法

5.5.1　全重排法

　　全重排法 MRP 系统用于需求计划更新频率有限的情况下，它的信息处理的效率高。采用全重排法 MRP 系统时，凡需求变动及产品结构变动等，都必须再运行一次 MRP 系统。因此，它虽然是静态的处理，但却是定期静态的生成需求计划。全重排法 MRP 系统在运行时，需求全部分解一次。主生产计划中的每一个产品需求都要按产品结构表来进行分解，分解时查询产品结构表，并且每一种物料都需要重新计算一遍毛需求量和净需求量，从而产生一个需求计划。这项工作也是逐层进行的，并且是采用顺序方式来进行处理的。因此每进行一次处理，就要花费很大的工作量。一般分两个阶段进行，一个阶段是计算计划交付量，另一个阶段是更新 MRP 系统的信息。在更新工作中，包含物料变动信息的输入和库存记录的登录。库存部分信息可以每天更新一次，库存全部信息则每周更新一次。当某项库存信息发生变化时，都将会由于相关需求的关系而引起它下属各层次零部件的需求变化。对于运行环境稳定，即库存变化不大，产品设计更改不多的 MRP 系统，需求计划的更新频率不高，可以采用全重排法 MRP 系统。

　　在使用全重排法方法时，主生产计划中所列的每一个独立需求件的需求都要加以分解，每一个 BOM 文件都要被访问到，每一个库存状态记录都要经过重新处理，系统输出大量的报告。MRP 生成后会对库存信息重新计算，同时覆盖原来计算的 MRP 数据，生成的是全新的 MRP。此类 MRP 的生成一般是周期进行的,如每周运行一次 MRP。

5.5.2　净改变法

净改变式 MRP 系统在制定、生成 MRP 的条件(如 MPS 的变化、提前期变化等)发生变化时,相应地更新 MRP 有关部分的记录。其一般适用于环境变化较大、需求计划更新频率较大的企业。该方法的缺点是信息处理效率较低,计算复杂,生成的时间较长。

MRP 是连续不断的计划,是一个可以无限延期延伸的计划,因此会频繁出现诸如主生产计划表被修改、客户需求订单发生变动、紧急需求和产品设计的修改等情况。当以净改变方式运行,MRP 系统只是对上述情况引起的产品结构变动部分进行局部分解。

主生产计划 MPS 在任何时候都可以更新和修改,只要在原有的时间日程上增加或减去变动的净值就可以了。当物料计划下达数已确定,该物料已达到平衡状态,假如这时库存发生变动,上述的物料平衡状态就被破坏了,需要进行再平衡。现有库存及净需求都需要重新进行推算,此时的计划下达数也就需要修改了。此外,由于此层次发生了变化,则与其相关的各层次的物料平衡状态也将被破坏,需要进行再平衡。

MPS 的变动,高层次变化而引起的各层次的变化,低层次的外来直接变化,其他库存变动等,都会引起以上层际的平衡关系。当然,大多数情况下,即使净改变式 MRP 系统,也是在积累了一定周期的变动次数之后,再来运行系统。再生 MRP 系统与净改变系统主要不同点是在需求计划的频率和给予的启动信号上,此外对于主生产计划、需求信息、库存情况、层次结构平衡、操作方式都有所不同。

5.5.3　两种方式的比较

全重排法和净改变法的比较如表 5-8 所示。

表 5-8　两种 MRP 运行方式比较

全　重　排　法	净　改　变　法
时间触发的,周期性的	变动触发的、连续性的
所有的 MPS 项目都被展开	只有变动的 MPS 项目被展开
每个生效的(Active)物料都被利用	只有部分 BOM 被利用到
每个物料的库存和订单状态都被重新计算	仅重算与库存改变有关的产品项目

续　表

全　重　排　法	净　改　变　法
执行频率低、每周批次执行	执行频率高、每日批次或随时执行
系统自动清除信息错误	可能存在错误
产生大量输出报表	MPS 修订后,更改计划的工作量较少

本章小结

　　物料需求计划(MRP)是企业资源计划(ERP)原理的核心。本章首先介绍了物料需求计划(MRP)的基本概念,分析了 MRP 的相关特点,介绍了 MRP 中的相关概念,其中详细讲解了物料编码和物料清单(BOM),然后说明了 MRP 计算逻辑、编制思路和相关计算,最后举例说明了几种物料需求计划(MRP)的编制过程,帮助学生加深对 MRP 的工作原理和计算过程的理解和掌握。

练习与思考题

一、填空题

1. 物料需求计划的英文全称和缩写分别为_____和_____。

2. 物料编码方法主要有_____、_____和_____。

3. 虚拟件的提前期为_____。

4. 在产品结构比较复杂的情况下,MRP 展开时,是利用_____来识别各个物料在 BOM 中的层次和先后关系。

5. 相关需求件的毛需求的确定是通过其上层物料_____和产品结构中上下层的_____计算得到的。

6. 物料需求计划的工作方法有_____和_____。

二、简答题

1. 简述物料需求计划的特点。

2. 简述物料编码应遵循的基本原则。

3. 简述物料清单的作用。

4. 物料清单有哪些输出形式？

5. 低层码在物料需求计划的作用是什么？

6. 全重排法和净改变法的主要不同点是什么？

三、计算题

假定产品 X 的 BOM 结构如图 5-11 所示, 其中
(　) 内数字表示上下层的数量关系。产品 X 在 1～
6 时段的计划产出量分别为: 0,15,30,45,15,45, 其提
前期为 1 个时段。另外, 物料 B 还作为独立需求件, 在
第 1、2、4 周的需求量分别为 20、40、30。

物料 A 和 B 的其他信息如下表左部所示, 现进行
其右部物料 A 和物料 B 的 MRP 计算。

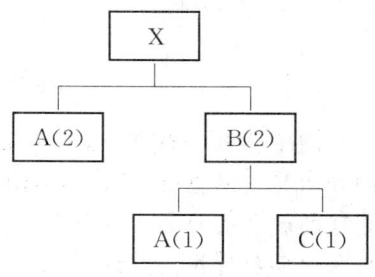

图 5-11　产品 X 的 BOM 结构

批量	提前期	现有量	安全库存	低层码	物料号	时段	当期库存	1	2	3	4	5	6
25	1	80	20	1	B	毛需求量							
						计划接收量							
						预计可用库存							
						净需求量							
						计划产出量							
						计划投入量							
20	1	180	20	2	A	毛需求量							
						计划接收量							
						预计可用库存							
						净需求量							
						计划产出量							
						计划投入量							

案例分析

雅衫 ERP 计划模块应用的困惑

ERP 系统上线了,雅杉集团(雅杉集团是集纺纱、染色、织造、整理、衬衫生产为一体的外向型集团企业,年产各类面料 6 000 万米,衬衫 300 万件,年销售额 9 000 万美金)计划组的成员认为工作终于可以轻松起来了,从此告别这些讨厌的工作:每天加班加点,找采购部要原材料,找制造部要产品,跑到仓库看库存,跑到车间看生产,应付销售部门的投诉。他们认为有了 ERP,生产计划可以自动完成,计划员只需完成不时查查有没有人员请假,有没有机器维修,有没有大批的产品质量问题,在 ERP 系统中改改资料、参数等简单工作,而把安排生产计划这种复杂繁琐的事交给去 ERP 就可以了。因为这是在 ERP 选型过程中,ERP 销售顾问向他们描述的 ERP 中制作生产计划的诱人前景。想到这一切马上就要变成现实了,每一个计划组的成员都像立刻要冲出笼子的鸟儿一样兴奋。

但经过一段时间的使用,他们才发现远远不是这么回事,ERP 系统计划的功能远没有他们想象中的那么完美。整个计划工作被 ERP 搞得一团糟,有时工人忙得团团转,加班加点也满足不了客户需求,有时又无事可干,搞得费工严重。一时工人们怨声载道,领导们横眉冷对,客户们投诉不断。为什么会出现这种状况呢?雅衫集团的计划组人员通过分析和一段时间的使用,总结出以下经验和教训:

◇ ERP 对计划员的要求高了而不是低了。原来以为 ERP 实施后,计划员的工作简单了,只要在系统中调出 ERP 计算出来的这个那个结果就可以安排生产了,这是很好的理想。现实是,ERP 实施后对计划员的要求更高了,需要计划员不断研究 ERP 系统及 ERP 原理,不但需要知道结果,更重要的是需要知道生成这些结果的过程,只有将这些因果关系都理顺了才能进行合理的计划安排。ERP 提供了许多计划工具,诸如 MPS、MRP、CRP 等,还有其他各种各样的根据企业要求定做的客户化工具,如各种分析图表等。作为计划员,只有熟练掌握并巧妙运用这些工具后,才能发挥 ERP 制作计划的强大威力。正如下象棋,你有车有马有炮有卒,但如何将这些棋子运用,却因人而异。ERP 整合了企业大部分生产资源,提供了令人惊叹的海量信息,但如果不会处理分析,这些信息只是垃圾一堆。

◇ 不要幻想亡羊补牢。开始使用 ERP 时,由于上线期间工作量巨大,存在侥幸心理,在整理及导入基础资料过程中发生了许多错误,这些错误严重影响了上线后 ERP 计划的准确性。有时一个字段可能影响到一大片数据。在工作中,这些错误逐渐被发现,且一项一项地得到了纠正,但这些错误使得企业为此付出了相当大的代价。

◇ 计划员的经验还是相当重要的,它们并没有过时。ERP 只是一个工具,实施 ERP 后,计划员以前积累的经验在计划制作中还是占了主导地位。不过经过逐步积累,以前的经验会逐渐被新的 ERP 环境下的生产计划制作经验所代替。

◇ 不可能完全按照 ERP 的建议组织生产、采购。这是因为 ERP 中的 MPS 和 MRP 运算,其需求时间纯粹按照"提前期(Lead Time)"进行运算的,而实际生产中不可能只按提前期组织生产而不去考虑实际生产能力的影响。因此 ERP 确实是一个做生产计划的功能强大的工具,是工作的好帮手,但还需要应用人员根据自己经验和企业实际情况进行调整。

第**6**章

能力需求计划的编制

通过本章的学习,了解能力需求计划(CRP),以及工作中心、工艺路线和生产日历等基本概念和相关术语的含义,熟悉能力需求计划的工作原理与计算流程的基础上,重点掌握能力需求计划的编制和计算。

从第5章物料需求计划(MRP)的计算过程可以看到,经物料需求计划(MRP)展开生成的各种物料相应计划(采购计划和生产计划),并没有考虑是否有足够的能力完成它。因此如何检验这些计划的可行性,以及如何调整计划和企业的能力资源,以使物料需求计划的计算结果能够真正被执行,就成为物料需求计划(MRP)在应用过程必须要解决的问题,而这正是本章所要进行讲解的内容。

第1节 能力需求计划基本概念

▶ 6.1.1 基本概念

能力需求计划(Capacity Requirement Planning,简称CRP)是帮助企业在分析物料需求计划后产生出一个切实可行的能力执行计划的功能模块。该模块帮助企业在现有生产能力的基础上，及早发现能力的瓶颈所在，提出切实可行的解决方案，从而为企业实现生产任务提供能力方面的保证。其实，能力需求计划制订的过程就是一个平衡企业各工作中心所要承担的资源负荷和实际具有的可用能力的过程，即根据各个工作中心的物料需求计划和各物料的工艺路线，对各生产工序和各工作中心所需的各种资源进行精确计算，得出人力负荷、设备负荷等资源负荷情况，然后根据工作中心各个时段的可用能力对各工作中心的能力与负荷进行平衡，以便实现企业的生产计划。

因此，能力需求计划(CRP)是在物料需求计划(MRP)下达到车间之前，用来检查车间执行生产作业计划的可行性的。即利用工作中心定义的能力，将物料需求计划(MRP)的生产需求分配到各个资源上，在检查了物料和能力可行的基础上调整生产计划或将生产计划下达给车间，车间就此计划进行生产。

需要注意的是，能力需求计划不是一种可以自动进行能力平衡的系统，只是一种计算工具，它不会自动优化系统的计划结果。能力需求计划系统只是把所有物料的计划订单换算成相应的对各种资源的需求量(负荷)，依此向计划人员提供能力需求数据直方图和比较报表，然后还需要进行更重要的工作，即人工判断 MRP 计划可行性以及人工调整 MRP 计划订单。

▶▶ 6.1.2　能力需求计划与粗能力需求计划的比较

显然，在 ERP 系统中，主生产计划阶段(MPS)和物料需求计划(MRP)阶段都需要和物料需求计划(MRP)之间的内在联系，相应地，粗能力计划(RCCP)和能力需求计划(CRP)之间也存在一脉相承的关系。实际上，MRP/CRP 的运算是在 MPS/RCCP 的基础上进行的。CRP 是 RCCP 的深化。它们之间的区别见表 6-1。

表 6-1　CRP 和 RCCP 的区别

	粗能力计划(RCCP)	能力需求计划(CRP)
计划对象	独立需求	相关需求
主要面向	主生产计划	物料需求计划
计算参照	资源清单	工艺路线
能力对象	关键工作中心	全部工作中心
订单范围	计划、确认为主	全　　部
提前期计算	偏置天数	准备、加工提前期

通过比较可以看出,CRP 与 RCCP 相比,能力平衡更全面、细化、实时。因此有时会看到虽经粗能力计划分析认为企业的现有生产能力足以完成主生产计划,而在经过能力需求计划更细致的分析,得出在某些时段生产能力不足的结论不一致现象。

▶ 6.1.3 无限能力计划和有限能力计划

ERP 系统的能力平衡一般分为以下两种模式。

1. 无限能力计划

无限能力计划是在作物料需求计划时不考虑生产能力的限制,而后对各个工作中心的能力、负荷进行计算,将各个工作中心负荷进行相加,得出工作中心的负荷情况,产生能力报告,找出超负荷和欠负荷的分布情况。当负荷＞能力时,对超负荷的工作中心进行负荷调整。无限能力计划模式主要采用的是倒排计划模式。大多数 ERP 系统中的物料需求计划(MRP)模块采用的是无限能力计划。如图 6-1 所示。

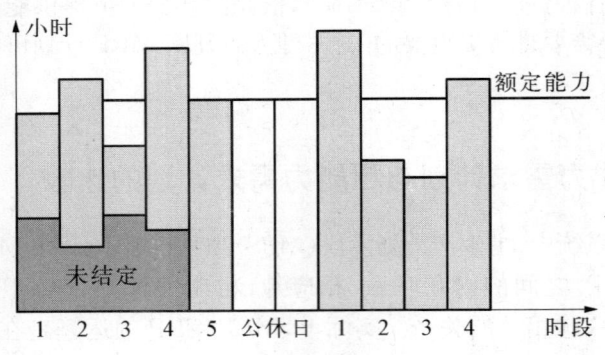

图 6-1 无限能力计划模式示意图

2. 有限能力计划

然而有很多企业在一定技术条件下,能力较为固定,没有多少弹性,如装配线、生产线、柔性制造单元或成组单元,或者某种昂贵的机床、某种无法替代的关键工作中心等。于是人们提出了"有限能力计划"的计划模式。有限能力计划认为工作中心的能力是不变的,计划的安排按照优先级安排,先把能力分配给优先级高的物料,当工作中心负荷已满时,优先级别低的物料被推迟加工,即订单被推迟。该方法计算出的计划可以不进行负荷与能力平衡。有限能力计划采用的是顺排计划方式。有限能力计划的交货期是计划进行顺排的结果,因此有限能力顺排计划是把能力约束而不是保证交货期放在优先考虑的地位。如图 6-2 所示。

ERP 是一个以人为中心的管理系统,有限能力计划这样的功能则是完全由计算机自

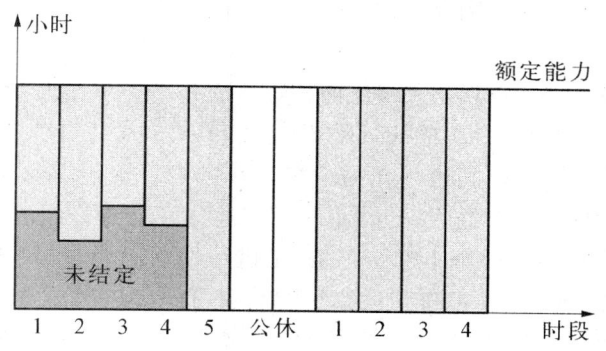

图6-2 有限能力顺排计划示意图

动编排的,计划人员较难了解真实的能力短缺情况,人的能动作用降低了,这是有限能力计划和无限能力计划的主要区别。有限能力计划对头道工序往往是有效的,但对后续工序会增加复杂性,甚至可能影响交货期。因此,我们在运用时要注意它的适用范围和条件。

同时也应该看到,无限能力计划模式采用的人工手工调整方式不但费时费力,而且因为在解决能力冲突上并没有提出更好的解决方法,还会造成产生的计划在实施中很可能与实际产生偏差。由于无限能力计划在这些方面的局限性,人们一方面采用有限能力顺排计划与无限能力倒排计划的结合使用。例如,确定交货期时可从瓶颈工序开始考虑能力限制用顺排计划求出;早于瓶颈工序日期之前的各个工序,用倒排计划及能力需求计划处理。另一方面,人们开始重视对有限能力计划的优化能力进行研究和开发,如高级计划与排程系统(Advanced Planning and Scheduling,简称 APS)与 MRP 系统的结合等。

第2节 能力需求计划的相关术语

6.2.1 工作中心

1. 工作中心概念介绍

工作中心(Working Center,简称 WC)是生产加工单元的统称。它是基于设备和劳动力状况,由执行相同或相似工序的设备、劳动力而组成的一个生产单元。工作中心是进行生产进度安排、核算能力和计算成本的基本单位。

工作中心是各种生产能力单元的统称,也是发生加工成本的实体。工作中心把设备的数据扩大了,除设备外还可以是人员或面积等。

工作中心是由一台或几台功能相同的设备,一个或多个工作人员,一个小组或一个工段组成,甚至一个实际的车间也可作为一个工作中心。换句话说,一个车间可以由一个或多个工作中心组成,一条生产线也是由一个或多个工作中心组成的。

工作中心是 ERP 系统的基本加工单位,是进行物料需求计划与能力需求计划运算的基本资料。物料需求计划中必须说明物料的需求与产出是在哪个工作中心完成的,能力需求是指哪个工作中心的能力。在工艺路线文件中,一道工序或多道工序对应于一个工作中心。

注意不要把工作中心(Work Center)同加工中心(Machining Center)混淆起来。众所周知,后者是一种高精度,具有多种加工功能,带刀具库的数控机床。

2. 工作中心的作用

(1)作为平衡负荷与能力的基本单元,是运行能力计划时的计算对象。

(2)它是定义物料工艺路线的依据,在定义工艺路线文件前必须先确定工作中心,并定义好相关工作中心数据。

(3)它是车间作业分配任务和编排详细作用进度的基本单元,即派工单是以工作中心为对象并说明各加工单的优先级。

(4)作为车间作业计划完成情况的数据采集点,也用作反冲的控制点。

(5)作为计算加工成本的基本单元。计算零件的加工成本是以工作中心文件记录中的单位小时费率乘以工艺路线文件记录中占用该工作中心的小时数得出的。

3. 工作中心的相关数据

工作中心数据包括三种:工作中心基本数据、工作中心能力数据及工作中心成本数据。

(1)基本数据。如工作中心代码、工作中心名称、工作中心说明、车间代码、人员每天班次、每班小时数、每班人数、设备数及是否关键工作中心等。

(2)能力数据。指工作中心每日可以提供的工时、机器台数或可加工完工的产品数量。工作中心的标准能力是由历史数据分析得到的,其计算公式为:

$$工作中心能力=每日班次×每班工作时数×效率×利用率$$

效率和利用率这两个因素是为了使工作中心的可用能力更符合实际从而使计划和成本也更加符合实际。我们在设置这两个参数时.可按照它们在计算中的逻辑关系,灵活使用。当设备的自动化程度较高,可以连续全日运转,或一个人可同时操作多台设备时,往往用台时作为能力单位。反之,以工时作为能力单位。换句话说.看约束能力的是设备台数还是工人人数。

效率说明实际消耗工时或台时与标准工时或台时的差别,与工人的技术水平或者机床的使用年限有关。可以大于、等于或小于 100%。其计算公式为:

$$效率 = 完成的标准定额工时数/实际直接工时数$$

利用率同设备的完好率、工人的出勤率和任务的饱满程度有关,是一种统计平均值,通常小于 100%。利用率还有期望负荷的含义,起调整能力计划的作用。利用率的计算公式:

$$利用率 = 实际直接工作工时数/计划工作工时数$$

(3) 成本数据。

工作中心成本费用包括:人员工资、直接能源(电、水等)、辅助材料(如机床润滑油等)、设备维修费和资产折旧费等。在核定产品的标准成本、进行产品的成本模拟及成本差异分析时都会用到工作中心的成本数据。工作中心费率的单位是元/工时,或元/台时,其计算依据是历史数据,计算方法为:

$$工作中心直接费率 = 工作中心每日所发生直接费用/工作中心工作时数$$

$$工作中心间接费率 = 分摊系数 \times 车间间接费用/工作中心工作时数$$

$$工作中心费率 = 工作中心直接费率 + 工作中心间接费率$$

4. 关键工作中心

关键工作中心又称为瓶颈工作中心,是决定产品或零部件生产产量的工作中心。它是运行 MRP 运算中进行粗能力计划的计算对象。

关键工作中心一般具有以下特点:

(1) 经常加班,满负荷工作。

(2) 操作技术要求高,短期内无法自由增加工人。

(3) 使用专用设备,而且设备昂贵。

(4) 受多种限制,如短期内不能随便增加负荷和产量(通常受场地、成本等约束)。

▶ 6.2.2　工艺路线

工艺路线主要说明物料实际加工和装配的工序顺序、每道工序使用的工作中心,各项时间定额(如准备时间、加工时间和传送时间,其中传送时间包括排队时间与等待时间),及外协工序的时间和费用。

工艺路线描述了产成品逐步制造的过程,每个工艺路线可以包括多道工序,对于每道工序你可以指定工作中心,对于工作中心确定其使用的资源。工艺路线的示例如图6-3所示。

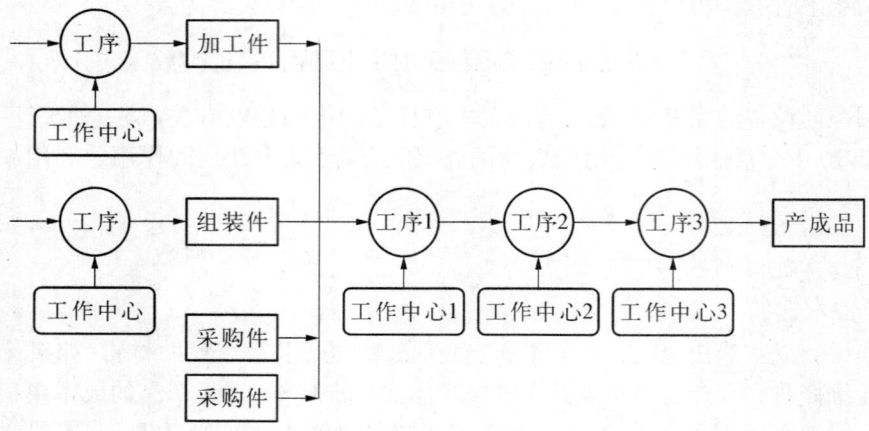

图 6-3　工艺路线示意图

工艺路线的作用:

(1)用于能力需求计划的分析计算、平衡各个工作中心的能力。工艺路线文件中说明了消耗各个工作中心的工时定额,用于工作中心的计算。

(2)用于计算 BOM 的有关物料的提前期。根据工艺文件的准备时间、加工时间和传送时间计算提前期。

(3)用于下达车间作用计划。根据加工顺序和各种提前进行车间作业安排。

(4)用于加工成本的计算。根据工艺文件的工时定额及工作中心的成本费用数据计算出标准成本。

▶ 6.2.3　生产日历

生产日历,说明企业各部门、车间或工作中心在一年中可以工作或生产的日期。生产日历标明了休息日,节假日,设备检修日等非工作日期。ERP 在生成计划时,遇到非生产日期会自动跳过去,不安排工作(特殊的工艺时间除外)。不同的分厂、车间、工作中心因为生产任务不同、加工工艺不同而受不同的条件约束,因而可能会设置不同的生产日历。

下面以 2007 年 1 月份为例说明工作日历的设定。现假定车间仅正常节假日休息,没有特殊的休息和加班需求。表6-2中,每个单元格的上部为日常使用的生活日历,下部则为车间使用的生产日历。可以看出,生产日历的编号过程中除去了 1 月 1 日(因为该天为元旦节日，正常情况下要放假休息），以及周六和周日，最后整个 1 月份可以安排生产任务的工作日有 22 天。

表 6 - 2　2007 年 1 月份生产日历编制

日	一	二	三	四	五	六
	1	2 001	3 002	4 003	5 004	6
7	8 005	9 006	10 007	11 008	12 009	13
14	15 010	16 011	17 012	18 013	19 014	20
21	22 015	23 016	24 017	25 018	26 019	27
28	29 020	30 021	31 022			

第 3 节　能力需求计划的工作原理

能力需求计划本质上是把 MRP 计划中的物料（数量）需求换算成能力（工时）需求。根据物料需求计划，把占用某个工作中心所有的物料，对比各自的工艺路线，求出生产这些物料在各个时段要占用该工作中心的负荷小时数，再与工作中心的能力，即可能提供的工作小时进行比较，生成能力需求报表。这个过程可用图 6 - 4 来表示。图中输入信息有：

（1）来自物料需求计划（MRP）的订单任务，说明要加工什么，数量多少，要求何时加工。

（2）来自工艺路线的工序信息，说明物料需求计划（MRP）的任务要用到哪些工作中心，占用工作中心的时间是多少。

（3）来自工作中心的信息，并结合工作中心的工作日历，考虑工作中心的停工及维修等非工作日，确定各工作中心在各个时段的可用能力。

能力需求计划（CRP）系统根据上述信息，自动运算，生成工作中心能力负荷报表，说明其分时段的能力需求情况。计算中，系统要对所有加工物料的工艺路线进行搜索，把同一个工作中心各个时段的负荷汇总到一起。(其中在计算负荷时,既要考虑 MRP 的计划订单,还要考虑已下达但尚未完成的订单所需的负荷小时。)它还要结合工作中心的生产日历,考虑工作中心的停工及维修等非工作日,来确定各个工作中心在各时段的可用能力。最后,比较各工作中心在各时段的负荷与可用能力,分析在计划时段中是否出现了能力需求超负荷情况(红色部分)。ERP 的能力计划通过报表的形式(一般是直方图)向计划人员报告,但是不进行能力负荷的自动平衡,即不对计划订单进行调整以满足能力约束,这个工作由计划人员人工完成。

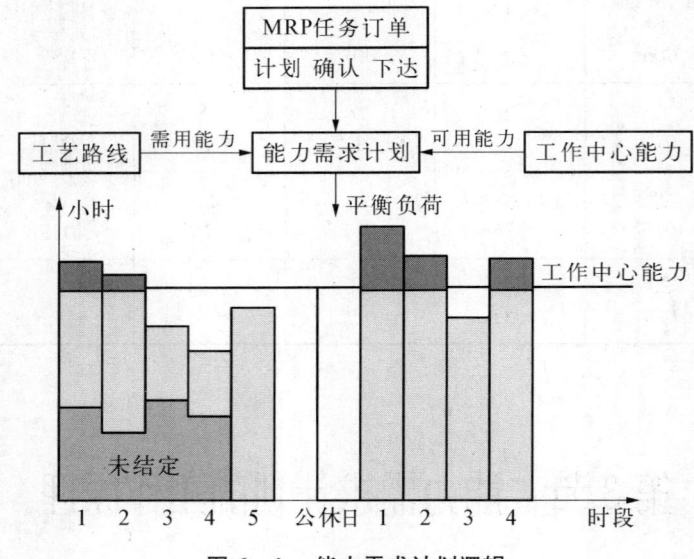

图 6-4　能力需求计划逻辑

　　总之,能力需求计划是把物料需求计划的物料需求量转换为负荷小时,把物料需求转换为能力需求,具体的转换过程如图 6-5 所示。

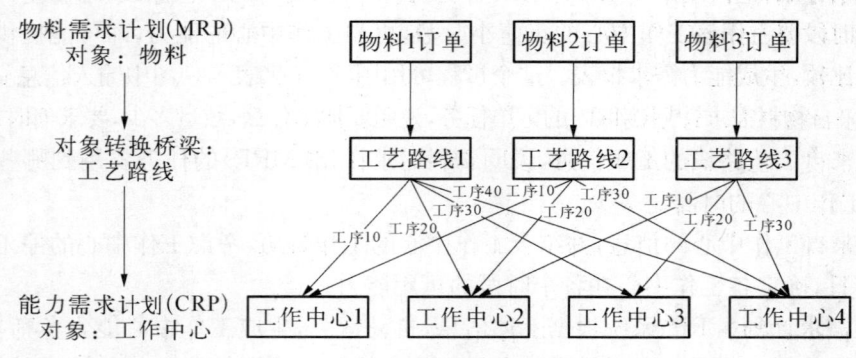

图 6-5　MRP 与 CRP 转换示意图

如图 6-4,如果出现了超负荷时段,需要进行相应的能力或负荷调整。调整的方式很多,主要有以下几种方式。

(1) 保持计划不变。

如果个别时段负荷超过能力,但在若干时段,或某范围内负荷没有超过累计能力,说明是有可能调整的。

(2) 加班。

和手工计划方式一样,ERP 系统在必要时也需要加班。但是二者有显著的不同:手工计划方式中的加班是最常用的方式,ERP 系统中加班的情况可以大大减少;手工计划的加班往往有突击性质,而 ERP 系统中的加班是可以预先计划安排的。

(3) 调整 MRP 计划或调整工作中心能力。

计划的调整和能力的调整其难易程度是不同的。调整能力的措施有添增设备、外协加工、增加人工、提高工作效率、更改工艺路线等,调整计划的措施有将计划提前或推迟、合并或取消、交叉作业、调整生产批量等。ERP 系统可以运用其模拟运用功能,及早发现问题并采取相应措施。

第 4 节 能力需求计划计算流程及算例

▶ 6.4.1 能力需求计划计算流程图

能力需求计划(CRP)的计算流程如图 6-6 所示。

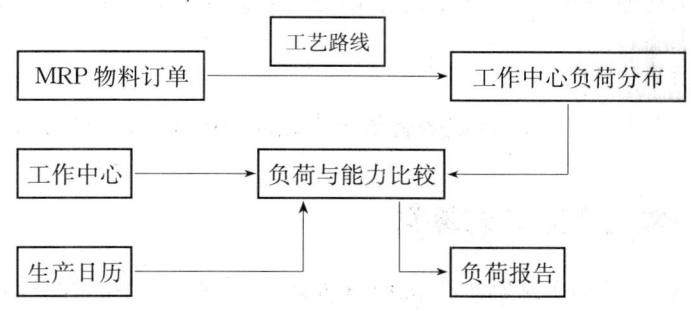

图 6-6 CRP 运算逻辑流程图

具体的能力需求计划(CRP)的编制步骤有以下 5 步。

(1) 收集数据。

任务单数据：任务单是下达生产制造指令的有关单据。内容是针对经 MRP 运算后,或虽未经 MRP 运算,但需要由企业自行制造的物料而下达的加工任务书。其主要包括已下达车间订单、已释放或正在加工的订单。

工作中心能力数据：与能力有关的每天班次、每班小时数、每班设备数、效率及利用率等。

工艺路线数据：表达 BOM 中制造物料的加工与传递顺序的资料。主要提供物料加工的工序、工作中心和加工时间等数据。

工厂生产日历：生产日历一般将不工作的日期排除(星期天、法定节假日及其他非生产日期)。

其他数据：如工序间隔时间,包括在该中心的排队等待时间和从该中心转移到下一工作中心的运输等待时间,是在有关工序开工时间的基础数据。

(2) 计算负荷。

将所有任务单分派到有关的工作中心(不考虑有效的能力和限制),然后计算每个有关工作中心的负荷。

当不同的任务单使用同一个工作中心时,将时间段合并计算。

将每个工作中心的负荷与工作中心记录中存储的额定能力数据进行比较,得出工作中心的负荷(需求)和能力需求之间的对比以及工作中心的利用率。

(3) 分析负荷情况。

能力需求计划需分析出工作中心的负荷情况(负荷不足、负荷刚好或超负荷),并分析存在问题的时间和问题的程度。

(4) 能力/负荷调整。

能力需求计划中有两个要素：能力和负荷。在解决负荷过小或超负荷的能力问题时,应视具体情况对能力和负荷进行调整：增加或降低能力、增加或降低负荷或者两者同时调整。

(5) 确认能力需求计划。

在经过分析和调整后,将已确定调整措施中有关的修改数据重新输入。

▶ 6.4.2　能力需求计划算例

假定某工作中心 WC01 能够加工物料 A 和物料 B 两种类型的物料,其负荷来源于两个方面：已下达及确认的物料订单、新计划的物料订单。物料 A 和 B 的工艺路线、WC01 的下达及确认订单、新计划的物料订单及 WC01 的额定能力,分别见表 6-3~6-6。现试编制工作中心 WC01 的能力需求计划。

表 6-3　工 艺 路 线

工作中心	物　料	能力类别	能力数据	能力单位
WC01	物 料 A	工　时	10	小　时
WC01	物 料 B	工　时	5	小　时

表 6-4　WC01 物料需求计划——下达及确认

周	1	2	3	4
物料 A	10		5	10
物料 B		10	6	5

表 6-5　WC01 物料需求计划——计划

周	1	2	3	4
物料 A	5		10	
物料 B		5		10

表 6-6　WC01 额定能力

工作中心编号	能力类别	能力数量	能力单位
WC01	工　时	100	小时/周

解：(1) 计算下达及确认的 MRP 负荷。

根据表 6-3,物料 A 和物料 B 在工作中心 WC01 上的单位能力需求分别为 10 和 5 个工时,再由表 6-4 读出各物料每个时段的需求数量(已经确认),则各时段的确认负荷计算公式为：

某时段负荷(已确认)＝物料 A 的单位工时数×某时段物料 A 的已确认需求数量

　　　　　　　　　　＋物料 B 的单位工时数×某时段物料 B 的已确认需求数量

计算结果见表 6-7。

表 6-7　各时段已确认负荷

周	1	2	3	4	5
各时段负荷(已确认)	100	50	80	100	25

（2）计算新计划的 MRP 负荷。

根据表 6-3,物料 A 和物料 B 在工作中心 WC01 上的单位能力需求分别为 10 和 5 个工时,再由表 6-5 读出各物料每个时段的需求数量(计划),则各时段的计划负荷计算公式为:

　　某时段负荷(计划)＝物料 A 的单位工时数×某时段物料 A 的计划需求数量＋

　　　　　　　　物料 B 的单位工时数×某时段物料 B 的计划需求数量

计算结果见表 6-8。

表 6-8　各时段新计划负荷

周	1	2	3	4	5
各时段负荷(已确认)	100	50	80	100	25
各时段负荷(计划)	50	25	100	50	

（3）计算总负荷。

总负荷计算公式为:

　　　　某时段的总负荷＝某时段的负荷(已确认)＋某时段的负荷(计划)

计算结果见表 6-9。

表 6-9　各时段新计划负荷

周	1	2	3	4	5
各时段负荷(已确认)	100	50	80	100	25
各时段负荷(计划)	50	25	100	50	
总负荷	150	75	180	150	25

（4）读入工作中心额定能力(根据表 6-6)。

结果见表 6-10。

表 6-10　读入额定能力

周	1	2	3	4	5
各时段负荷(已确认)	100	50	80	100	25
各时段负荷(计划)	50	25	100	50	
总负荷	150	75	180	150	25
额定能力	100	100	100	100	100

（5）计算各时段的欠/超能力及累计能力。

结果见表 6-11。

表 6-11　各时段的欠/超能力及累计能力

周	1	2	3	4	5
各时段负荷(已确认)	100	50	80	100	25
各时段负荷(计划)	50	25	100	50	
总负荷	150	75	180	150	25
额定能力	100	100	100	100	100
欠/超能力	−50	25	−80	−50	75
累计能力	−50	−25	−105	−155	−80

表 6-11 的能力分布情况,也可以用直方图 6-7 形式表述。图中的阴影部分即为超负荷时段。

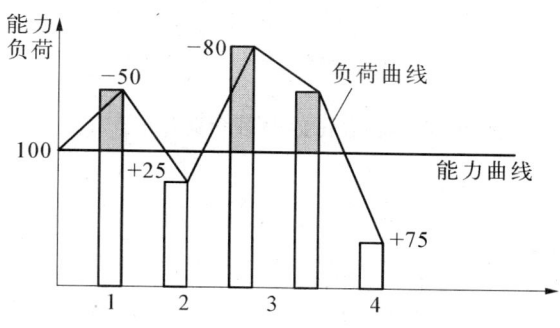

图 6-7　算例负荷分布直方图

（6）负荷与能力的平衡。

发现了超负荷时段后，需要采用相应的措施进行调整和平衡。在本算例中，具体的调整措施如下：

第一时段改变能力，加班 50 工时。

第三时段部分物料提前到第二时段加工，再加班 55 工时。

第四时段物料调整负荷 50 工时，推迟在第五时段加工。

调整的结果如表 6-12 所示，也可以用直方图 6-8 表示。

表 6-12　　调整后的各时段负荷分布

周	1	2	3	4	5
各时段负荷（已确认）	100	50	80	100	25
各时段负荷（计划）	50	25	100	50	
总负荷	150	75+25	180-25	150-50	25+50
额定能力	100+50	100	100+55	100	100
欠/超能力	0	0	0	0	25
累计能力	0	0	0	0	25

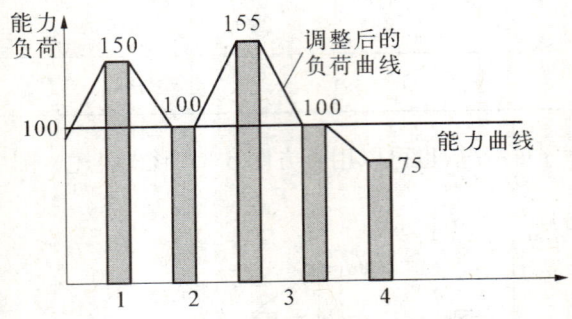

图 6-8　　调整后的各时段负荷分布直方图

 本章小结

能力需求计划（CRP）是对物料需求计划所需能力进行核算的一种计划管理方法。

能力需求计划把物料需求转换为能力需求,估计可用的能力并确定应采取的措施,以便协调能力需要和可用能力之间的关系。因此,生产计划能否顺利实施,生产任务能否按计划完成,是否能达到既定的生产指标,都需要在能力需求计划中进行平衡。本章首先介绍了能力需求计划的基本概念和相关术语,然后重点讲解了能力需求计划的工作原理和详细的编制计算过程。

 **练习与思考题**

一、填空题

1. 能力需求计划(CRP)的运算流程中的三个输入信息分别为:_____、_____和_____。

2. 工作中心数据包括三种:_____、工作中心能力数据及_____。

3. 能力需求计划(CRP)是在_____下达到车间之前,用来检查其在车间的执行可行性的一个计划。

4. ERP 系统的能力平衡一般分为_____和_____两种模式。

二、名词解释

1. 有限能力计划

2. 工作中心

3. 工艺路线

4. 生产日历

三、简答题

1. 简述能力需求计划(CRP)与粗能力需求计划的区别。

2. 什么是无限能力计划和有限能力计划?

3. 简述能力需求计划(CRP)的计算流程。

4. 能力需求计划的调整措施有哪些?

第7章

销 售 管 理

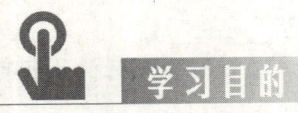

学习目的

> 通过本章学习,使学生了解销售管理系统的主要任务;理解销售管理业务处理流程;掌握销售订单管理、发货管理、发票管理及销售分析的基本工作原理。

第1节 销售管理系统概述

销售是企业利润实现的出口,企业的产品只有经过销售才能实现其价值,从而创造利润,实现企业价值。在企业产品的销售过程包含三个层面上的意义。即销售(商流)、支付与物流。商流指销售合同、支付条件的谈判,付款标志着所有权的转移,而销售物流的完成标志销售过程的终结。

销售部门在企业的供需链中处于市场与企业的接口位置,主要职能是为客户或最终用户提供产品及服务,实现企业的资金转化,通过获取利润为企业提供生存和发展的动力源泉,并由此实现企业的社会价值。

销售管理系统可帮助企业的销售人员完成客户档案管理、销售报价管理、销售订单管理、客户信用管理、发货单及销售发货处理、客户退货及货款拒付处理等一系列销售管理事务;可以提供大量多角度的统计分析报表。销售管理子系统是以订单(合同)为核心来管理整个销售业务,通过它可以及时了解到销售过程中每个环节的准确数据。同时,通过减少订单准备时间,降低出错率及迅速解答客户查询来提高企业的服务水平。销售管理子系统作为企业运作中的一个重要部分,与库存、财务、生产、质量等子系统有着紧密的联系,一起共同组成完整的企业管理信息系统。

▶ 7.1.1 销售管理的主要内容

企业的销售管理工作主要由企业的销售部门进行,同时与生产部门、财务部门和仓库部门等也有着密切的业务联系。各企业的实际业务比较复杂,处理的流程也各不相同。

一般来讲,销售管理的主要内容应包括:销售市场分析、销售价格管理、销售计划管理、销售订单管理、销售发收货管理和销售服务管理等。

(1) 销售市场分析包括销售统计分析和销售预测分析。其中销售统计分析主要是对各种市场"已有"销售信息进行汇总统计分析,如可从各种产品的订单订货情况、销售情况、订单收款情况、销售发货情况、销售计划完成情况、销售盈利情况以及从地区、客户、销售员和销售方式等多角度多方位进行统计和分析;销售预测分析则是利用有关预测方法和销售统计分析信息,对销售"潜在"的市场信息进行预测,以指导企业今后的销售活动和企业的生产计划。销售预测是企业制定销售计划和生产计划的重要依据。

(2) 销售价格管理包括定价管理和价格折扣管理。其中,定价管理是针对企业的市场营销目标、利润目标、产品成本、市场需求、竞争对手的价格以及企业的营销组合(如分销商、经销商和供应商)等情况,制定出相应的科学合理的价格;价格折扣管理则是在定价的基础上,企业还要根据市场条件的变化来调整价格,包括数量折扣、季节折扣、地区性折扣、顾客市场细分折扣和销售渠道折扣等。

(3) 销售计划管理是指按照客户订单、市场预测情况和企业生产情况,对某一段时期内企业的销售品种、各品种的销售量与销售价格做出计划安排。企业的销售计划通常按月制定(或按连续几个月的计划滚动),也可以具体到某个地区、某类客户(群)或某个销售员个人按特定期限进行制定。

(4) 销售订单(或销售合同)是企业生产、销售发货和销售货款结算的依据,销售订单管理是销售工作的核心。其主要内容包括根据客户需求的信息、交货信息、产品的相关信息及其他注意事项制定销售订单;通过考察企业生产可供货情况、产品定价情况和客户信誉情况来确认销售订单;将销售订单信息传递给生产计划部门(以安排生产),并密切跟踪销售订单的执行状况。

(5) 销售发收货管理包括销售发货管理和销售发票管理。销售发货管理是按销售订单的交货期组织货源,下达提货单,并组织发货,然后将发货情况转给财务部门。具体包括根据销售订单中已到交货期的订单进行库存分配,下达提货单,在工厂内交货的订单由用户持提货单到仓库提货,厂外交货的则按提货单出库并组织发运。销售发票管理的内容是：开出销售发票,向客户催收销售货款,并将发票转给财务部门记账。对于客户退货可以开红字发票冲抵销售收入。销售账款结算是财务部门根据销售发票收取销售货款。将客户来款分配到未收款的销售发票上。对于拖欠贷款的客户,销售人员要做好收款计划,同时要配合财务人员积极催款。

(6) 销售服务管理。常言道"客户就是上帝",因此,对客户提供各种相关的服务,是稳固市场与开拓市场的重要前提。销售服务的内容主要是为客户提供服务,包括提供售前、售中和售后服务并进行跟踪。销售部门(或联系技术部门)解答售前客户对产品的技术咨询,跟踪合同、了解订单的交货情况及客户对产品质量、交货期的满意程度,提供售后服务支持,如产品安装、产品调试、产品维护和产品维修等,并向质量部门和技术部门提供产品的售后质量记录。

▶ 7.1.2　与其他子系统的关系

销售管理系统不是一个独立的系统,它与其他子系统有着比较复杂的数据联系。销售管理系统与物料需求计划系统、库存管理系统、应收款管理系统及采购管理系统之间的数据传递关系。如图 7-1 所示。

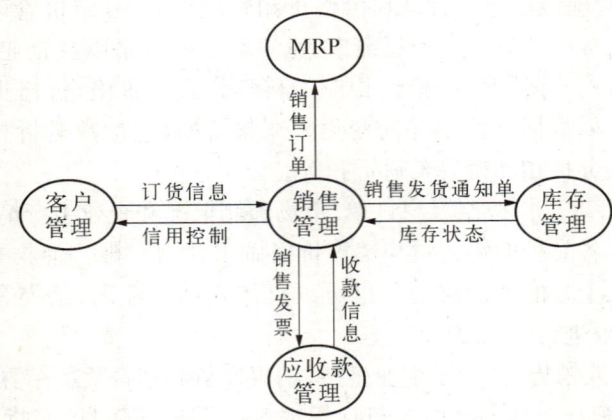

图 7-1　销售管理系统与其他子系统的关系图

1. 销售管理系统与物料需求计划系统的关系
销售管理系统中的销售订单是物料需求计划系统中 MRP 计算毛需求的来源之一。
2. 销售管理系统与客户管理的关系
销售管理系统把订货信息传递给客户管理系统,以便随时更新客户信息,同时对客户进行信用审核与控制。

3. 销售管理系统与库存管理系统的关系

销售管理系统根据销售发货单编制销售发货通知单传递到库存管理系统,库存管理系统根据销售发货通知单办理出库,同时生成销售出库单。库存管理系统为销售管理系统提供可用于销售的库存的数量。

4. 销售管理系统与应收款管理系统的关系

销售发票在应收款管理系统中审核并登记应收款明细账,应收款管理系统根据销售发票制单,生成凭证。在应收款管理系统中进行应收款项的收款结算及核销处理,并向销售发票回写有关收款核销信息。

▶ 7.1.3 销售管理的业务处理流程

企业销售活动从客户询价开始,客户询价后,企业向客户提供商品报价单,并指定专门人员就销售价格、信用政策、发货及收款方式等具体事项与客户进行谈判。为了强化销售业务的内部控制,谈判时,要选派多名高素质的谈判人员参加,并与订立合同的人员相分离。销售谈判的全过程应有完整的记录。谈判成功后,在销售管理系统内填制销售订单。

销售部门根据已审批的销售合同编制销售发货单,并根据销售发货单向仓库下达销售发货通知单,同时编制销售发票通知单。销售发票通知单经审批后传递给财务部门作为其开具销售发票的依据。按照销售管理内部控制的要求,编制销售发票通知单的人员与开具销售发票的人员应相互分离。

1. 订单处理

根据报价单,业务人员与客户签订销售订单或销售合同。合同应符合《中华人民共和国合同法》的规定。金额重大的销售合同的订立应当征询法律顾问或专家的意见。销售合同签订后应经审批后方能成立,审批人员应对销售价格、信用政策、发货及收款方式等严格把关。

2. 销售发货

仓管部门在对销售发货通知单审核后,应严格按照销售发货通知单所列的发货品种和规格、发货数量、发货时间和发货方式等办理物料出库。审核后的销售发货通知单生成销售出库单。在发货管理中应建立物料出库、发运等环节的岗位责任制,确保物料发运的安全。

企业应建立销售退回管理制度。单位的销售退回必须经销售主管审批后方可执行。销售退回的物料应由质检部门检验和仓储部门清点后方可入库。质检部门对客户退回的物料进行检验并出具检验证明,仓储部门在清点物料、注明退回物料的品种和数量后填制退货接收凭证。

3. 销售开票

财务部门根据销售发票通知单向客户开出销售发票。销售发票传递给应收系统形成应收款项,收到款项后,财务部门进行收款结算,形成收款单。财务部门应对检验证明、退货接收报告以及退货方出具的退货凭证等单据进行审核,审核后办理相应的退款事宜。

4. 销售查询及分析

管理部门根据销售订单或合同、销售出库单及收款单进行查询和分析,形成相应报表。销售业务处理流程如图 7-2 所示。

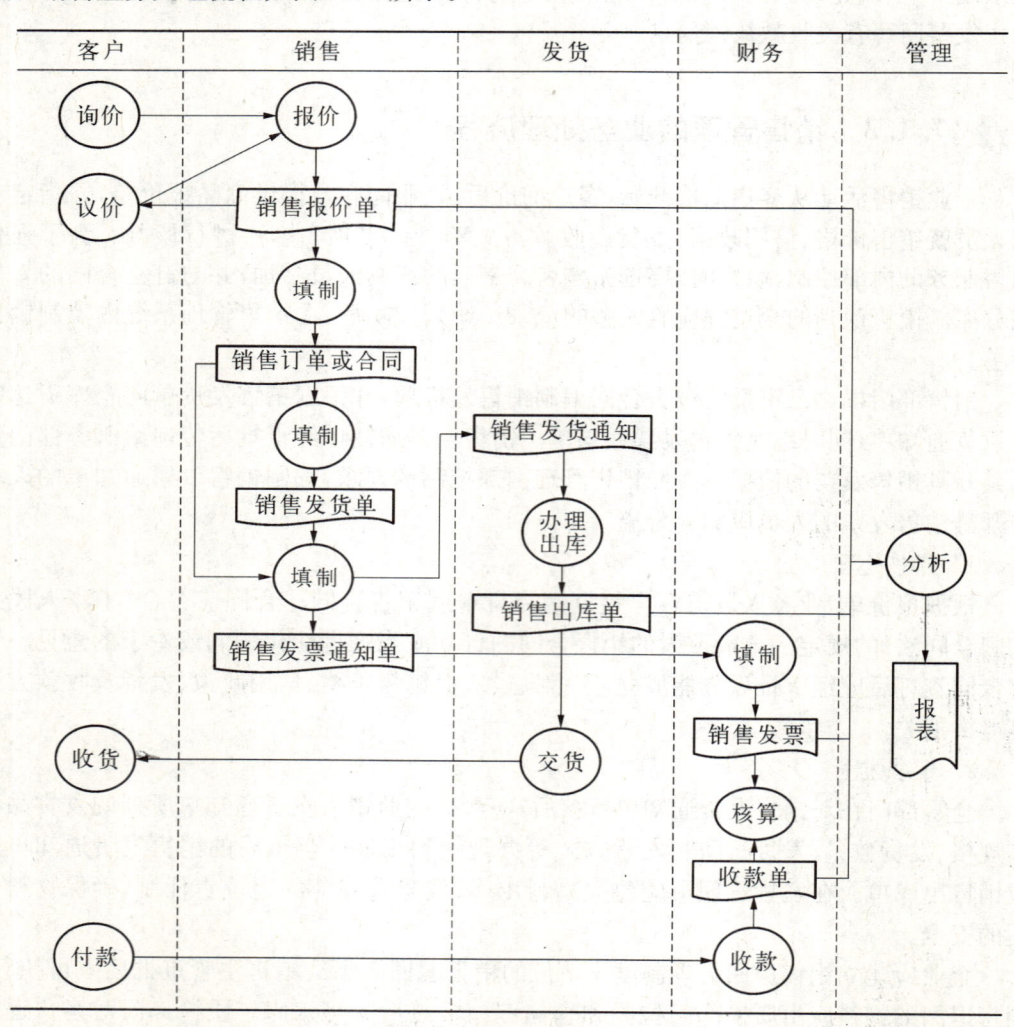

图 7-2　销售业务处理流程图

第2节　客户管理

广义上的客户是指所有与企业有互动行为的单位或个人,包括直接客户、合作伙伴及分销商,甚至包括政府机构、社区等;狭义上的客户仅指与企业产品或服务有关的企业或个人,包括最终客户、分销商和合作伙伴。客户是最重要的企业资源之一,是企业的经营动力和利润来源。

7.2.1　客户管理的意义

客户管理是企业不可缺少的经营战略内容,是重要的企业经济活动内容之一。在全球市场经济环境下企业要生存与发展,就必须要进行科学而严格的客户管理。互联网及信息技术的发展,为企业创造了更好地进行客户管理的条件。

客户管理帮助企业建立一个科学的、全面的客户信息库,辅助销售系统与应收系统进行相关的业务处理,通过查询客户交易历史记录与客户评价,帮助销售人员分析客户情况、捕捉销售机会,促使交易形成。

手工方式下,当销售的产品种类及客户数量繁多,或者是同一产品以不同的价格销售给不同的客户时,相关的业务处理就会变得非常繁琐,而且容易出错或延误时效,导致管理者难于及时了解和控制销售订单的发货情况,不能及时获取客户的相关参考信息等。在 ERP 环境下,企业通过建立与使用一个科学、全面而完整的客户信息库,使得手工方式下出现的这些问题迎刃而解,从而大大节省了人力和物力,提高了客户管理的准确性和时效性。

企业在应用 ERP 系统时,客户管理首先从建立客户基本信息开始。客户基本信息包括建立与客户有关的分类体系(如按地区分类,按产品分类,按合作的密切程度分类等等)和客户档案。客户基本信息是进行客户管理的基础。客户基本信息核心的内容是建立和维护客户档案。

7.2.2　客户分类

企业在选择客户时,应当充分了解和考虑客户的信誉、财务状况等有关情况,对客户进行分类,以明确客户范围和区别客户之间的差别,采取不同的服务策略,满足客户需求,提高客户服务水平,降低账款回收中的风险。如果企业往来客户较多并且跨区域,可以对客户进行地区分类设置及管理,企业可以根据实际需要进行地区分类,如可以按区、省、市进行分类,也可以按省、市、县进行分类。

企业对客户进行分类管理,除了可以按地区分类外,还可以按客户的性质、交易数量和市场地位等方式进行分类。进行客户分类后,客户档案必须设置在最末级的客户分类之下。在系统中已被引用的客户分类不能被删除。

一般情况下,客户按性质可划分为政府机构、特殊公司、普通公司、个人顾客和商业伙伴等;按时间序列可划分为老客户、新客户和潜在客户;按交易数量和市场地位可划分为一级客户、二级客户和零散客户等。

【例 7-1】 建立上海英达有限公司客户分类资料,如表 7-1 所示。

表 7-1 上海英达有限公司客户分类

类 别 编 码	01	02	03
类 别 名 称	一级客户	二级客户	零散客户

▶ 7.2.3 客户档案

客户档案是客户管理的基础内容。建立客户档案的目的是为了有效地进行客户管理,随时了解客户的需求,以便更好地为客户服务,按照客户的个性化特点来开展各项销售活动。

在企业营销活动中,销售部门的业务员每接触一个新的客户,都应按 ERP 系统的要求详细记录该客户的有关情况,并为之建立客户档案。建立客户档案有利于加强业务员与客户之间的联系,方便业务员随时了解客户的要求及掌握客户分布的特点等。在营销活动中,尽管有些新接触的客户还未同业务员达成交易意向,但收集到的客户资料对将来同客户的交易和分析客户需求都是非常有益的。

客户档案里详细记录每一位客户的各方面的详细资料。在进行销售报价、填制客户销售订单、形成出库单、开具销售发票、完成交货、应收款结算和有关销货客户统计时都会用到客户档案。

填制相关销售业务单据时,销货对象的录入可以参照客户档案的内容,如果单据上需要录入的销货对象不在客户档案中,按要求,必须在客户档案中建立了该客户的档案资料以后,方能在单据中录入。

【例 7 - 2】 根据表 7 - 1 的资料,建立上海英达有限公司客户档案,如表 7 - 2 所示。

表 7 - 2 上海英达有限公司客户档案

客户编码	客户名称	客户简称	所属分类	税 号	开户银行	银行账号	地址	联系人	发货方式	信用额度	付款条件	分管部门	专营业务员
01	兴隆公司	兴隆	01	98517568 70231232	上海工行浦东支行	456297731	上海浦东	张楠	公路	1 000 000			
02	凯杰公司	凯杰	02	63252165 02375670	广州工行宝山支行	772363513	广州宝山	王菲	铁路	1 000 000			

▶ 7.2.4 客户信息查询

客户信息是企业有重要价值的信息之一,它直接影响到企业经营行为,以及企业对客户消费行为的把握,并成为企业下一阶段经营的依据。客户信息查询是对企业与客户交易的历史情况进行查询,为企业提供客户管理的依据。客户信息查询内容一般包括库存报价查询、客户销售订单查询、客户信誉查询、客户收货交款情况查询及客户综合信息查询等。

客户信息查询可以按年报、月报或季报进行客户信息查询,也可以按销售发票、销售订单或销售发货单进行客户信息查询,或通过个别显示或按客户分类显示进行客户信息查询。

【例 7 - 3】 查询某公司,客户按个别显示的每月订单销售情况样表,如表 7 - 3 所示。

表 7 - 3 某公司客户销售情况

序号	客户名称	年度总计	3 月(2007 年)			
			数 量	销 售	毛 利	毛利 %
1	兴隆					
2	凯杰					
合计						

7.2.5 客户评价

客户评价的价值在于,企业可以在客户分析和评价的基础上,为客户提供更为完善的服务,来满足客户的需要,实现客户的价值。进行客户评价的前提是需要对客户差异进行分析。分析客户时主要考虑以下问题:哪个客户为企业带来的利润最大? 哪个客户是企业最忠实的客户? 哪一级客户多次对企业产品提出抱怨? 是否有些客户减少了对企业产品的订购,而更多的购买了其他企业的产品?

针对以上问题的回答,企业根据客户资料,计算出各客户在其分类中占分类销售额的比重及各类客户在总客户销售额中的比重,决定客户对企业价值,进行客户的分类和评价。一般情况下,销售额在 60%~80%左右的客户为 A 类客户,即每月销售额较大的客户;销售额在 20%~30%左右的客户为 B 类客户,即有一定销售额和潜力的客户;其余客户则为 C 类客户,即销售额一般及销售额较小的客户。

客户评价一般从以下几方面进行:对客户积极性的评价、对客户经营能力的评价、信誉评价以及社会关系评价等。

第3节 销售订单管理

客户向企业询价后,企业向客户提供报价单,客户在讨价还价后如果接受企业的报价条件,则双方签订销售订单。企业对客户的信用额度与库存情况进行审核和查询后,依照订单上规定的供货数量、时间和地点,向客户交付商品。

7.3.1 销售订单管理的任务

销售订单是在客户询价及企业报价的基础上产生的。企业与客户签订订单以后,需要对订单进行管理与控制。订单管理是制度化的客户订单处理,通过订单管理使该订单处于准备发货或准备生成的状态。

销售订单系统主要功能包括:帮助销售部门处理客户销售订单的跟踪和审核业务,提供输入、修改和跟踪订单信息,自动进行产品报价、库存查询、管理客户资料、审核客户的信用状况、产品完工后开具发货单及发票、完成物料的发运等。

销售订单系统为客户提供了产品价格和价格历史记录的信息,以备查询及使用。系统还提供了库存查询功能,可以使库存管理者迅速地了解仓库中仓位的情况和库存的情况,以便更有效地进行作业的分配,决定发货的策略,做出发货的选择。

7.3.2 销售报价

销售报价是获取订单的第一步,销售报价是指销售人员为了满足客户的需求,通过及时准确的预算,向客户提供所需商品的报价信息。企业通过销售报价达到客户满意而赢得客户、赢得市场,从而获取一系列的订单。

报价管理主要的任务是:生成销售报价单,并提供与销售相关的信息,审核报价单,对报价单进行跟踪,直至报价单经客户确认后转为销售订单为止。

销售报价单是一种文件,它记载企业向期望的客户提出的价格、销售条件及产品或服务等说明,双方达成协议后,确认报价单的内容,报价单即转为有效力的销售合同或销售订单。

报价单录入后应将其打印或传递给销售主管以便审核,进行报价确认。报价单经主管审核后,联系客户方进行确认,并作为转为销售订单的依据。报价单发出后,还需要对其进行跟踪和分析,考察发出的报价单在规定的有效期内是否可能成为现实的订单,及时对客户进行跟催,如实记录客户的反馈信息,及时调整报价单,了解客户的需求,促成交易的实现,提高销售成功率和客户服务水平。若在有效期内还未形成销售订单,应提醒销售人员进一步追踪客户,分析原因并进行相关处理工作。日常企业活动中,业务员或销售主管可根据客户、有效日、报价单等范围,选择不同状态的报价单,随时查询各报价单进展状态。

7.3.3 销售订单的基本内容

销售订单是反映由购销双方确认的客户订货需求的单据,它可以是企业销售合同中关于物料的明细内容,也可以是一种订货的口头协议。销售订单对应于企业的销售合同中订货明细部分的内容,但不能完全代替销售合同,没有关于合同中付款内容的描述。销售订单一般分为表头栏目和表体栏目两部分。

【例 7-4】 2007 年 3 月 1 日上海英达有限公司业务员王菲,向企业的一级客户兴隆集团销售了甲设备 500 套,报价 2 800 元,预发货日期为 2007 年 3 月 10 日,录入销售订单,如表 7-4 所示。

表7-4 销售订单

业务类型	普通销售	日　　期	2007-03-10	订单号	000000001
销售类型	一般销售	付款条件:		汇　率	1
客户简称	兴隆	销售部门:	销售部	业务员	王菲
备　　注		币　　种	人民币	税　率	17

序号	库存编码	库存名称	规格型号	计量单位	数量	报价	含税单价	无税单价	无税金额	税额	价税合计	税率	预发货日期
1	KFY01	甲设备		套	500	2 800	3 276	2 800	1 400 000	238 000	1 638 000	17	2007-3-10
...				...									
合计					500				1 400 000	238 000	1 638 000		

▶ 7.3.4　信用与折扣及毛利率控制

在填制销售订单过程中,需进行信用控制、折扣处理、毛利查询。

1. 信用控制

在企业营销活动中,信用控制是非常重要的内容之一。企业应根据自身情况建立专门的信用管理部门或岗位,负责制订单位信用政策,监督各部门信用政策执行情况。信用管理岗位与销售业务岗位应分设。

在企业营销活动中,信用控制的方式表现为信用额度控制。信用额度是企业在与客户交易活动中形成的,用来确定客户可信度。其主要内容有:对某一客户,唯有在所确定金额限度内的信用才是安全的;也只有在这一范围内的信用,才能保证客户业务活动的正常开展;确定信用额度的基准是客户赊销款与未结算票据之和。

对不同的客户信用额度的确定。首先,应根据实际情况,划分不同的信用额度。如前所述 ABC 三类客户,对于 A 类客户,其信用额度可以不受限制;对于 B 类客户,可先确定一个信用额度基数,以后再逐渐放宽限制;对于 C 类,则应仔细审核,适当地给予少量的信用额度。其次,对不同客户确定的信用额度不是一成不变的,应随着实际情况的变化而有所改变。第三,可确定一个最高限额,然后因客户不同设定不同的信用额度。第四,某业务员所辖客户要超过规定的信用额度时,须向业务经理乃至总经理汇报请示批准。对于超过企业既定销售政策和信用政策规定范围的特殊销售业务,应当进行集体决策,防止决策失误而造成严重损失。严禁未经授权的机构和人员经办销售与收款业务。

企业应当加强对赊销业务的管理。赊销业务应遵循规定的销售政策和信用政策。对符合赊销条件的客户,应经审批人批准后方可办理赊销业务。超出销售政策和信用政策规定的赊销业务,应当实行集体决策审批。

2. 折扣处理

企业在营销活动中,为了鼓励客户及早偿还货款、大量购买或淡季购买等而允诺在一定期限内给予的折扣优待政策。价格折扣,实际上是对原定价格有条件地打折扣,以鼓励消费者购买企业商品的价格策略。不同情况下企业可采取不同的折扣策略。

(1) 折扣种类。

企业报价时,在一个基本价格基础上可为不同客户提供不同的折扣与折让,以刺激消费。常用的折扣可分为现金折扣、数量折扣、功能折扣和季节折扣等。

现金折扣是指在赊销情况下,卖方为鼓励买方提前付款,按原价给予一定折扣。一般表示为 $5/10, 2/10, n/30$,表示客户在 30 天内必须付清款项,如在 20 天内付款,则给予 2% 的折扣,10 天内付款,则给予 5% 的折扣。

数量折扣是为刺激客户大量购买而给予的一定折扣,购买量愈大,折扣就愈大,但折扣数额不可超过因批量销售所节省的费用额。数量折扣可以按每次购买量计算,也可按一定时间内的累计购买量计算。

功能折扣也称贸易折扣,是制造商给中间商的折扣,如因不同的分销渠道所提供的服务不同,给予不同折扣,因批发商和零售商的功能不同,折扣也不同。

季节折扣也称季节差价,是制造商为保持均衡生产、加速资金周转和节省费用,鼓励客户淡季购买,按原价给予的一定折扣。

一个企业通常有多种定价策略。有的根据销售的方式(如直销给客户或卖给经销商)的不同而有不同的价格表。价格表通常又会因购买数量的不同而有所不同。价格表的差异可以根据数量区间来设定不同的单价,也可以根据离散变量设定不同的单价。折扣表示可以定一个固定的百分比,也可以根据数量的多少来设定不同的百分比。

定价时,首先建立标准的价格表。价格表通常包括产品名称、件数、类别、销售计量单位、报价条件、交货地点、生效日期、失效日期及单价等。除价格表外,还可建立折扣表,与价格表不同之处是增加了折扣类型项。最终报给客户的价格是由价格表和折扣表搭配起来的,可称为定价类别。

一个企业可能提供一套给直接用户的价格表,提供另一套给经销商的价格表。两个价格表均包含所有产品,只是价格不同,折扣表也是这样。

(2) 折扣处理。

在系统中可以使用贷项凭证的形式来处理折扣和折让。贷项凭证在系统中和发票一样,是一种不同类型的开票凭证。贷项凭证可参照发票或贷项凭证生成,既可针对整张发票也可以针对部分行的项目,还可以针对行项目中的部分数量。

3. 毛利查询

系统可对当前销售单据进行毛利预估:预估毛利=无税金额一参考成本(库存档案)×数量。可通过查询功能,查看当前订单的估算毛利列表,预估毛利表一般包括物料编号、物料名称、规格型号、计量单位、订货数量、无税金额、参考成本及预估毛利等内容。

【例7-5】 查看上海英达有限公司[例7-7]业务订单估算毛利,如表7-5所示。

表 7-5 当前订单估算毛利

订单号 000000001

物料编号	物料名称	规格型号	计量单位	订货数量	无税金额	参考成本	预估毛利
KFY01	甲设备		套	500	1 400 000	390 000	1 010 000
合计				500	1 400 000	390 000	1 010 000

注:甲设备参考成本价为 780 元/套。

7.3.5 订单业务处理流程

在实际企业营销活动中,企业根据产品目录及报价,与客户签订销售订单。订单是根据客户对产品的实际需求产生的。企业确立销售订单,即表示准备与客户达成交易的开始。客户订单代表企业对客户的承诺,表示企业将依照订单上规定的时间交付客户所需的产品。经审核确认的报价单可直接生成销售订单;已审核的订单形成库存管理中物料的预约量,减少物料的可用量;已审核的订单还可作为发货的参照依据,同时为销售分析提供分析的原始数据。一般情况下销售订单业务处理流程如图7-3所示。

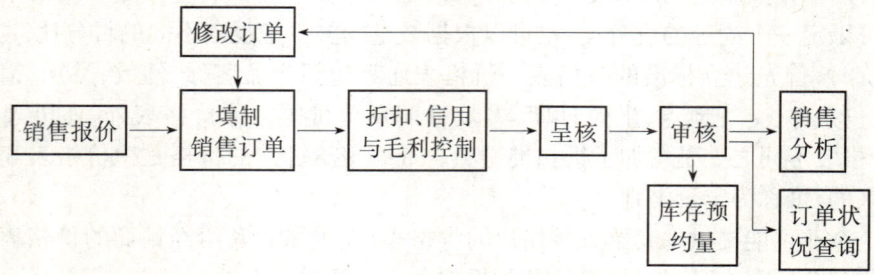

图 7-3 销售订单业务处理流程图

1. 销售报价信息

通过及时准确的预算,向客户提供所需商品的报价信息,报价信息以报价单的形式存在。报价单向客户提出价格、销售条件及产品或服务的说明,双方达成协议后,报价单转为有效的销售合同或销售订单。

2. 销售订单输入

企业根据报价单与客户达成协议后,可以根据客户确认的报价单生成销售订单,也可以在获得客户订货信息以后,人工输入销售订单。某些情况下,企业与客户的销售条件早已谈妥,在下订单之前是不必经过报价程序的,如客户经常采购某产品,或客户是企业的经销商,则不需经过报价就可以直接输入销售订单。

3. 销售订单控制

订单控制是在输入订单数据的基础上进行的控制。输入后的订单,需要通过信用检查。一般情况下是根据已建立的客户档案资料,对客户的信用状况进行审核,核定其信用额度。当该客户的应收账款加上本次交易金额之和大于其信用额度时,一般不予进行交易。即信用额度不足的销售订单,不能通过审核,只有当其信用余额足够时,才能进行审核确认。同时,可以对有折扣的订单做特殊订单的处理,该项处理包括选择不同的价格结构,说明计算折扣的方法,如按金额或按数量的百分比计算折扣等。

4. 销售订单呈核

销售订单录入后,审核前应与客户信用余额表同时打印出来并传递给销售主管,以便审核。

5. 销售订单审核

只有通过审核的销售订单才能更新产品预约量和客户信用余额,才能作为发货的依据。当销售主管不亲自操作计算机时,需将待审核的销售订单打印出来交由主管审核确认,进行信用检查。其方法可以按照应收账款的大小来检查客户的信用情况、信用额度及信用保留。

销售订单审核确认后,会造成订单上的各物料的预约量增加,可用量减少。根据销售订单发货时,销售订单未交量及预约量会减少。依据销售订单或依据发货单退货时,销售订单未交量及预约量会增加。

6. 销售订单修改

销售订单已经审核确认之后,如果客户有特殊要求,需要对订单内容进行修改,通常由具有操作权限的人员进行修改,以正确反映客户需求,提高客户服务水平。

7. 进行销售分析

销售订单是销售分析的数据源之一。依据销售订单日期及单据号码范围,可将销售订单资料更新。需要注意的是各销售订单资料在确认无误后,才能进行一次性更新销售分析处理。经修改已转入销售分析的销售订单资料无法再转至销售分析系统。

8. 销售订单查询

对于销售订单,一般地,系统提供了订单状况及交货状况查询功能。销售部门主管可以查询按期交货的订单及未能按期交货的订单,以随时发现销售工作中的问题,提高服务水平。

第4节 销售发货管理

发货是企业根据与客户签订的销售合同或销售订单,将物料发往客户的行为,是销售业务的执行阶段。在企业营销活动中,业务员完成销售订单相关内容的输入,如销售订单号、客户代号、客户订购的物料和预定发货日等,并经审核确认后,才能据以执行发货、退货业务。在有些情况下,客户采购并不一定会有订单,如有的客户通过电话订货,在这种情况下,允许不输入销售订单,可直接发货出库。

▶ 7.4.1 发货管理的任务

发货是营销过程的重要环节,企业根据销售订单生成的发货单发货。发货单是确认发货的依据,是销售发货业务的执行载体,客户通过发货单取得物料所有权。发货管理主要是对交易有关的客户信用、发货内容、收款条件、库存状况进行管理,并提供相关信息,达到对客户进行信用控制、降低信用风险等目的,同时自动生成应收账款,并自动过账更新库存,以反映库存最新动态状况,同时提供发货跟催等信息,有利于提高客户服务水平。

发货后,系统产生发票、包装明细表、提单及其他发货文件。在发货文件中,销售发票是卖方对其发货内容的描述。包装明细表载明每一箱物料的编号、包装尺寸、重量等。提单是运输公司向货主承诺将物料从一地运到另一地,并给指定人士的合约与收据。

▶ 7.4.2 发货单的基本内容

发货单又称出货单,可手工输入或参照销售订单生成,一般分为表头和表体两部分。

【例7-6】 2007年3月10日上海英达有限公司,根据[例7-4]业务中销售订单生成发货单,如表7-6所示。

表 7 - 6 发 货 单

业务类型	普通销售		发货日期	2007 - 03 - 10		发货单号	0000001		订单号	00000001
销售类型	一般销售		发往地址			发运方式	公路		发票号	
客户简称	兴 隆		付款条件			销售部门	销售部		业务员	王 菲
备 注			税 率	17		币 种	人民币		汇 率	

序号	仓库名称	库存编码	库存名称	规格型号	主计量	数量	报价	含税单价	无税单价	无税金额	税额	价税合计	税率
1	成品库	KFY01	甲设备		套	500	2 800	3 276	2 800	1 400 000	238 000	1 638 000	17
…	…	…			…								
合计						500				1 400 000	238 000	1 638 000	

7.4.3 业务处理流程

发货单根据销售订单填制或参照生成,审核后可以生成销售发票和销售出库单。自动生成的发货单生成销售出库单。开票直接发货时,销售发货单根据销售发票自动生成。

销售订单交期来临时,发货人员按照订单的内容和要求发货。发货通常是按客户销售订单的订单号、订单日期、所订的物料、数量、发货日期等要求进行发货。发货后系统自动更新库存。

一般情况下,发货的业务处理流程如图 7 - 4 所示。

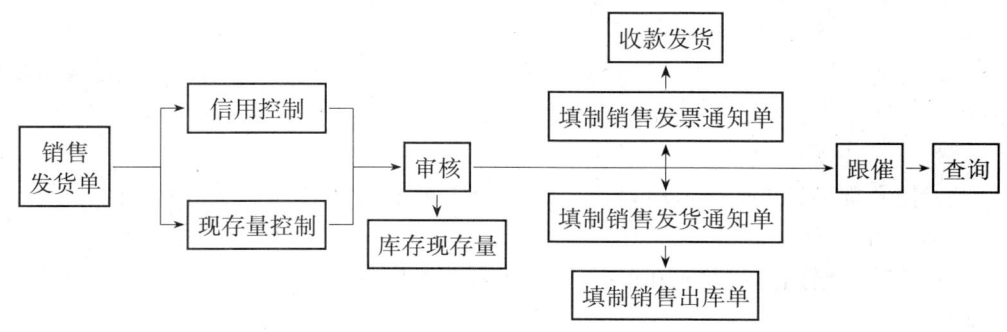

图 7 - 4 发货业务处理流程图

1. 填制销售发货单

销售部门在销售订单正式签订后,填制或生成销售发货单。有时销售发货单可根据销售发票自动生成,作为物料发出的依据。

2. 信用及现存量控制

订单处理过程中,如果客户信用额度不足,需经特别批准,系统方允许其生成销售订单,在销售订单生成销售发货单时,系统会进行二次信用检查与控制。

在使用某些系统时,如果不进行信用额度控制或信用控制点在销售订单处,则在订单处理过程中发货单上不会出现"信用额度"和"信用余额"显示。如果进行了信用额度或信用控制点在销售订单处,则在订单处理过程中会自动出现"信用额度"和"信用余额"的数值,且信用控制余额不足时不允许发货。

生成发货单时,系统将根据库存量进行检查,超过允许库存的库存量的上下极限,系统会予以提示。

【例 7-7】 根据[例 7-4]销售订单生成销售发货单时,系统进行库存现存量控制检查,生成库存可用量不足,如表 7-7 所示。当库存量不足时,系统不允许生成发货单。

表 7-7 库存可用量不足表

库存编码	库存名称	规格型号	计量单位	单据数量	现存数量	可用数量	预计可用数量	批次	仓库编码	仓库名称
KFY01	甲设备		套	2 500	0	600	−1 900		K03	成品库

3. 审核

在填制销售发货单时,经过信用检查并且在库存可用量充足的情况下,生成销售发货单,经过审核的发货单冲减库存现存量。

4. 接收销售通知单

销售发货单经审核确认后,进一步下达销售通知单到发货部门。

5. 填制销售出库单

有发货业务发生时,不论其是否有销售订单或发货单,在办理出库时均应填制销售出库单。出库单由根据销售发货单自动生成或手工输入。

6. 接收销售发票通知单

当销售发货单经审核确认后,就可进一步下达销售发票通知单到财务部门。

7. 收款发货

财务部门根据销售发票通知单办理收款及发货业务。

8. 跟催

企业发货后,应确认物料安全到达客户手中,并要求客户在收到物料时签字确认。在发货系统中可查询已发发物料但尚未签回确认的单据信息,以此作为催促送货员尽快送货并取得回执,并将回执交回,输入发货单回执相关信息,以便进行发货单的发货情况的查询。

企业应当建立应收账款账龄分析制度和逾期应收账款催收制度。销售部门应当负责应收账款的催收,财会部门应当督促销售部门加紧催收。对催收无效的逾期应收账款,可通过法律程序予以解决。

9. 查询

销售部门的业务员可对发货单据及有关信息进行查询。如查看现存量、当前发货单开出发票情况、对应发票和对应出库单等。发货单可作为库存管理员的发货依据,也作为销售发货的原始凭据。

第5节 销售发票管理

在企业与客户的交易活动中,有些客户要求随货附发票,即每一批货就产生一张发票并随货一起送给客户。有些客户则因采购次数频繁,发票和请购次数太多,要求每次送货结算一次并开成一张发票。在销售系统中,可以在订单出库时开具销售发票,即在订单出库处理时立即产生发票。若在出库时,不立即开具发票,也可以在客户要求开票时根据多张发货单开立一张发票。

发票通常是根据订单发货以后开具,即企业在销售过程中根据销售订单给客户开具销售发票及其所附清单的过程,它是销售收入确认、销售成本计算、应交销售税金确认和应收账款确认的依据,是销售业务的一个重要环节,也是最后一个环节。

7.5.1 销售发票的内容

销售发票是在销售开票过程中企业给客户所开具的原始销售单据,包括增值税专用发票、普通发票及其所附清单。销售发票是对所销物料内容的描述,一般包括产品或服务的说明、客户名称、客户地址,以及物料的名称、单价、数量、总价、税额等资料。系统在输入发票后,会过账到财务系统相关客户账户中。当发货单晚于发票并且所销售的是库存物料时,系统提供的发票将相应地更正库存。当发票不是根据发货单形成的,系统就会自动执行更改库存过账。

销售发票分为销售专用发票和销售普通发票。另外在销售退货时,还会产生红字销售发票。红字销售发票是销售发票的逆向处理业务单据。当客户要求退货或销售折让,

但已将原发票进行了账务处理时,企业须向客户开具红字销售发票。红字销售发票同样地分为红字专用销售发票和红字普通销售发票。

▐▐▐▶ 7.5.2 销售发票的格式

销售发票一般情况下根据销售订单或销售发货单生成,其格式通常分为表头和表体两部分。销售发票是客户到指定仓库提货的依据之一。

【例 7-8】 2007 年 3 月 16 日上海英达有限公司根据[例 7-6]中的 2007 年 3 月 10 日发货单生成销售专用发票,如表 7-8 所示。

表 7-8　销售专用发票

业务类型	普通销售	开票日期	2007-03-16		订单号	000000001	发货单号	00000001
销售类型	一般销售	客户地址			电话		发票号	000000001
客户简称	兴隆	销售部门	销售部		业务员	王菲	税率	17
开户银行			账号	365197731		税号	6579756870231232	
备注		付款条件		币种		人民币	汇率	1

序号	仓库名称	库存编码	库存名称	规格型号	计量单位	数量	报价	含税单价	无税单价	无税金额	税额	价税合计	税率
1	成品库	KFY01	甲设备		套	500	2 800	3 276	2 800	1 400 000	238 000	1 638 000	17
合计						500				1 400 000	238 000	1 638 000	

▐▐▐▶ 7.5.3 业务处理流程

在企业销售活动中,销售部门根据销售订单生成销售发票,客户或送货人依据销售发票中某联到仓库提货;库存管理系统根据已复核的销售发票生成销售出库单,销售出库单的形成还可根据系统设置参数,由系统自动生成销售发货单,在实际业务中仓库依据销售发票中某联作为发货依据;销售发票传递到应收款系统形成应收款项,并进行收款结算。销售发票的业务处理流程如图 7-5 所示。

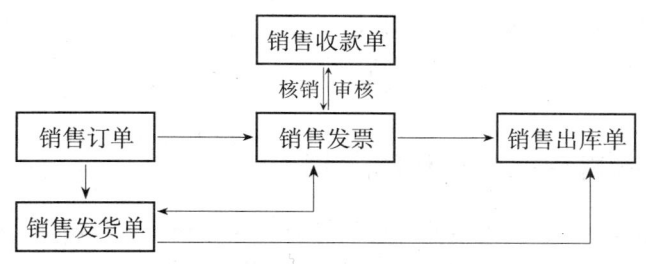

图 7 - 5 销售发票业务处理流程图

1. 填制发票

填制发票是指根据销售订单或其他销售合同,向客户开具销售发票。销售发票可手工填制或参照原销售订单或销售发货单生成。需要注意的是已经生成发货单据的业务,在形成发票时一定参照发货单生成,否则形成的是一张与已有发货单无关的发票。

2. 审核

销售发票复核后,通知财务部门在应收款系统中核算应收账款,并审核登记应收明细账,制单生成凭证。如果企业未启用应收款系统,则在总账中核算并登账,制单生成凭证。

3. 制单

经审核后的销售发票在企业启用应收款系统时,通常在应收款系统中核算,制单并生成凭证。销售发票允许进行现结,现结后,在发票上注明"现结"标记,如想放弃现结操作可进行弃结。现结是在款货两讫的情况下,在销售结算的同时向客户收取货币资金。根据销售发票收到货款后,可以随时对其单据进行现结处理,现结操作必须在单据复核操作之前。一张销售单据可以全额现收,也可以部分现收。

需要注意的是,现结的发票在应收款系统进行现结制单,但在应收款系统账表中并不反映现结的发票和现收款记录。即全额现收的发票在应收账表中不反映,部分现收的发票在应收账表中只记录发票未现收的部分。

实际工作中,发货单与发票的客户可能是不一致的,也就是一张发货单开给一家单位,但款项却由另一家或多家单位支付,这样就需开票给多家单位分摊承担,但根据发货单生成的发票,客户名称(简称)是不可修改的。可将单据中的客户全称按照需要修改,并将改后的客户全称打印到发票上。

第6节 销 售 分 析

企业在经过报价、订单形成、开出发票发货等业务活动后,会产生许多信息,最终形成相应的报表。企业可以按照不同的目的、用途和需要,对销售报表分别按销售额、销售量、客户类型或销售人员等进行销售业绩的分析。

7.6.1 销售查询及分析的作用

企业可按货品、客户、交货地点及销售员等分别取得相应销售信息。此外,还可以根据货品价格、成本、数量、销售利润和销售人员报价等信息形成不同的报表,进行销售分析与浏览。即企业可对销售信息按不同检索需求查看,以便对不同类型的客户进行销售分析。

销售分析是企业提高销售管理水平,降低销售成本的重要途径。销售分析一方面与其他子系统紧密集成,通过接收其传递来的数据进行营销各种数据的分析,另一方面通过销售目标与销售实绩的比较,实现对营销业务的控制,促进销售目标的实现。

企业通过销售订单的录入与处理,生成各种不同性质与要求的销售业务报表,为销售业务统计与分析提供了有效且有力的依据。在企业活动中,销售报表一般有销售统计表、销售货龄分析表、销售获利分析表、销售订单执行情况表等。其中,销售统计表是以单一单据,如以订单、发货单、发票等为中心的,对销售局部业务单据的明细及汇总的统计;销售货龄分析表是以销售出库单为中心的,对出库且收款没结束的库存在指定区间进行的货龄分析,反映了各类欠款情况,可进行明细及汇总查询;销售订单执行情况表是以销售全过程业务为核心,贯穿销售订单、发货、出库、签收、开票、收款全过程明细跟踪表。

7.6.2 销售分析

1. 销售结构分析

销售结构分析可以分析不同分组条件下的(如客户、业务员、物料等)在某时间段的销售构成情况。销售分析表如表 7-9 所示。

【例 7-9】 查询上海英达有限公司 2007 年 3 月销售结构分析表,如表 7-9 所示。

2. 销售毛利分析

通过销售毛利分析,可以统计物料在不同期间的毛利变动及影响原因。销售毛利分析表如表 7-10 所示。

【例 7-10】 查询上海英达有限公司 2007 年 3 月销售毛利分析表,如表 7-10 所示。

3. 市场分析

通过市场分析可以反映某时间区间内部门或业务员所负责的客户或地区销售、回款、业务应收(发货未开票)的比例情况。市场分析表如表 7-11 所示。

【例 7-11】 查看上海英达有限公司 2007 年 3 月市场分析表,如表 7-11 所示。

表7-9 销售结构分析表

部门	客户	业务员	物料	规格	发货金额	发货金额%	销售金额	销售金额%	销售税金	销售税金%	销售收入	销售收入%	销售成本	销售成本%	销售毛利	销售毛利%
销售部	凯杰公司	张楠	甲设备		8 190 000	83.33	8 190 000	83.33	1 190 000	83.33	7 000 000	83.33	1 950 000	83.33	5 050 000	83.33
销售部	兴隆集团	王菲	甲设备		1 638 000	16.67	1 638 000	16.67	238 000	16.67	1 400 000	16.67	390 000	16.67	1 010 000	16.67

销售分析数据来源：(1) 发货金额数据来自发货单和退货单、委托代销发货单和委托代销退货单；(2) 销售金额数据来自销售发票、零售日报及其红字单据；(3) 销售成本来自库存核算系统的库存存明细账。

表7-10 销售毛利分析表

部门	库存分类	库存分类	库存	规格	单位	本期数量	本期售价	本期成本	本期毛利	毛利	售价影响	成本影响
销售部	产成品	产成品	甲设备		套	3 000	2 800	780	6 060 000	6 060 000	8 700 000	2 370 000

表7-11 市场分析表

客户	发货金额	发货金额%	发货价税合计	发货价税合计%	开票金额	开票金额%	开票价税合计	开票价税合计%	售价影响	应收余额	应收余额%
凯杰公司	7 000 000	83.33	8 190 000	83.33	7 000 000	83.33	8 190 000	83.33	8 290 000	99.28	
兴隆集团	1 400 000	16.67	1 638 000	16.67	1 400 000	16.67	1 638 000	16.67	60 000	0.72	

133

4. 市场预测

通过对销售历史资料和销售现况资料的分析,运用科学的预测方法,分析市场趋势和品种结构,协助企业规划销售目标。只有获得大量的准确的销售历史数据,才有可能得到准确的销售预测数据。应注意积极收集和积累销售历史数据。对于企业而言,市场预测是一项非常复杂而有重大意义的活动。预测时,应注意以下事项:

(1)预测模型选择。应提供多种预测数学模型与方法,如比例法、移动平均法、线性回归法、指数平滑加权法、二次回归法等。也可以根据企业销售人员的经验,构造适合本企业的销售预测模型。

(2)预测结果的修改与调整。由于受预测方法本身的限制,销售预测数据往往不合适。应结合企业产品的具体情况,按照季节和需求变动等情况,进行必要的修改与调整。

(3)预测模拟。预测模拟是帮助管理人员选择合理的预测模型或改进预测模型。首先选择预测模型,根据销售历史数据进行预测,将预测数据与历史数据进行比较,求出该模型的预测准确度;然后,比较各个模型的预测准确度;最后选择出较好的预测模型。这里注意,不同的产品、不同的季节、不同的销售地区,可能采用不同的预测方法和模型。

 本章小结

销售管理是企业日常经营活动的最终环节,也是企业实现自我价值的重要阶段。在企业管理信息系统中,销售管理是整个管理信息系统的一个重要组成部分。销售管理系统的主要任务是:通过客户管理,向客户进行产品报价、与客户签订销售订单、编制并审核交货单、组织发货、开具销售发票;进行相关售前、售中及售后跟踪服务;进行销售与市场分析等。销售管理系统与 ERP 其他子系统有着比较复杂的数据联系。销售管理系统与物料需求计划系统、库存管理系统、应收款管理系统及采购管理系统之间的数据传递关系。本章重点介绍了客户管理、订单管理、发货管理及发票管理等模块的功能。

 **练习与思考题**

一、填空题

1. 客户信用信息主要包括_____、_____、_____、_____、_____等。
2. 企业营销活动中,信用控制的方式表现_____。
3. 销售发票分为_____发票和_____发票。

二、名词解释

1. 销售报价
2. 信用额度
3. 功能折扣

三、思考题

1. 销售管理的主要内容是什么？
2. 销售管理业务处理流程是如何进行的？
3. 如何进行客户管理？客户管理的内容包括哪些？
4. 如何进行销售订单的处理？其流程是怎样进行的？
5. 何种情况下不能生成销售发货单？
6. 简述发货管理的业务处理流程。
7. 简述销售发票包括的内容。
8. 销售管理处于什么样的计划层次？

第 **8** 章 车间作业管理

学习目的

　　通过本章学习,掌握车间作业管理的主要内容、实现功能与业务流程;掌握车间工作任务、加工单、派工单、工票、投料单、领料单的内容与生成方法;了解现代企业生产管理新理论;理解车间作业管理与 ERP 其他子系统的关系。

第1节　车间作业管理概述

　　车间作业管理处于 ERP 计划体系的执行层与控制层,其管理目标是按照物料需求计划(MRP)的要求,按时、按质、按量且低成本地完成加工制造任务。车间作业管理的过程主要是依据 MRP、工艺路线以及各工序的能力编排工序加工计划,下达车间生产任务单,并控制计划进度,最终完工入库。

　　车间作业管理对生产任务的全过程进行管理,包括任务下达、领料、加工完毕后申请检验、生产任务投入产出汇报、产成品完工入库。车间作业管理是以生产任务为核心,处理各种来源的生产任务,并围绕生产任务的生命周期的各个阶段,如生产任务计划、备料、领料、分割、下达、完工、结案等,对生产任务单进行数量和时间等方面的管理,并处理相关物料投放。生产任务单的各种报表为用户提供综合信息,为管理决策提供参考。

第 2 节　车间作业管理业务流程

车间作业管理(Production Activity Control,简称 PAC),处于 ERP 计划的执行层。其管理目标是按物料需求计划的要求,按时、按质、按量与低成本地完成加工制造任务。

车间作业管理是在 MRP 所产生的加工制造订单(即自制零部件生产计划)的基础上,按照交货期的前后和生产优先级选择原则以及车间的生产资源情况(如设备、人员、物料的可用性,加工能力的大小等),将零部件的生产计划以订单的形式下达给适当的车间。在车间内部,根据零部件的工艺路线等信息制定车间生产的日计划,组织日常的生产。同时,在订单的生产过程中,实时地采集车间生产的动态信息,了解生产进度,发现问题并及时解决,尽量使车间的实际生产接近于计划。

车间作业管理的反馈信息十分重要,因为 ERP 要以此信息为依据对物料需求计划、主生产计划、生产计划大纲,乃至企业经营计划做适当调整,以使各层计划更接近于实际。

▌▌▶ 8.2.1　车间作业管理的业务流程

车间作业管理的业务流程,如图 8-1 所示。

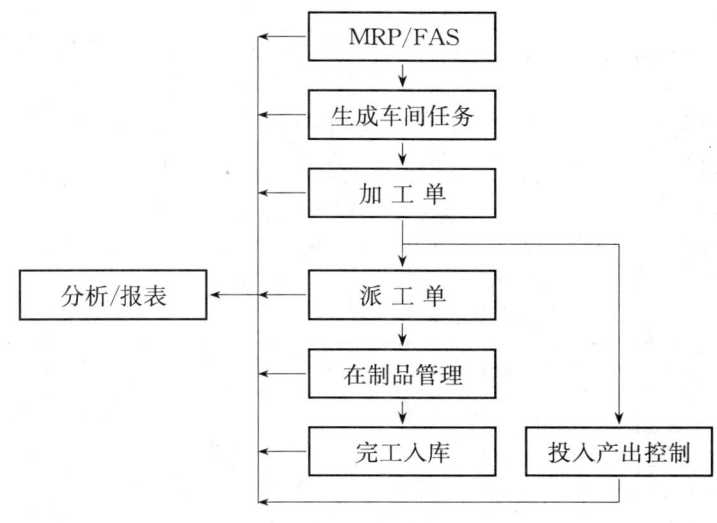

图 8-1　车间管理的业务流程

1. 建立车间工作任务

建立车间任务就是要把 MRP 中的物料制造任务下达给车间。一般来说,由于企业的不同车间都可以完成相同的加工任务,而且不同的车间可能会有不同的加工工艺路线,因而必须把物料需求计划明确下达给某个车间加工,当然也允许同一个物料需求计划分配给不同的车间。因此,车间任务可以由 MRP 自动生成,也可以由手工建立或进行MRP 任务分配(建立、分割等)。有时车间还会涉及一些临时任务,如返工、翻修和改装等等。车间任务的一般的报表形式见表 8 - 1。

表 8 - 1　车间任务报表

任务号	MRP 号	物料名称	需求量	需求日期	车间名称	任务数量	计划开工日期	计划完工日期
W21	PL288	卷筒	12	2007 - 03 - 23	一车间	12	2007 - 03 - 19	2007 - 03 - 22
W16	PL277	小车	15	2007 - 03 - 16	一车间	15	2007 - 03 - 09	2007 - 03 - 15

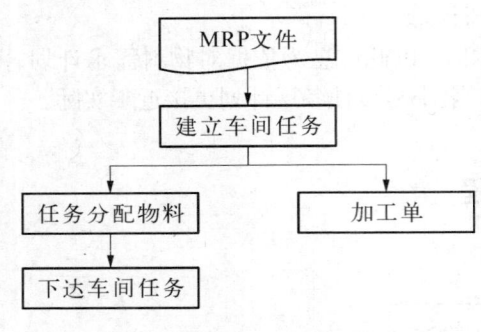

图 8 - 2　下达车间任务业务流程图

车间任务建立、确认后,要对任务的物料再次进行落实,也就是对车间任务进行物料分配。完成物料分配后就可以下达任务,确保任务的执行。具体业务流程如图 8 - 2 所示。

2. 建立加工单

在建立车间工作任务后,系统生成该任务的工序作业计划,即面向物料的加工说明文件(或称为加工单)。它用来说明某任务(加工某物料)的加工工序、工作中心、工作进度及使用工装设备等。由于加工单是针对物料的加工计划,因此,各个物料的加工计划有时也称为物料加工单,相当于手工管理中的加工传票。加工单的一般格式见表 8 - 2。

表 8 - 2　加 工 单

加工单号:work010　　　　计划日期:2007 - 03 - 06　　　　计划员:王力
物料代码:BP002　　　　物料名称:卷筒
需求数量:10　　　　需求日期:2007 - 03 - 17

工序	工序名称	工作中心代码	标准时间			本工序时间	计划进度				状态
			准备	工时	台时		最早开工日期	最早完工日期	最迟开工日期	最晚完工日期	
1	装轴套	ZC008	0.04	0.4		0.44	2007 - 03 - 09	2007 - 03 - 15	2007 - 03 - 10	2007 - 03 - 16	开工
2	焊筒体	ZC007	0.04	0.8		0.84	2007 - 03 - 09	2007 - 03 - 16	2007 - 03 - 10	2007 - 03 - 17	确认

物料的加工单根据车间任务、工艺路线、工作中心文件而建立。其业务流程如图 8-3 所示。

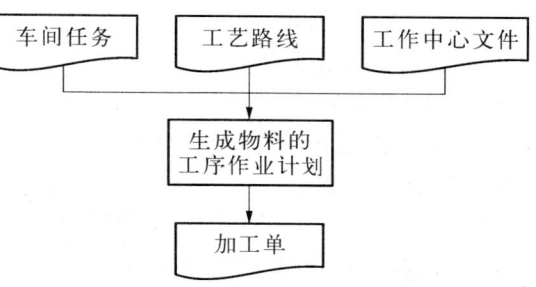

图 8-3　建立加工单业务流程图

3. 建立派工单与作业排序

生成物料的加工单后,根据各个工作中心的当前正在加工任务与排队任务等生产情况,进行各个工序的作业安排,即下达派工单。派工单是面向工作中心(工序)的任务说明文件。计划员进行派工时,充分考虑各个任务物料的优先级、工序能力(工作中心能力)、任务用料、物料的分配等情况,进行作业排序与派工。

(1) 派工单。

派工单(Mispatch List)是用来说明某时段(如周、月)工作中心的加工任务与各任务优先级别的文件。它的作用是安排加工任务,使任务的执行状态为"开工",它的形式也是多种多样的,表 8-3 所示为其中的一种形式。

表 8-3　派 工 单

车间代码:0090　　　　　车间名称:一车间
工作中心:ZC001　　　　工作中心名称:车削中心　　　　　派工日期:2007-03-13

物料名称	任务号	工序号	工序名称	需求数量	计量单位	计划开工日期	计划完工日期	剩余/拖后时间(天)	优先级别
轴套	WB57	C001	车外圆	20	件	2007-03-15	2007-03-19	2	1
轴套	WB57	C002	车内孔	20	件	2007-03-15	2007-03-19	2	1
筒体	WB67	C003	车端面	10	件	2007-03-16	2007-03-20	3	2

(2) 作业排序。

多项物料在某一时段分派在同一个工作中心上加工,需要确定这些物料的加工顺序,即作业之间相对的优先顺序。实质上这是一个核实是否有足够提前期的问题。下面介绍确定优先级的几种常用方法。

① 紧迫系数(Critical Ratio,简称 CR)。

$$CR = (需用日期 - 今日日期) / 剩余的计划提前期$$

上述公式将剩余时间与需要加工的时间(计划提前期)相对比,可出现四种情况:

CR = 负值:说明已经拖期。

CR=1：剩余时间恰好够用。

CR>1：剩余时间有余。

CR<1：剩余时间不够。

很明显，CR 值小者优先级高。一项物料的加工完成后，其他物料的 CR 值会有变化，要随时进行调整。

② 最小单个工序平均时差(Least Slack per Operation，简称 LSPO)。

时差也称缓冲时间或宽裕时间。

$$LSPO=(加工件计划完成日期-今日日期-尚需加工时间)/ 剩余工序数$$

式中，尚需加工时间指剩余工序的提前期之和。很明显，LSPO 值愈小，即剩余未完工序可分摊的平均缓冲时间愈短，优先级愈高。

③ 最早订单完工日期(Earliest Due Date)。

要求完工日期愈早的订单优先级愈高。使用这条规则时，对处于起始工序的订单要慎重，有必要用 LSPO 规则复核。本规则比较适用于判断加工路线近似的各种订单，或已处于接近完工工序的各种订单。

确定工序优先级的规则很多，但必须简单明了，便于车间人员使用。

4. 投入产出控制

投入产出控制(或称为输入/输出控制，Input/Output)是衡量能力执行情况的一种方法。投入产出报告即 I/O 报告，是一个计划投入与实际投入以及计划产出与实际产出的控制报告。计算主要生成某一时间段内各工作中心的计划投入工时(机时、能力标准)，计划产出工时(机时、能力标准)等其他信息(如初始队列等)，用户可在每周初用本程序进行计算。实际输入工时(机时、能力标准)和实际输出工时(机时、能力标准)数据由车间按实际进行录入维护。如图 8-4 投入产出的物流控制模型所示。

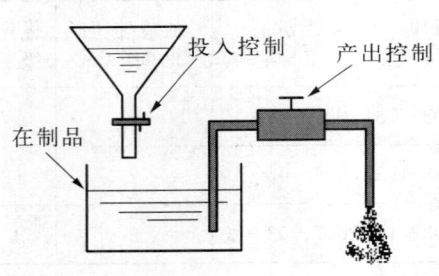

图 8-4　投入产出的物流控制模型

I/O 报告的数据一般有计划投入、实际投入、计划产出、实际产出、计划排队时间、实际排队时间和偏差等。比较计划投入与实际投入可以分析出输入到工作中心的订单流动情况。比较实际投入与实际产出可以看出工作中心是否正在加工所有到达的负荷，它可以指示出工作中心的实际拖欠及排队情况。比较计划产出和实际产出可以得到工作中心执行计划的情况如何。表 8-4 是一种常见的 I/O 报表形式。

表 8 - 4　投入产出报表

工作中心：zc001　　　工作中心名称：装配中心　　　生成日期：2007 - 02 - 29

能力标志：工时　　　　能力数据：16 小时/日

投入允许偏差：10　　　产出允许偏差：10

项　　目	时　　段				
	1	2	3	4	5
计划投入	80	80	80	80	80
实际投入	76	78	90	75	78
累计投入偏差	−4	−6	4	−1	−3
计划产出	80	80	80	80	80
实际产出	76	77	91	80	78
累计产出偏差	−4	−7	4	4	2
计划排队	12	12	12	12	12
实际排队	13	14	13	8	8

表 8 - 4 中有关项目说明如下：

计划投入：工作中心的计划订单与已下达订单所需的工时（机时）。

计划产出：计划要求完成的任务的工时（机时）。

实际投入：工作中心实际接收任务的工时（机时）。

实际产出：实际完成任务的工时（机时）。

累计投入偏差：等于实际投入减计划投入。

累计产出偏差：等于实际产出减计划产出。

计划排队：工作中心的任务的计划排队工时（机时）。

实际排队：工作中心的任务的实际排队工时（机时）。

在生产中，应对计划投入与实际投入、实际投入和实际产出及计划产出与实际产出作出比较，分析计划和生产中出现的问题。分析方法见表 8 - 5。

表 8 - 5　投入产出报表分析

对 比 结 果	存 在 问 题	对 比 结 果	存 在 问 题
计划投入＞实际投入	加工件推迟到达	计划投入＜实际投入	加工件提前到达
计划投入＝实际投入	加工件按计划到达	实际投入＞实际产出	在制品增加

续　表

对 比 结 果	存 在 问 题	对 比 结 果	存 在 问 题
实际投入＝实际产出	在制品维持不变	计划产出＝实际产出	工作中心按计划
实际投入＜实际产出	在制品减少	计划产出＜实际产出	工作中心超前计划
计划产出＞实际产出	工作中心落后计划		

投入/产出报表还可以用来分析物料流动和排队状况。排队时间相当于已下达订单但尚未完成的"拖欠量",并不意味着一定是拖期。排队时间计算如下:

时段末的排队时间 ＝ 时段初的排队时间 ＋ 投入量 － 产出量

因此,控制投入产出量可以控制车间物流的排队时间,避免物料积压、排队时间过长。可是,当能力需求增加时,则应采取适当的措施,进行补救、调节。

8.2.2　车间作业管理与 ERP 其他系统的关系

车间作业管理既是一个独立的系统,同时与 MRP/FAS 系统、库存系统、设备管理、成本管理、质量管理等系统有着紧密的联系。具体关系如图 8-5 所示。

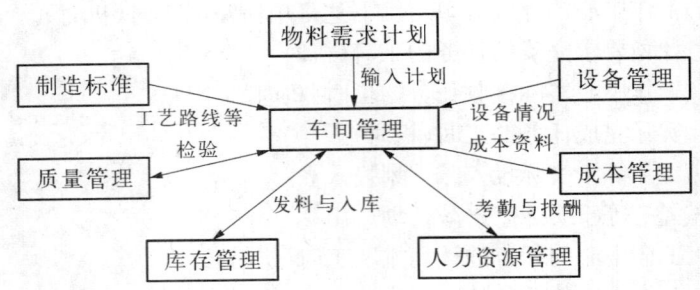

图 8-5　车间管理系统与 ERP 其他系统关系图

第 3 节　准时制生产与精益生产

为了适应市场需求的变化,传统的生产管理方法大多数是通过储备一定的产品,即保持一定的库存水平,来适应市场变化,而这恰恰是导致库存积压和物料浪费的主要因素。20 世纪 70 年代末期,日本制造业在石油危机的冲击下,发动了一场向浪费挑战的生产管理变革,并发展形成了一种新的生产管理方法,并在国际上被广泛地研究和应用而得以进一步发展。

8.3.1　准时制生产

准时制生产(JIT)方式是起源于日本丰田汽车公司的一种生产管理方法。它的基本思想可用现在已广为流传的一句话来概括,即"只在需要的时候,按需要的量生产所需的产品",这也就是准时制生产(Just in Time,简称 JIT)一词所要表达的本来含义。这种生产方式的核心是追求一种无库存的生产系统,或使库存达到最小的生产系统。为此而开发了包括"看板"在内的一系列具体方法,并逐渐形成了一套独具特色的生产经营体系。

JIT 模式,由于其独特的思想和方法,受到包括美国在内的许多西方国家的重视,并已广泛应用于制造业。据某项调查资料,JIT 生产方式与大量生产方式相比,其产生的效益主要表现在以下及各方面:

① 所需人力资源减至 1/2。

② 新产品开发周期可减至 1/2 或 2/3。

③ 生产过程的在制品库存可减至 1/2。

④ 成品库存可减至 1/4。

⑤ 产品质量可提高 3 倍。

尽管 JIT 生产方式显示了许多优越性,但实施起来是相当困难的,其具体要求有以下两点:① 需要对企业的设备进行改组并重新布置;② 需要具有多种操作技能的多面手工人。

随着 JIT 模式的不断发展和应用,管理学者们又提出将 JIT 与 ERP 结合,并获得了成功应用。企业是否可以应用 ERP 的 JIT 模块,下列条件可以作为参考:① 物料清单准确率 100%;② 库存数据准确率 100%;③ 工艺路线稳定;④ 生产能力稳定(设备良好、人员稳定);⑤ 生产过程中质量稳定;⑥ 物料供应稳定。

1. JIT 生产方式的目标

JIT 生产方式的最终目标即企业的经营目的是获取最大利润。为了实现这个最终目的,"降低成本"就成为基本目标。在福特时代,降低成本主要是依靠单一品种的规模生产来实现的。但是在多品种中小批量生产的情况下,这一方法是行不通的。因此,JIT 生产方式力图通过"彻底消除浪费"来达到这一目标。所谓浪费,在 JIT 生产方式的起源地丰田汽车公司,被定义为"只使成本增加的生产诸因素",也就是说,不会带来任何附加价值的诸因素。这其中,最主要的有生产过剩(即库存)所引起的浪费。因此,为了排除这些浪费,就相应地产生了适量生产、弹性配置作业人数以及保证质量这样三个子目标。

2. JIT 基本手段

为了达到降低成本这一基本目标,对应于上述基本目标的三个子目标,JIT 生产方式的基本手段也可以概括为下述三个方面。

(1) 适时适量生产。

即"Just in Time"一词本来所要表达的含义,"在需要的时候,按需要的量生产所需的产品"。对于企业来说,各种产品的产量必须能够灵活地适应市场需要量的变化。否则的话,由于生产过剩会引起人员、设备、库存费用等一系列的浪费。而避免这些浪费的手段,就是实施适时适量生产,只在市场需要的时候生产市场需要的产品。

适时适量生产的实现主要有两种手段:生产同步化和生产均衡化。

① 生产同步化。

为了实现适时适量生产,首先需要致力于生产的同步化。即工序间不设置仓库,前一工序的加工结束后,使其立即转到下一工序去,装配线与机械加工几乎平行进行。在铸造、锻造、冲压等必须成批生产的工序,则通过尽量缩短作业更换时间来尽量缩小生产批量。生产的同步化是通过"后工序领取"这样的方法来实现,即后工序只在需要的时间到前工序领取所需的加工品,前工序中按照被领取的数量和品种进行生产。这样,制造工序的最后一道(总装配线)成为生产的出发点,生产计划只下达给总装配线,以装配为起点,在需要的时候,向前工序领取必要的加工品,而前工序提供该加工品后,为了补充生产被领走的量,必向更前道工序领取物料,这样把各个工序都连接起来,实现同步化生产。这样的同步化生产还需通过采取相应的设备配置方法以及人员配置方法来实现。即不能采取通常的按照车、铣、刨等工业专业化的组织形式,而按照产品加工顺序来布置设备。这样也带来人员配置上的不同做法。

② 生产均衡化。

生产均衡化是实现适时适量生产的前提条件。所谓生产的均衡化,是指总装配线在向前工序领取零部件时应均衡地使用各种零部件,生产各种产品,既要平衡能力,又要平衡物流。为此在制定生产计划时就必须加以考虑,然后将其体现于产品生产顺序计划之中。在制造阶段,均衡化通过专用设备通用化和制定标准作业来实现。所谓专用设备通用化,是指通过在专用设备上增加一些工夹具的方法使之能够加工多种不同的产品。标准作业是指将作业节拍内一个作业人员所应担当的一系列作业内容标准化。

(2) 弹性配置作业人数。

在劳动费用越来越高的今天,降低劳动费用是降低成本的一个重要方面。达到这一目的的方法是"少人化"。所谓少人化,是指根据生产量的变动,弹性地增减各生产线的作业人数,以及尽量用较少的人力完成较多的生产。这里的关键在于能否将生产量减少了的生产线上的作业人员数减下来。这种"少人化"技术一反历来的生产系统中的"定员制",是一种全新人员配置方法。实现这种少人化的具体方法是实施独特的设备布置,以便需求减少时,能够将作业所减少的工时集中起来,以整顿削减人员。但这从作业人员的角度来看,意味着标准作业中的作业内容、范围、作业组合以及作业顺序等的一系列变更。因此为了适应这种变更,作业人员必须是具有多种技能的"多面手"。

(3) 质量保证。

历来认为,质量与成本之间是一种负相关关系,即要提高质量,就得花人力、物力来加以保证。但在 JIT 生产方式中,却一反这一常识,通过将质量管理贯穿于每一工序之中来实现提高质量与降低成本的一致性,具体方法是"自动化"。这里所讲的自动化是指融入生产组织中的两种机制:第一,使设备或生产线能够自动检测不良产品,一旦发现异常或不良产品可以自动停止设备运行的机制。为此在设备上开发、安装了各种自动停止装置和加工状态检测装置;第二,生产第一线的设备操作工人发现产品或设备的问题时,有权自行停止生产的管理机制。依靠这样的机制,不良产品一出现马上就会被发现,防止了不良的重复出现或累积出现,从而避免了由此可能造成的大量浪费。而且,由于一旦发生异常,生产线或设备就立即停止运行。比较容易找到发生异常的原因,从而能够有针对性地采取措施,防止类似异常情况的再发生,杜绝类似不良产品的再产生。这里值得一提的是,通常的质量管理方法是在最后一道工序对产品进行检验,尽量不让生产线或加工中途停止。但在 JIT 生产方式中却认为这恰恰是使不良产品大量或重复出现的"元凶"。因为发现问题后不立即停止生产的话,问题得不到暴露,以后难免还会出现类似的问题,同时还会出现"缺陷"的叠加现象,增加最后检验的难度。而一旦发现问题就会使其停止,并立即对其进行分析,改善,久而久之,生产中存在的问题就会越来越少,企业的生产素质就会逐渐增强。

3. JIT 管理工具

在实现适时适量生产中具有极为重要意义的是作为其管理工具的看板。看板中记载着生产量、时间、方法、顺序以及运送量、运送时间、运送目的地、放置场所、搬运工具等信息。看板就相当于工序之间、部门之间以及物流之间的联络神经。JIT 生产方式的目标是要最终实现无储存生产系统,而看板提供了一个朝着这个方向迈进的工具。看板的主要作用如下:

(1) 传递生产和运送的指令。

在 JIT 生产方式中,生产的月度计划是集中制定的,同时传达到各个工厂以及协作企业。而与此相应的日生产指令只下达到最后一道工序或总装配线,对其他工序的生产指令通过看板来实现。即后工序"在需要的时候"用看板向前工序去领取"所需的量"时,同时就等于向前工序发出了生产指令。从装配工序逐次向前工序追溯。"后工序领取"以及"适时适量生产"就是这样通过看板来实现的。

（2）防止过量生产和过量运送。

看板必须按照既定的运用规则来使用。其中一条规则是："没有看板不能生产，也不能运送。"根据这一规则，看板数量减少，则生产量也相应减少。由于看板所表示的只是必要的量，因此通过看板的运用能够做到自动防止过量生产以及适量运送。

（3）进行"目视管理"的工具。

看板的另一条运用规则是："看板必须在实物上存放"，"前工序按照看板取下的顺序进行生产"。根据这一规则，作业现场的管理人员对生产的优先顺序能够一目了然，易于管理。并且只要一看看板，就可知道后工序的作业进展情况、库存情况等等。

（4）改善的工具。

看板除了以上的生产管理作用外，还有一大作用，即改善。通过看板，可以发现生产中存在的问题，使其暴露，从而立即采取改善对策。由于生产是不可能100％的完全按照计划进行的，月生产量的不均衡以及日生产计划的修改都可通过看板来进行微调。在一般情况下，如果在制品库存较高，即使设备出现故障、不良品数目增加也不会影响到后道工序的生产，所以容易把这些问题掩盖起来。而且即使有人员过剩，也不易察觉。根据看板的运用规则之一"不能把不良品送往后工序"，后工序所需得不到满足，就会造成全线停工，由此可立即使问题暴露，从而必须立即采取改善措施来解决问题。这样通过改善活动不仅使问题得到解决，也使生产线的"体质"不断增强，带来了生产率的提高。

看板方式作为一种进行生产管理的方式，在生产管理史上是非常独特的，看板方式也可以说是 JIT 生产方式最显著的特点。但决不能把 JIT 生产方式与看板方式等同起来。JIT 生产方式说到底是一种生产管理技术，而看板只不过是一种管理手段。看板只有在工序一体化、生产均衡化、生产同步化的前提下，才有可能运用。如果错误地认为 JIT 生产方式就是看板方式，不对现有的生产管理方法作任何变动就单纯地引进看板方式的话，是不会起到任何作用的。所以，在引进 JIT 生产方式以及看板方式时，最重要的是对现存的生产系统进行全面改组。

JIT 追求尽善尽美，比如在废品方面，追求零废品率；在库存方面，追求零库存。可以这样说，JIT 的目标是一种理想的境界。

▶ 8.3.2　精益生产

精益生产也是一种生产管理技术，是目前世界上最佳的生产组织技术之一。

1. 精益生产的概念

精益生产（Lean Production，简称 LP），又称精良生产，其中"精"表示精良、精确、精美；"益"表示利益、效益等。精益生产就是及时制造，消灭故障，消除一切浪费，向零缺陷、零库存进军。它是美国麻省理工学院在一项名为"国际汽车计划"的研究项目中提出来的,是他们在做了大量的调查和对比后,在以日本丰田汽车公司为代表的 JIT 生产方式基础上发展出来的一种适用于现代制造企业的一种生产组织管理方式。精益生产综合了大量生产与单件生产方式的优点,力求在大量生产中实现多品种和高质量产品的低成本生产。

2. 精益生产的特点

(1) 拉动式准时化生产。

以最终用户的需求为生产起点。强调物流平衡,追求零库存,要求上一道工序加工完的零件立即可以进入下一道工序。生产中的节拍可由人工干预、控制,但重在保证生产中的物流平衡(对于每一道工序来说,即为保证对后道工序供应的准时化)。

由于采用拉动式生产,生产中的计划与调度实质上是由各个生产单元自己完成,在形式上不采用集中计划,但操作过程中生产单元之间的协调则极为必要。

(2) 全面质量管理。

强调质量是生产出来而非检验出来的,由生产中的质量管理来保证最终质量。生产过程中对质量的检验与控制在每一道工序都进行。重在培养每位员工的质量意识,在每一道工序进行时注意质量的检测与控制,保证及时发现质量问题。

如果在生产过程中发现质量问题,根据情况,可以立即停止生产,直至解决问题,从而保证不出现对不合格品的无效加工。对于出现的质量问题,一般是组织相关的技术与生产人员作为一个小组,一起协作,尽快解决。

(3) 团队工作法。

每位员工在工作中不仅是执行上级的命令,更重要的是积极地参与,起到决策与辅助决策的作用。组织团队的原则并不完全按行政组织来划分,而主要根据业务的关系来划分。团队成员强调一专多能,要求能够比较熟悉团队内其他工作人员的工作,保证工作协调的顺利进行。团队人员工作业绩的评定受团队内部的评价的影响。团队工作的基本氛围是信任,以一种长期的监督控制为主,而避免对每一步工作的稽核,提高工作效率。

团队的组织是变动的,针对不同的事物,建立不同的团队,同一个人可能属于不同的团队。

(4) 并行工程。

在产品的设计开发期间,将概念设计、结构设计、工艺设计、最终需求等结合起来,保证以最快的速度按要求的质量完成。各项工作由与此相关的项目小组完成。进程中小组成员各自安排自身的工作,但可以定期或随时反馈信息并对出现的问题协调解决。依据适当的信息系统工具,反馈与协调整个项目的进行。利用现代 CIM 技术,在产品的研制与开发期间,辅助项目进程的并行化。

3. 精益生产管理思想核心

精益生产的基本思想是：如何实现"只在需要的时候，投入需要的量，生产所需的产品，准时提交给客户"和企业效益最大化？

精益生产既是一种以最大限度地减少企业生产所占用的资源、降低企业管理和运营成本、迅速对应及占领市场为主要目标的生产方式，同时它又是一种理念、一种企业文化。精益生产是追求完美、卓越的、精益求精的生产体系，同时它也是支持个人及整个企业的精神力量。

精益生产管理思想最终目标必然是企业利润的最大化。但管理中的具体目标，则是通过消灭生产中的一切浪费来实现成本的最低化。

拉动式准时化生产则是精益生产在计划系统方面的独创，并具有良好的效果。其根本在于，既能向生产线提供良好的柔性，符合现代生产中多品种、小批量的要求，又能充分挖掘生产中降低成本的潜力。

精益生产正是通过准时化生产、少人化、全面质量管理、并行工程等一系列方法来消除一切浪费，实现利润最大化。我们可以发现，精益生产中最具有特色的方法是，它在组织生产中对消灭物流浪费的无限追求，即对物流环境的需求和内部的分权决策。进一步分析精益生产可以发现，拉动式准时化生产及少人化之所以能够实现，全面质量管理与并行工程之所以能够发挥比大批量生产更大的作用，核心在于充分协作的团队式工作方式。此外，企业外部的密切合作环境也是精益生产实现的必要且独特的条件。

综上所述，基于内部的团队式工作方式，在外部企业密切合作的环境下，无限追求物流的平衡是精益生产的真正核心所在。

4. 实施精益生产的关键

国内制造型企业要想很好地推行精益生产管理，有四个关键因素：

（1）目标明确。既要对最终达成的目标明确，也要对中间的过程目标明确，所以要明确制定各种标准，包括效率改进标准、作业标准、状态标准、考核标准等。

（2）改变观念。只有每个员工改变原有看待问题、开展工作的方法才能把工作落实到实处。

（3）人员到位。对于此项工作，要保证"谁能做事谁来做"。

（4）衔接得当。对于各部分内容要合理的衔接，避免造成基础不牢而下一步工作难以开展，但同时也要避免浪费过多的时间而使结果最终不了了之。

 本章小结

车间作业管理是生产制造型企业的核心业务，该业务管理的好坏对企业的生存和发

展具有关键性意义,同时它与其他业务管理模块之间有着紧密的联系。本章介绍了车间作业管理的内容,业务流程的一般原理。重点分析了车间管理系统的主要任务、业务流程和一些投产分析处理知识。最后简单介绍了目前非常流行的两种车间生产管理模式:准时制生产及精益生产。

 练习与思考题

一、填空题

1. 生产完工记录可分为_____和_____记录。

2. JIT 生产方式的三个子目标_____、_____和_____。

3. 适时适量生产实现的主要手段有_____和_____。

二、名词解释

1. 工序排程

2. 结案

3. 锁库

4. 生产投料

三、简答题

1. 车间作业管理包含哪些工作内容?

2. 什么是加工单和派工单?两者有何不同?

3. 作业排序的目的和依据是什么?列出常用的作业排序方法。

4. 简述实现准时制生产(JIT)的基本手段。

5. 请绘制车间作业管理的业务流程。

6. 简述在看板管理中看板的作用。

7. 简述精益生产的特点。

第**9**章

采 购 管 理

　　通过本章学习,使学生了解采购管理系统的主要任务,理解采购管理业务处理流程;能够建立供应商管理档案和分类方法;掌握采购订单管理、到货管理、采购发票管理及采购分析的基本工作原理。

第1节　采购管理概述

　　现代工商企业经营管理之道,是通过制成品换取合理利润。但原材料的不断上涨以及客户要求的不断改变,诸如产品品种变化大、批量小、交货期短、质量高、价钱低,要达到这个基本原则便越来越困难。企业要维持竞争及合理利润,纷纷发挥采购功能及专长,以最低成本适时取得质量优良的合适材料或设备,确保企业顺利运转获取微利时代的生存利润。从制造业来说,采购成本占生产总成本 55%~85% 之间,若采购成本降低 5%~10%,则产品利润直接提升 5%~10%,因此采购业务在企业内占有不可或缺的重要地位。采购管理就是对采购业务过程进行组织、实施与控制的管理过程。

9.1.1 采购管理的任务

采购工作主要是为企业提供生产与管理所需的各种物料。任何企业要向市场提供产品或服务都离不开原材料或消耗品的采购,尤其对于制造业来说,物料成本占整个产品成本的比重非常大,加强采购活动的管理能有效地降低企业生产的成本,提高利润水平。作为采购部门必须及时、适量、优质、优价地完成采购任务,为企业各个部门提供所需的物料。

在企业的经营过程中,企业经常会遇到这样的问题:采购部门不明白企业到底什么时候需要什么材料,要么不能及时组织采购活动,造成停工待料;要么盲目采购,造成库存积压,占用企业资金,采购效率过低。业务无法跟踪,无法明确采购过程中的责任;无法迅速确认合适的供应商;在采购过程中,无法实施对采购部门和采购员的控制;订单下达后无法及时组织入库和付款工作,采购部门和库存及财务部门沟通困难等现象。这些现象成为长期困扰企业采购部门的问题,极大地影响了企业的经济效益和可持续发展。为了解决企业经营过程中的采购问题,必须要对采购活动进行科学严谨的管理。

采购管理系统的主要任务:

(1) 对企业的生产和销售需要做出迅速反应,及时组织和完成采购,防止企业生产或销售的中断。

(2) 尽量降低采购成本,采购到质优价廉的物料。

(3) 在满足需要的前提下,尽量降低库存。大量的库存积压意味着库存保管成本增加及库存资金的占用和浪费,这种现象是任何一个企业都不愿意看到的。

(4) 进行供应商管理,为采购活动选择最佳供应商,加强和供应商之间的联系,培养良好的供应商关系。

(5) 协调与仓库的工作,及时组织订购和到货工作,并报检入库,发现不合格产品应该及时退货。

(6) 协调与财务部门的工作,向财务部门传递采购相关入账资料,通知财务部门组织资金及时付款。

9.1.2 与其他子系统的关系

采购管理子系统作为 ERP 系统的一部分,和 ERP 系统的其他模块关系紧密,如图 9-1所示。

MRP 系统计算后,形成的物料需求中,外购件形成采购计划,成为采购系统执行采购任务的依据。采购订单主要根据采购计划生成,采购系统生成采购订单后,传递给物料需求计划,形成预计入库量,参与 MRP 运算。

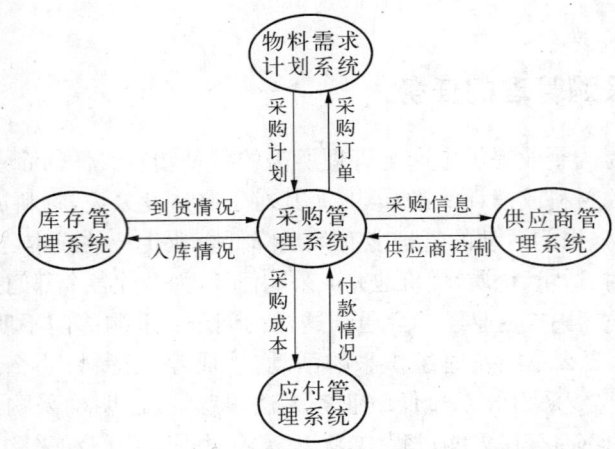

图 9－1　采购系统与其他子系统的关系图

　　采购系统在采购的物料到货后,将到货情况报告给仓储部门,并报检验收。验收合格后入库,库存系统将入库情况反馈给采购系统。

　　采购系统生成采购发票以后,根据开票和入库情况进行采购结算并确认采购成本,相关信息传递给财务系统的应付管理系统,应付系统生成采购业务的相关凭证并传递给总账系统。财务部门按照发票上所记载的付款额度组织资金及时付款,并生成付款凭证,付款后将付款情况反馈给采购系统。

　　采购系统将相关的采购信息传递给供应商管理系统,根据历史的采购信息进行供应商管理和供应商考察。采购系统根据供应商管理的考察结果进行采购控制,选择合适的供应商作为采购对象。

▶ 9.1.3　采购系统的业务处理流程

　　采购系统的业务处理流程如图 9－2 所示。
　　采购业务的基本流程如下。
　　1. 编制采购计划
　　采购计划可以手工编制,但在 ERP 系统中,采购计划一般是由销售需求驱动并经过MRP 逻辑运算而产生的。MRP 系统根据企业的销售订单或销售预测单,将 BOM 逐一展开,并参照库存文件自动进行 MRP 运算,MRP 运算输出形成物料需求计划,对于属性为"自制"的物料形成生产计划,对于属性为"外购"的物料形成采购计划。通过采购计划可以随时了解企业在何时需要什么物料及所需物料的数量。在采购计划中,主要解决几个问题:一是采购的对象,即采购什么物料;二是采购的数量;三是订货日期和到货日期。采购计划为企业采购提供宏观上的指导。

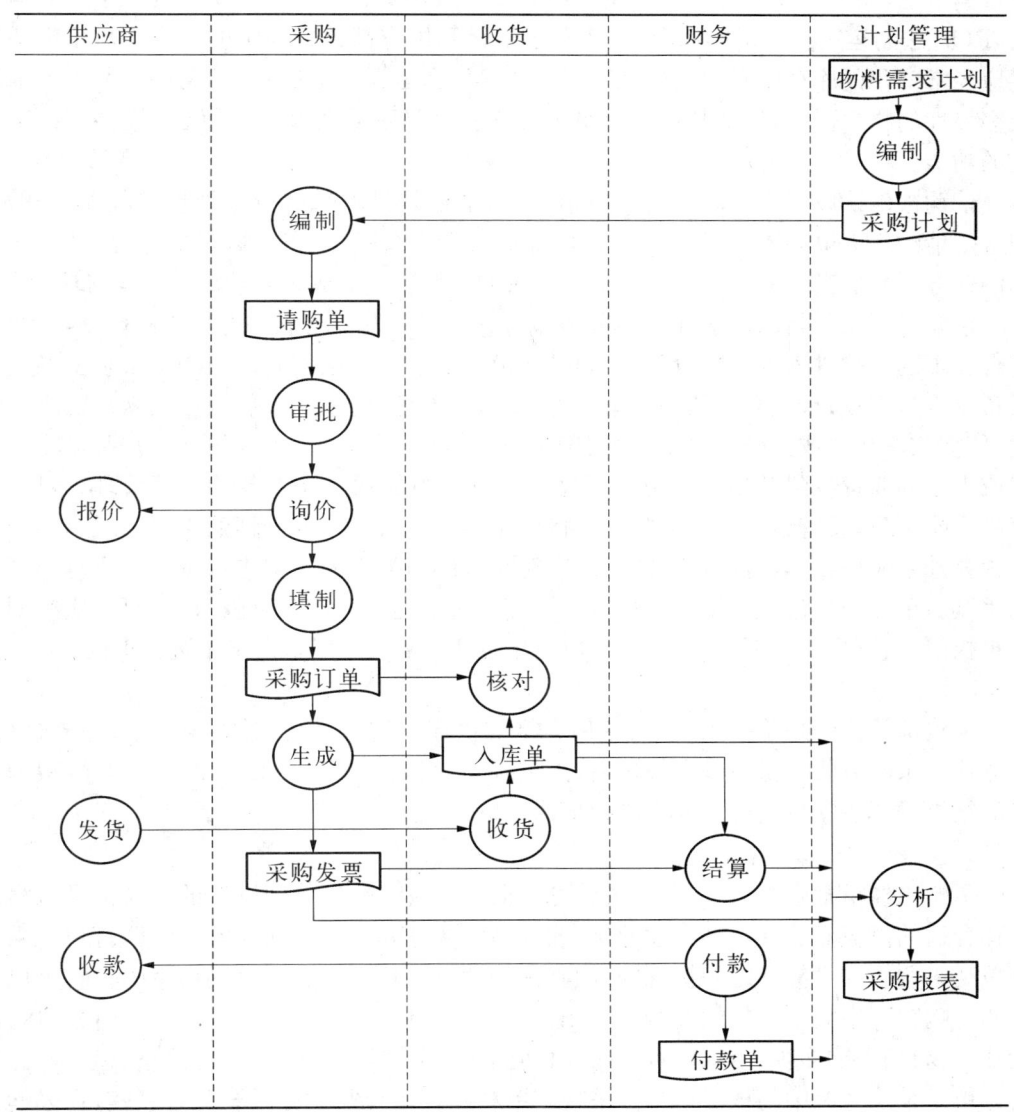

图 9 - 2 采购系统业务处理流程图

2. 请购

采购请购是指企业内部各个物料需求部门向采购部门提出采购申请,或采购部门汇总企业内部采购需求提出采购清单的行为。请购的来源主要有三个:首先,采购计划是采购请购的重要依据之一。其次,对于消耗的数量和时间都比较固定的物料也可以通过再订购点法(ROP 法)自动进行请购。ROP 法曾是 MRP 最初的雏形,在企业实务运作中,ROP 法的运用有一定的局限性,适合于消耗和供应都比较固定的库存。对于消耗和供应经常变化的库存则必须要依赖于精确的 MRP 运算。最后,为了满足企业应付临时或突发性的物料需求,例如某些库存被盗或毁损而造成意外缺货,系统应提供有人工请购的功能。

请购被确认以后会在系统内形成请购单,请购是进行采购业务处理的起点,采购部门接受请购任务以后能够了解企业何时需要采购什么库存,多少数量的库存,并根据请购的任务去开展具体的采购业务。汇总起来的请购单则形成企业全部的采购需求。

请购是联系物料的需求部门和采购部门的纽带。为了对请购进行严格控制,防止不符合要求的请购进入到订购阶段,企业必须设置请购的权限控制。请购单必须要经过相关负责人员审批,审批合格的请购单才可以进入到订购阶段。单位应当建立采购申请制度,依据购置物料或劳务等类型,确定归口管理部门,授予相应的请购权,并明确相关部门或人员的职责权限及相应的请购程序。单位应当加强采购业务的预算管理。对于预算内采购项目,具有请购权的部门应严格按照预算执行进度办理请购手续。对于超预算和预算外采购项目,具有请购权的部门应对需求部门提出的申请进行审核后再行办理请购手续。单位应当建立严格的请购审批制度。对于超预算和预算外采购项目,应当明确审批权限,由审批人根据其职责、权限以及单位实际需要等对请购申请进行审批。

3. 询价

采购部门接到采购请求后,向评估合格的供应商进行询价,签发报价请求要求供应商竞价。采购方收到供应商的报价后,由采购、使用等部门共同参与议价的程序,根据议价的结果选择一家价格合理的供应商下达订单。

4. 签单

请购单经审批合格后,采购人员就可以根据供应商的报价和以往的交易记录考察和选择合适的供应商。寻觅到合适的供应商以后,业务人员即可向其发出采购订单。采购订单是采购方与供应商之间签订的采购合同或购销协议,具有一定的约束力。它可以是企业采购合同中关于物料的明细内容,也可以是一种订货的口头协议,主要内容包括采购什么物料、采购多少、由谁供货、什么时间到货、到货地点、运输方式、价格、运费等。采购订单是采购系统中的核心单据。采购订单和库存系统及财务系统联系紧密,在采购订单上,一方面记载和反映物流及业务信息,另一方面记载和反映资金及财务信息。在采购订单的流转上,一方面形成到货和入库的单据,流转到库存系统,另一方面形成采购发票,流转到财务系统。整个采购业务流程的执行情况包括到货、入库、开票等,都回写到采购订单,通过采购订单可以跟踪采购的整个业务流程。

订单的实际发出可以印出再邮寄或传真给供应商,或者通过 E-mail 发到对方电子邮箱,或转成 XML 格式发往对方 ERP 系统。订单下达后,为了保证订单按时、按质、按量交货,采购部门要对订单进行跟踪检查,控制采购进度。系统提供订单的跟踪功能,对于拖期未到货的订单,采购部门向供货单位发出供应商催货函。

5. 进货

进货的环节主要包括到货、检验和入库等工作。货到达企业后,由采购部门对库存进行清点,检查到货的物料是否和订单内容一致。系统可参照采购订单填制采购到货单。对于需要检验的物料,企业应当按照规定的验收制度和经批准的采购订单、采购合同等采购文件依据,由独立的验收部门或专人对所购物料或劳务等的品种、规格、数量、质量和其他相关内容进行验收,并出具验收证明。检验合格以后才可以正式入库,验收入库后,系统参照采购到货单或者采购订单填写采购入库单。

检验时如果发现不合格物料,不能入库。可按事先约定的准则或合同条款,确定是否补齐、返修或者退货。如果需要退货,根据退货的具体情况填写相应的红字单据。

6. 开票

采购发票是供应商开出的销售物料的凭证。收到供应商开具的发票以后可以根据采购订单、到货单等单据生成采购发票,也可以手工录入一张采购发票。系统根据采购发票最终确定采购成本并作为付款的依据。采购发票生成后,传递给应付管理系统进行资金结算和相应的账务处理,应付系统根据发票生成采购的记账凭证,并传递给总账系统进行账务处理。

各方面的信息都应集成到财务部门。各种核对,如订单和到货,到货和入库等都无误以后,并符合付款条件,才能由财务部门按照合同条款组织资金进行付款。付款以后,在应付系统中生成付款相关凭证,并传递给总账系统。

▎▶ 9.1.4 内部控制问题

在传统或手工的订购处理过程中,从采购任务的提出到采购订购的执行,从供应商的选择到价格的制订,基本是由采购部门单独来完成的。这样往往会造成采购部门或业务员的权限过大,在制度上产生一定的漏洞。采购部门或者采购人员在执行采购任务时,因为个人利益问题(如从亲戚朋友处购买物料)或者接受贿赂、收受回扣等,有可能会造成采购的物料质量、规格不符合要求,或者成本过高的局面。而对于这些现象,传统的采购作业系统是无法进行有效的监督和控制的。

ERP 系统实施以后,首先,整个采购作业被剥离成若干块,采购系统只接触或处理其中一部分作业,而对其他的作业无法干涉。例如,请购是采购活动的驱动来源之一,但请购业务是由企业的各个物料需求部门提出来的,采购系统只能接受和执行。采购系统不能干预采购计划的生成,也不能处理采购入库和付款业务。采购部门的作业被局限在采购系统内部,而采购作业的最主要的操作是采购订单的处理,这样就能够形成一种部门和部门之间的相互牵制和监督的局面。其次,在采购过程中,即便是由采购部门完成的作业,由于软件的自动化处理及增加了相应的权限控制,使得采购部门和采购业务员的权力受到很大的限制和牵制,如供应商的选择就不能由采购业务员自行确定,必须在经过评估合格的供应商主文件中选择。在确定采购价格上,增加采购最高价的控制,对超过采购控制价的单据需要特别授权,采购业务员不能随意操纵采购价格。通过这些措施,一方面减少了对采购操作的人为干预,另一方面增加了整个作业过程的透明度。

因此,利用 ERP 系统中的采购管理系统来执行采购任务,不仅能大大提高业务处理的效率和准确性,而且通过对业务流程的重组和再造以及业务处理规范化要求,极大地强化了企业对采购业务的监督和管理。对于一个企业来说,后者远远要比简单提高效率更为重要。

第2节　供应商管理

供应商管理是采购管理的重要内容之一。对供应商进行科学的管理一方面能加强采购控制,另一方面能培养良好的供应商资源,加强企业的整体竞争能力。企业应当充分了解和掌握供应商的信誉、供货能力等有关情况,根据考核后的供应商建立主供应商文件,采购的物料只能在主供应商文件中的供应商处购买。供应商档案(供应商主文件)必须事先在系统中建立好,否则在 ERP 中不能执行采购业务,即不能向未经认证的供应商购买商品。这和 ISO10000 的要求是完全一致的。根据供应商的相关历史交易情况,对供应商进行业绩评价,同时,根据评价结果更新供应商档案。

供应商管理:包括建立供应商档案;设置供应商评估体系;对供应商进行评估及在采购过程中根据采购的库存及供应商评估的结果,最终确定企业供货的供应商;输出供应商相关报表等内容。

▮▮▮▶ 9.2.1　供应商管理的任务

供应商的管理在采购系统中占有很重要的位置,其在企业管理中的意义也相当的重要。

首先,当前企业之间的竞争,已从一个企业和另一个企业的竞争发展为一个企业的供需链同另一个企业的供需链之间的竞争。同供应商建立长期稳定的合作伙伴关系,把各个供应商看成是企业供需链的各个环节,可形成一种"虚拟"的企业或"动态联盟",减少许多重复的中间环节,这就是被称为 21 世纪制造业战略的敏捷制造精神。通过信息技术的应用,提高供应商对企业需求市场信息的透明度,有助于提高供应商对物料供应的预见性,从而增强企业的竞争力。

其次,产品的质量首先取决于原材料的质量,为了保证产品质量,首先必须要保证进厂材料的质量。为了保证采购材料的质量,需要建立企业的供应商评价和认证体系,对供应商进行科学严格的认证是质量保证的必要条件。各种物料的供应商都必须经过企业内部或外部聘请的专家进行认证,设置供应商的等级,对认证合格的供应商,建立供应商主文件。采购的对象必须是供应商主文件里的记录。如果向没有建立主文件的供应商进行采购,系统将拒绝执行。新增加的供应商必须经过严格的考察和审批。通过对供应商的分析和管理,为采购系统提供供应商的数据来源。

最后,加强供应商管理有利于企业强化内部控制。在传统模式下,由于在供应商的选择上存在着很多的漏洞,因此供应商的管理和控制容易出现失控的现象。比如,采购员或采购部门可以随意确定供应商,从中收受贿赂,给企业造成不必要的损失。在 ERP 系统中,每个供应商都必须经过考核和评价,根据考核的结果建立主供应商文件。企业的物料必须向考核合格的供应商(主供应商文件里的记录)进行采购,否则采购将无法执行。

▶▶ 9.2.2　供应商分类

为了便于企业对供应商进行管理,可以事先对供应商进行分类,将供应商按行业、供应类型等进行划分。建立起供应商分类后,用户可以将供应商设置在最末级的供应商分类之下。

对供应商的分类并无统一的标准,企业可以根据内部管理的需要对供应商按多种方式进行分类,以方便供应商的管理和查询。例如,可以将供应商按地区进行分类,分为东北地区供应商、华东地区供应商等;也可以将供应商按行业分类,分为工业类供应商、商业类供应商;也可以按供应商的重要程度进行分类,分为主要原料供应商、一般原料供应商等;按产品进行分类,分为原料供应商、辅料供应商等等。

【例 9-1】　建立上海英达有限公司的供应商分类设置,见表 9-1。

表 9-1　上海英达有限公司供应商分类

分 类 编 码	分 类 名 称
01	委外件供应商
02	一次性供应商

9.2.3 供应商档案

供应商档案的建立是供应商管理最基础的内容。供应商档案里详细记录每一个供应商的各方面的资料。在填制采购入库单、采购发票和进行采购结算、应付款结算以及进行有关供货单位统计时都会用到供应商档案。输入相关单据的供货单位时参照供应商档案录入,如果单据上的供货单位不在供应商档案中,则必须在此建立该供应商的档案。供应商档案的主要录入项目包括供应商基本信息;供应商的联系信息;供应商的信用情况;供应商的其他信息。

【例 9 - 2】 建立上海英达有限公司的供应商档案,见表 9 - 2。

表 9 - 2　上海英达有限公司供应商档案

序号	供应商编码	供应商名称	所属分类码	发展日期	电话	联系人	业务员名称	分管部门名称	信用额度
1	0101	上海深蓝有限公司	01	2007 - 3 - 1			张孝梅	采购部	10 000 000
2	0102	上海中州机电制造公司	01	2007 - 3 - 1			张孝梅	采购部	10 000 000
3	0103	上海雅杰工具厂	02	2007 - 3 - 1			张孝梅	采购部	10 000 000

9.2.4 供应商的评估

对供应商的评估包括以下三个方面的内容。

1. 设置供应商评估体系

设置评估体系主要包括定义评估的项目及为各项目进行加权处理。主要是对供应商的商业地位、信誉、履约率、产品发展、工艺技术、质量、成本、服务、运输、通信联系方法等各个方面的指标按其对企业的影响程度进行设计和加权处理。评估体系要依据客观性原则和重要性原则,既要考虑评估的真实性,又要考虑重点项目要重点反映。

评估体系的设计可以由专门的人员根据被评估的供应商的各项指标,按对企业的重要程度进行加权。评估体系设计出来以后要严格执行,对于不符合条件的供应商要给予拒绝。对新增供应商要按照评估的指标进行考核,合格后才允许采购。对于供应商某些指标发生变动要及时调整。

2. 供应商评估

供应商评估主要是按照评估体系,对各供应商进行打分计算。供应商评估分数计算是根据已设置的供应商评估的主标准、次标准和采购订单历史记录对供应商进行评估，并得出评估分数的过程。输入采购订单的供货单位必须是评估合格的供应商。

　　3．确定供应商

　　在采购业务发生时，要根据评估的结果，综合考虑市场的变化及询价的结果，在评估合格的供应商范围内部确定为企业供货的单位。确定供应商时，采购员不能自行确定。对某些不良供应商可以进行业务冻结，同时记录冻结记录。待企业对其重新考核合格后才能允许解冻。

第3节　询价与采购订单管理

　　采购部门在接到采购任务以后，应该马上组织订货。订货时，首先要向经过评估和确认的供应商档案中选择符合采购条件的供应商发出询价，然后根据各供应商给企业的报价情况进行议价，根据议价的结果最终确定供应商。选择合适的供应商及确定合理的价格以后，就可以向供应商发出订单进行采购。

　　询价和订单的管理是订购过程的主要过程。询价是指向供应商询问其报价的情况。一般情况下，对于重要且大批量的库存或首次提出采购任务的库存，必须要经过询价和议价的过程后才能下达订单。

　　采购订单是采购方与供应商之间签订的采购合同或购销协议。它具有一定的约束力。可以是企业采购合同中关于物料的明细内容，也可以是一种订货的口头协议。采购订单是采购业务的核心单据，在订货业务处理阶段，订单的处理最为关键。企业的收货和发票接受都是以采购订单为依据，采购活动的物流和资金流均与相应的采购订单对应。通过订单，企业可以了解到采购活动的整个流程。企业应加强对采购订单的管理，通过采购订单的管理，可以帮助企业对采购业务进行事前预测、事中控制与监督及事后评价。

9.3.1　询价和议价

　　采购过程中的价格问题是一个比较敏感而重要的问题，企业总是希望采购到尽量质优价廉的物料，达到降低采购成本的目的。另外，在采购的价格管理过程中也很容易出现内部失控的现象，如业务部门或人员随意操纵采购价格，从中私受贿赂等，给企业造成不必要的损失。因此，采购订单下达之前，一般需要经过固定、正规的询价和议价的程序。在进行询价和议价时,采购人员首先应进行充分的市场调查,详细了解该行业中所采购物料的市场行情,然后向供应商签发报价请求,要求供应商竞价。采购方收到各个供应商提供的报价后,将有关文件整理归档,由采购部经理进行检查。采购、使用等部门共同参与议价和比价的过程,再结合对供应商的考察及历史交易的参考,选择一家价格合理、信誉良好、质量过硬的供应商下达订单。询价的对象一般是供应商管理中,经过评估合格的供应商,即主供应商文件里的记录。询价可以通过书面的方式,也可以通过电话或电子邮件的方式进行。

为了限制业务员随意操纵采购价格,采购管理系统还可以对采购价格进行最高价控制。对于超过规定价格的库存不予采购,如果确实需要采购,则必须经过特别部门负责人的特别授权。如规定某业务员在订购时,所采纳的订购价格为单价为 2 000 元以下,如果这个业务员在采购时的采购价格超过 2 000 元,则需要采购部经理特批才能执行采购。

▶ 9.3.2 采购订单管理的任务

在采购业务里,采购订单的操作和管理是非常关键的。首先,采购订单的管理和控制直接关系到企业下一步的生产和销售的安排。如果订单管理松懈,导致交货延迟或质量下降,则会直接影响到生产和销售计划的完成和实现,进一步影响企业利润的实现。其次,订货管理是降低采购成本的关键。采购订单的管理中包含了价格的管理和控制,因此科学的订单管理能有效而直接地降低企业的采购成本,增加企业经济效益。第三,采购订单是整个采购活动中的核心单据,是沟通采购系统与库存系统、财务系统的桥梁。订单的内容同时反映和记载采购的物流过程和资金信息,企业可以通过订单来实现对采购业务订货、到货、入库、付款等流程的全程跟踪和控制。第四,订单形成后会影响预计可用库存量(在途量),而该数据是 MRP 运算的数据源之一。

企业对订货管理的要求必须科学而严格。首先,要求所订的物料必须在计划的时点到货,绝对不能延误。采购延误将耽误整个生产计划和销售计划的完成,影响本年度利润指标的实现。一般情况下,也不能提前采购。如果采购提前到货,容易造成库存物料积压,造成库存资金的浪费和仓库保管成本的提高。

概括地讲,订单管理的任务主要有:生成或录入订单、确定供应商后向其下达订单、审核采购订单等。

▶ 9.3.3 采购订单的基本内容

采购订单的内容一般包括单据头和单据体两部分,其中单据头包含如下订单日期、订单编号、供货单位、付款条件、运输方式、到货地址、运费和业务员等内容,单据体包含:物料编码、物料名称、数量、单价、税率、税额、金额和计划到货日期等内容。

【例 9-3】 2007 年 3 月 4 日上海英达有限公司业务员张孝梅,向企业的供应商上海深蓝有限公司采购了物料 CJ,数量 1 000 个,无税单价 500 元,税率 17%。计划到货日期为 2007 年 3 月 7 日,运费忽略不计,不考虑订金。

该项采购业务的采购订单。如表 9-3 所示。

表 9-3 采 购 订 单

订单日期:	2007-03-04	订单编号:	000001	业务类型:	普通采购
供货单位	上海深蓝有限公司	付款条件		业务员	张孝梅
采购类型		采购部门	采购部	运输方式	
到货地址		运费		订金	

编号	物料名称	计量单位	数量	含税单价	无税单价	税率(%)	税额	无税金额	价税合计	计划到货日期
KFY01	CJ	个	1 000	585	500	17	85 000	500 000	585 000	2007-03-05
…	…	…								

▶ 9.3.4 采购订单的业务流程

采购订单的处理是采购业务中核心操作内容。在采购系统中,物流的管理是以采购订单为核心的,所有的采购物流活动,如收货等都以订单为依据。订单的处理主要包括订单的录入,订单的审核,订单的跟踪等,如图 9-3 所示。

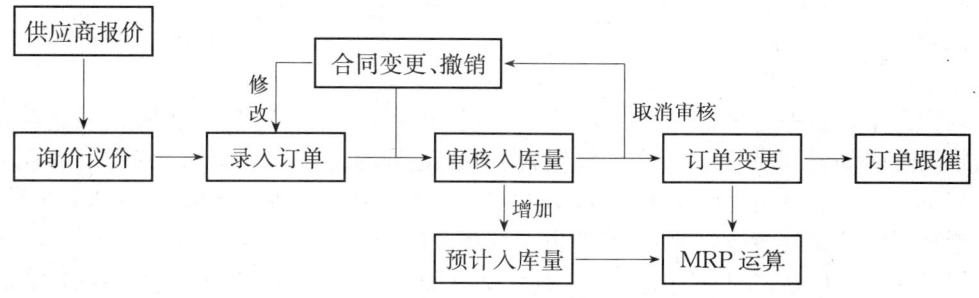

图 9-3 采购订单的业务处理流程图

1. 订单录入

采购订单可以参照采购计划生成，也可以参照请购单生成，还可以在采购系统中直接输入一张采购订单。在采购订单中应详细记录采购物料的品种、规格、采购数量、供应商资料、计划到货时间、到货地点、运输方式、采购价格、税率、享受的现金折扣、运费、经手的业务员等资料，这些信息都可以成为对订单进行跟踪的依据。

2. 订单的审核

订单的审核可以有三种含义，用户可根据业务需要选择其中一种。

(1) 采购订单输入计算机后，交由供货单位确认采购正式成立后的订单。

(2) 如果订单是由专职录入员输入的，这些订单由业务员进行数据检查，审核后的订单可以是业务员检查正确无误的订单。

(3) 经过采购主管批准了的订单。

经过审核后的采购订单被确认为有效订单。审核后的订单才可以作为生成其他单据如采购到货单、采购发票等的依据。订单审核后，可以弃审。但如果该订单有下游单据生成，或被其他功能、其他系统使用，则视为该订单已经被执行。已执行的单据不可弃审，除非将生成的下游单据删除，或取消其他系统的相关操作（如记账、制单等）。

采购订单保存或审核后会增加预计入库量，传递给物料需求计划系统，更新 MRP 计算的所需的数据。该采购订单生成并审核后，可以再进行一次 MRP 运算，运算后生成新的采购计划。

采购订单的审核是对订购业务的最终确立。按照企业内部控制的要求，采购订单的制单和审核属于不同性质的职务，不能由同一个人操作。

3. 订单的跟催

订单是采购业务的核心单据，一方面反映采购的物流情况，另一方面还反映了采购的资金信息。对于下达的采购订单，系统提供从采购单编码、物料号、供应商号、采购员代码、交货日期等多种查询途径，以进行全程跟踪采购订单执行情况。企业可以全面监控采购物料的到货、付款、开发票、运输等情况，根据订单执行情况生成订单跟催计划。在跟催过程中，要随时了解供应商的生产进度及质量情况，并及时对供应商给予支持。

4. 订单的修改、变更和删除

采购订单具有一定的法律效力，在下达给供应商以后，一般是不能修改或删除的。但如果出现诸如合同变更或解除的情况，则可以对采购订单进行修改、变更或者删除。采购订单的修改和变更意味着采购合同内容的更改，而采购订单的删除则意味着采购合同的撤销。不管是修改还是删除，采购方都应该及时通知供应商。

订单在录入以后、审核之前是可以随时修改的。但订单如果已经经过审核，则需要先取消审核再予以修改。

第 4 节　采 购 进 货

9.4.1　采购进货管理的任务

进货的处理主要包括到货、检验和入库等过程。进货的处理是联结采购系统和库存系统，业务系统和财务系统的纽带。物料从供应商运抵企业后，企业往往需要对收到的物料进行清点，确认对方所送物料规格、数量、价格等信息。清点以后，采购业务员根据供应方通知或送货单及相关合同填写采购到货单。采购到货是采购订货和采购入库的中间环节，一般由采购业务员根据供应方通知或送货单填写，确认对方所送物料、数量、价格等信息，以入库通知单的形式传递到仓库，作为保管员收货的依据。为了保证到物料的质量和数量等符合合同要求，采购到货单录入后应报相关检验部门进行质量、数量等方面的检验，检验合格后的物料方可正式入库。

采购入库以后更新库存，一方面减少在单量，另一方面增加在库库存量，即在单量在入库时转化为库存量。如果质检部门检验到货的物料不合格，则不能进行入库处理，即采购到货单不能生成入库单，财务部门也不能付款。入库后，将采购入库单报财务部门作为库存成本核算的依据。

对于某些不需要质检的物料，如一些低值易耗物料，或使用不经常、对生产和销售影响不大的物料，也可以不经过检验直接入库。

9.4.2　进货业务相关单据的基本内容

1. 采购到货单

到货单的很多内容和订单比较相似，只是到货单不如订单详细。比如，它没有运费、订金、计划到货日期等项目的录入要求。在到货单里需要录入的内容主要有业务类型、采购类型、单据号、单据日期、供应商、代垫单位、部门、业务员、运输方式、到货地址、付款条件、币种、汇率、税率、制单人、库存编号、数量、主计量、单位(辅计量)、件数(辅数量)、换算率、无税单价、无税金额、含税单价、税额、本币单价(无税)、本币金额(无税)、本币税额、本币价格合计、仓库、批号、生产日期、保质期、失效日期等。具体项目的解释参见前面业务相关单据的处理。

【例 9 - 4】　2007 年 3 月 7 日上海英达有限公司业务员张孝梅订购的 CJ 物料到货，

根据到货的相关单据编制到货单,如表9-4所示。

表9-4 采购到货单

到货日期	2007-03-07	单据号	000001	业务类型	普通采购
供应商	上海深蓝有限公司	到货地址		业务员	张孝梅
采购类型		采购部门	采购部	运输方式	

编号	物料名称	计量单位	数量	含税单价	无税单价	税率(%)	税额	无税金额	含税金额
KFY01	CJ	个	1 000	585	500	17	85 000	500 000	585 000
…	…	…							

2. 采购入库单

采购入库单是根据采购到货签收的实收数量填制的单据。对于工业企业,采购入库单一般指采购原材料验收入库时所填制的入库单据;对于商业企业,采购入库单一般指商品进货入库时所填制的入库单据。采购入库单按进出仓库方向分为蓝字采购入库单、红字采购入库单;按业务类型分为普通采购入库单、受托代销入库单(商业)。

【例9-5】 2007年3月7日上海英达有限公司业务员张孝梅购入的CJ物料经验收放入半成品库,填制入库单如表9-5所示。

表9-5 采购入库单

入库日期	2007-03-07	入库单号	000001	仓库	半成品库
订单号	0000000001	到货单号	000001	到货日期	2007-03-07
供应商	上海深蓝有限公司	业务员	张孝梅	业务类型	普通采购
采购类型		采购部门	采购部	入库类别	

编号	物料名称	计量单位	数量	单价	金额
KFY01	CJ	个	1 000	500	500 000

▮▮▮▶ 9.4.3 业务处理流程

进货处理的业务处理流程主要涉及到货、检验和入库的处理。该阶段的主要单据是采购到货单、采购入库单。到货的业务处理流程如图 9-4 所示。

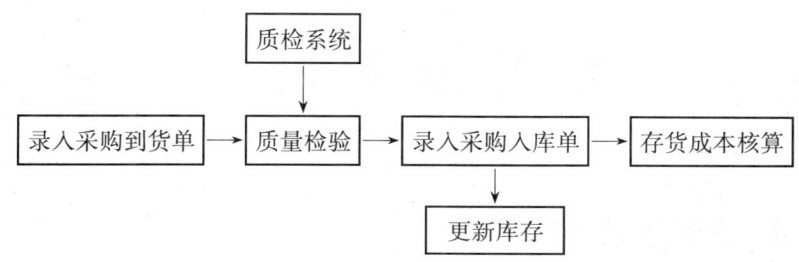

图 9-4　采购到货的业务处理流程图

1. 录入采购到货单

企业对供应商发来的物料进行清点,清点以后根据填写清点结果填写采购到货单。采购到货单可以手工录入,也可以参照采购订单生成,相关内容可以根据清点结果在参照采购订单的基础上修改。

如果 ERP 系统中设置了"允许供应商分批发货",在对方供应商分批发货的情况下,一笔采购业务有可能分几批到货,也有可能若干笔有关联的订购业务同时到货。因此,系统支持一张采购订单对应多张到货单或者多张采购订单对应一张到货单的情况,如图 9-5 所示。

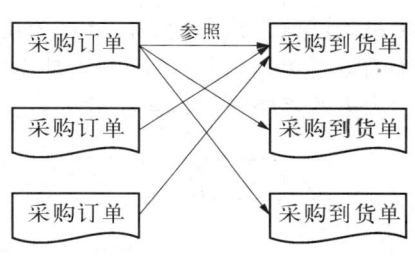

图 9-5　采购订单与采购到货单的对应关系

2. 检验

检验将入库的物料是入库必经的手续。对于属性中标有"需检验"标志的库存,必须是经过检验并且合格的物料才能形成入库。如果 ERP 系统开设了专门的质量检验系统,质检合格后会由质检系统生成质检单,采购到货单必须和质检单核对一致后才能正式入库。按照内部控制制度的要求,企业应当根据规定的验收制度和经批准的订单、合同等采购文件,由独立的验收部门或指定专人对所购物料或劳务等的品种、规格、数量、质量和其他相关内容进行验收,并出具验收证明。对验收过程中发现的异常情况,负责验收的部门或人员应当立即向有关部门报告,有关部门应查明原因,及时处理。

3. 录入采购入库单

质检合格以后,采购的物料即可办理正式入库手续。正式入库后,根据入库的结果录入采购入库单。采购入库单是库存成本核算的依据。采购入库单是根据采购到货签收的实收数量填制的单据。采购入库单可以手工录入,也可以参照采购到货单或者采购订单的内容生成。如果"库存管理"系统未启用,可在"采购管理"系统中录入采购入库单;但如果"库存管理"系统已经启用,则必须在"库存管理"系统中录入并审核采购入库单。

第5节 采购发票

9.5.1 采购发票的任务

采购发票是供应商开出的销售物料的凭证。系统根据采购发票确认采购成本,采购发票生成后传递给应付系统据以确立和登记应付账款。采购发票可以根据采购订单或采购入库单生成,也可以手工录入。采购发票是进行财务处理的依据,财务系统的应付管理系统根据采购发票进行制单,制单后生成和采购有关的记账凭证,记账凭证传递给总账系统进行审核和记账。从这个角度上来看,采购发票是采购的业务数据流转到财务系统的重要单据,因此采购发票是连接采购业务系统和财务系统的关键单据之一。采购发票和采购系统及应付系统的关系如图 9-6 所示。

图 9-6　采购发票与应付系统关系示意图

在采购发票的处理上,能明显地体现物流和资金流的一体化处理。一方面,采购发票是参照采购部门填制的采购订单、采购到货单或者手工录入而生成;另一方面,采购发票的审核和制单是财务系统的应付管理系统,财务部门可以通过采购发票逆查到采购的业务情况如到货及入库情况等等。这就体现了业务部门对财务的参与以及财务部门对业务的监督和控制。

9.5.2 采购发票的基本内容

1. 采购发票类型

采购发票按发票类型分为:

(1)增值税专用发票:增值税专用发票的单价为无税单价。

(2)普通发票:普通发票包括普通发票、废旧物资收购凭证、农副产品收购凭证和其他收据。这些发票的单价、金额都是含税的。

(3)运费发票:运费主要是指向供货单位或提供劳务单位支付的代垫款项、运输装卸费、手续费、违约金(延期付款利息)、包装费、包装物租金、储备费、进口关税等。运费发票是记录在采购物料过程中发生的运杂费、装卸费、入库整理费等费用的单据。运费发票的单价、金额都是含税的。运费发票的一般税率为 7%，可修改。

采购增值税专用发票、普通发票、运费发票的区别是：

（1）税率不同。专用发票的税率一般为 17%；普通发票一般不注明税率；运费发票的税率一般为 7%。

（2）单价的含义不同。专用发票的单价即为无税单价；普通发票、运费发票的单价为含税单价。

（3）金额的含义不同。专用发票的金额即为无税金额；普通发票、运费发票的金额为价税合计。

（4）税额的含义不同。用发票的税额即为无税金额×税率；普通发票、运费发票的金额为价税合计×税率。

另外，采购发票按业务性质分为：蓝字发票、红字发票。红字发票是采购发票的逆向单据。

2. 采购发票需要录入的内容

在采购发票里需要录入的内容主要有：业务类型、发票类型、采购类型、发票号、开票日期、发票日期、供应商、代垫单位、部门、业务员、运输方式、到货地址、付款条件、运费、订金、币种、汇率、税率、制单人、库存编号、数量、主计量、单位（辅计量）、件数（辅数量）、换算率、单价、税率、税额、金额等。

【例 9 - 6】 增值税专用发票的格式和内容。2007 年 3 月 7 日上海英达有限公司根据当天采购订单或采购入库单生成采购专用发票，或可以手工录入采购专用发票如下表9 - 6 所示。

表 9 - 6　采购专用发票

业务类型	普通采购	发票类型	专用发票	发票号	0000001
开票日期	2007 - 03 - 07	采购类型	普通采购	代垫日期	
供货单位	上海深蓝有限公司	部门名称	采购部	业务员	张孝梅
发票日期		付款条件		币别	

编号	物料名称	物料规格	计量单位	数量	单价（元）	税率（%）	税额（元）	金额（元）	价税合计（元）
KFY01	CJ		个	1 000	500	17	85 000	500 000	585 000
...	...								

9.5.3 业务处理流程

采购方在收到供应商开具的随货到达的采购发票以后,由手工录入,或者参照采购订单或采购到货单生成采购发票,系统将根据采购发票确认采购成本,并据此登记应付账款。在收到供货单位的发票后,如果没有收到供货单位的物料,可以对发票压单处理,待物料到达后,再输入系统做报账结算处理。也可以先将发票输入系统,以便实时统计在途物料。

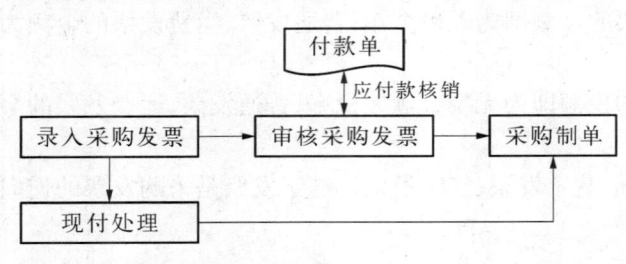

图 9-7 采购发票业务处理流程

根据采购入库单和采购发票进行采购结算,采购结算后确认采购成本,由财务部门根据采购成本支付款项。采购结算完成后生成是采购结算单,它是记载采购入库单记录与采购发票记录对应关系的结算对照表。付款完成后,整个采购流程完成。如图 9-7 所示。

1. 录入采购发票

采购发票可以手工录入,也可以参照采购订单或者采购入库单生成,还可以拷贝其他采购发票生成,如果有直运业务可以参照直运销售发票。根据发票上载明的金额最终确认采购入库物料的成本。在实务中,采购发票的处理可能有以下三种情况。

(1) 发票随货到达。当物料及其采购发票同时到达企业时,首先检验发票与物料是否一致。如果单货一致,则可以先填制或参照采购订单生成采购发票,再填制采购入库单,及时进行采购结算。也可以先填制采购入库单,再参照入库单生成发票,用户可选择自动进行采购结算选项。如果单货不一致,则可以暂不入库或暂不报账结算。

(2) 如果本月库存已经到货,但采购发票尚未收到。当物料先到,而采购发票未到达企业时,企业可根据实际入库数量填制采购入库单,做暂估入库,待取得发票后,再输入发票进行报账结算。

(3) 在收到供货单位的发票后,没有收到供货单位的物料。这时可以对发票压单处理,待物料到达后,再输入系统做报账结算处理。也可以输入发票作在途物料处理。但如果想要及时掌握在途物料情况,那么就应及时输入发票。

2. 审核采购发票

采购系统的采购发票录入保存后,在采购管理系统中不需审核,由应付款系统对采购发票进行审核登记应付账。审核后,由应付系统回填采购发票的审核人栏。应付发票审核后,由应付系统进行制单生成凭证。已审核的采购发票与付款单进行付款核销,并回写采购发票有关付款结算核销信息。

3. 采购制单

和采购业务相关的记账凭证是根据审核后的采购发票生成的。这个工作主要在财务系统的应付管理系统中进行,这里不展开阐述。

4. 付款及核销

企业根据采购发票记载的金额等情况,组织企业的资金及时付款。付款后,在应付系统录入一张付款单,用于同采购发票进行核销。具体的内容在应付管理系统中介绍。

付款完成以后,整个采购流程基本就结束了。

第6节 采购分析

为了满足管理阶层对采购信息的了解和分析,采购管理系统应该能提供有关采购业务的各种账表和分析统计数据,能对采购成本信息、供应商信息、采购结构信息、采购资金比重结构信息进行分析和利用,以利于企业管理。

9.6.1 采购成本分析

用户可根据发票,对某段日期范围内的库存结算成本与参考成本、计划价进行对比分析。

【例9-7】 查询上海英达有限公司2007年3月采购成本分析表,如表9-7所示。

表9-7 采购成本分析表

库存名称	主计量	发票日期	数量	买价	总价	参考成本	增减1	增减率1	计划价(售价)	增减2	增减率2	供应商简称
sf	个	2007-03-05	1 900	211 500	190 000		190 000			190 000		上海雅杰
sl	个	2007-03-05	1 500	75 000	75 000		75 000			75 000		上海中州
sm	个	2007-03-05	1 500	135 000	184 000		135 000			135 000		上海民旺
CJ	套	2007-03-07	1 900	500 000	500 000		500 000			500 000		上海民旺

其中:

(1)增减(参考成本)。总价相对于参考成本的增减金额=总价-参考成本。

(2)计划价/售价。指库存档案中的计划价/售价。

(3) 增减(计划价)。总价相对于计划价的增减金额＝总价－计划价。

▶ 9.6.2　供应商价格对比分析

根据发票,对某种物料各供货单位的实际供货价格进行对比分析。该表内容根据库存档案、发票带入。

【例 9-8】　查询上海英达有限公司 2007 年 3 月库存 sl 供应商价格对比分析,如表 9-8 所示。

表 9-8　供应商价格对比分析表

供应商简称	库存名称	数量	本币金额	平均单价	参考成本	最新成本	计划价(售价)
上海中州	sl	1 500	75 000	50		50	

▶ 9.6.3　采购资金比重分析

根据采购发票,按供应商、业务员、地区、库存大类、采购类型进行某段时期内各种物料占用采购资金的比重分析。

【例 9-9】　查询上海英达有限公司 2007 年 3 月采购资金比重分析,如表 9-9 所示。

表 9-9　采购资金比重分析表

库存名称	发票数量	本币金额	资金百分比%	供应商分类编码	供应商简称	数量百分比%
Sf	1 900	190 000	19.29	02	上海雅杰	32.20
Sl	1 500	75 000	7.61	01	上海中州	25.42
Sm	1 500	135 000	13.71	01	上海民旺	25.42
CJ	1 000	585 000	59.39	01	上海民旺	16.96

▶ 9.6.4　采购货龄综合分析

采购货龄综合分析是对采购入库未结算的库存,分析到目前某日期为止它们各自的货龄。货龄表示货龄天数,即未结算的入库物料到定义日期的天数。用户可以定义若干个货龄期间,系统把满足条件的物料归集到定义的货龄期间中。

 本章小结

　　采购管理在企业的经营管理活动中占据非常重要的位置。采购管理系统与 ERP 其他子系统有着密切的联系。采购工作的主要任务是为企业提供生产与管理所需的各种物料。采购管理业务的主要内容包括:编制采购计划、请购作业、询价议价、签订采购合同、进货作业及开票作业等。本章主要介绍供应商管理、订单管理、到货处理、开票处理和采购的查询及分析等问题。

 **练习与思考题**

一、填空题

1. 供应商管理的主要内容有_____、_____和_____。

2. 常用的询价方式有_____、_____、_____、_____等。

二、名词解释

1. 付款条件

2. 采购货龄综合分析

3. 请购

三、思考题

1. 简述采购管理的基本任务是什么。

2. 采购管理系统与其他子系统的联系是什么?

3. 描述采购管理系统的业务处理流程。

4. 采购管理系统如何进行内部控制?

5. 简述供应商管理评估的内容。

6. 采购订单管理的任务是什么?

7. 简述采购进货的处理流程。

8. 简述采购发票的处理流程。

9. 采购查询和分析的主要内容有哪些?

第10章

库存管理系统

了解库存管理的重要性以及降低库存成本、提高供货率对提高企业竞争力的显著作用;掌握库存管理评价指标和几种主要的库存控制策略与方法;学习收发料、采废料处理等库存作业的应用流程;掌握盘点作业的原理与应用流程;掌握库存管理与生产、采购、质量管理等 ERP 子系统的关系;了解库存信息分析的一些重要方法。

第1节 库存管理系统概述

传统的库存管理是指对物料的进、出、存的业务管理,在现代企业管理中,库存管理已扩大到以支持生产、维护、操作和客户服务为目的而存储的各种物料,包括原材料、在制品、维修件、成品和备件等的管理。

库存管理是企业资源计划系统的重要组成部分。库存管理系统可帮助企业的库存管理人员对库存物料的入库、出库、移库、盘点、补充订货和生产补料等操作进行全面的控制和管理。库存管理系统从级别、类别、货位、批次、单件、ABC 分类等不同角度来管理库存物料的数量、库存成本和资金占用情况,以便用户可以及时了解

172

和控制库存业务各方面的准确情况和数量、库存成本和资金占用情况，做到账、物、卡相符。库存管理系统是一个多层次的管理系统，可以通过灵活的设置实现不同层次的管理。

10.1.1　库存管理的主要内容

企业的库存管理主要由仓库部门（或仓储部门）完成，其主要内容包括各种物料的入库、出库、移动、盘点和计划与控制等。

1. 物料的入库

物料入库包括采购订单的来料入库、生产完工入库、生产剩余物料入库以及销售退货入库。对各种入库方式都可以通过自定义来实现。完工的物料有半成品与成品。对采购订单的来料入库，根据采购单接受物料（安排检验），办理入库手续，开收料入库单（收货单、入库单），分配材料库库存位，同时监督来料是否与订单相符；生产完工入库后进行生产成本的计算，数据转入财务子系统处理；销售退货有不同的处理方式，例如，扣减货款、换货等处理，相关数据都转入财务子系统。

2. 物料的出库

物料出库有生产领料、非生产领料与销售提货。生产计划的领料按车间订单（加工单、工票或组装计划，它们都来源于主生产计划）与分工序用料，并可以根据物料清单与工艺路线自动生成工序领料单；非生产领料有多种形式，系统都可以自由定义领料的类别；销售提货按销售订单或合同生成出货单据，并可自动生成销售订单与合同的出货单。上述过程都可以给财务子系统传递相关数据及生成财务记账凭证。

3. 物料的移动

物料的移动是库存之间（有时会在分厂之间和分公司之间）的物料调拨，这种物料可以不经过检验（但经过长途运输也要检验，可以通过设置系统参数进行控制），也可以根据系统参数设置要求生成凭证（如果是财务的材料明细账还应分仓库核算）。

4. 库存盘点

库存盘点是对库存物料的清查，是对每一种库存物料进行清点数量、检查质量及登记盘点表的库存管理过程，其主要目的是为了清查库存的实物是否与账面数相符以及库存物资的质量状态（即可用库存量）。实物数与账面数有出入的，要调整物料的账面数量，做到账物相符。并且应遵守相应的管理处理流程。每种库存物料都设立相应的盘点周期，并可以通过系统自动输出到期应盘点的物料。盘点方法一般允许有冻结盘点法和循环盘点法两种。正在冻结盘点的物料需停止进行出入库操作，而循环盘点则可以同时进行出入库处理。

5. 库存物料信息分析

从各种角度对库存物料信息做分析。例如,日常的物料进、出、存的业务数据分析,物料占用资金分析,物料来源和动向分析,物料 ABC 分类分析等,以便为高层进行决策提供基础数据。

10.1.2 库存管理的作用

库存的重要作用概括来说有以下几个。

(1) 增加生产的柔性。

保持一定量原材料能给企业带来生产柔性。例如,因为每一次新的生产准备都要带来成本,而库存能减少生产准备次数,减轻生产系统要尽早生产出产品的压力。这样,在制订生产计划时,就可以通过加大生产批量使生产流程更加有条不紊,并降低生产成本。生产准备完成后,若生产批量比较大的话,将能使昂贵的生产准备成本得以分摊。

(2) 满足消费者的需求。

消费者的需求往往具有不确定性,完成周期中库存需求量超过预测数的情况是经常发生的,所以必须保持安全库存或缓冲量以防需求的变化。

(3) 降低采购成本。

签订一份订单的成本包括:人员工资、电话费、打字费、邮费等等。所以,每张订单的订货量越大,所要签订的订单数则越少。同时,大订单对降低运输费用也有好处——运送的数量越多,单位运输成本越小。

(4) 解决生产与消费时间上的不一致。

解决生产与消费时间上的不一致是库存的最基本作用。利用各种库存可以把制造经济与各种消费联系在一起。几乎所有的产品或多或少都具有季节性变动因素,而库存储备可以使产品的大批消费或大批生产无视季节性因素。

(5) 创造"时间效用"。

储存可以创造"时间效用"。时间效用的含义是,同种"物"由于时间状态不同,其使用价值的实现程度可能有所不同,其效益的实现也就会不同,由于改变了时间而最大限度发挥使用价值,最大限度地提高了产出投入比,就称之为"时间效用"。库存的作用就是使"物"在效用最高的时间发挥作用,就能充分发挥"物"的潜力,实现时间上的优化配置。从这个意义上来说,库存相当于提高了"物"的使用价值。

作为物流系统中的一种必要活动,一定的库存是必需的,也是正常的,但是,库存需要付出代价,高库存经常有冲减物流系统效益、恶性化物流系统运行的趋势。所以,库存也被称为企业的癌症。库存的反作用主要体现在以下几方面。

（1）库存会引起仓库建设、库存管理、仓库工作人员工资、福利等项费用开支增高。

（2）物资在作为库存期间可能发生各种物理、化学、生物、机械等损失，严重者会失去全部价值及使用价值。随储存时间的增加，库存无时无刻不在发生折旧，一旦错过有利销售期，又不可避免出现跌价损失。

（3）保险费支出。库存物需投保缴纳保险费，保险费支出在有些国家、地区已达到很高比例。

（4）进货、验收、保管、发货、搬运等工作费用支出都是降低企业效益的因素，再加上在企业全部运营中，储存占用达到40%～70%的高比例，在非常时期，有的企业库存竟然占用了全部流动资金，使企业无法正常运转。

因此，合理库存就是要在物流系统中充分发挥库存有利的一面，同时遏制其有害的一面。

▶ 10.1.3　库存管理业务流程

库存数据信息在各部门间流动的过程中生成入库单、领料单、库存盘点单、调库单、提货单以及库存分析报告等一系列的单据。参与库存管理的部门、人员、单据等构成了库存管理的业务流程，如图 10-1 所示。

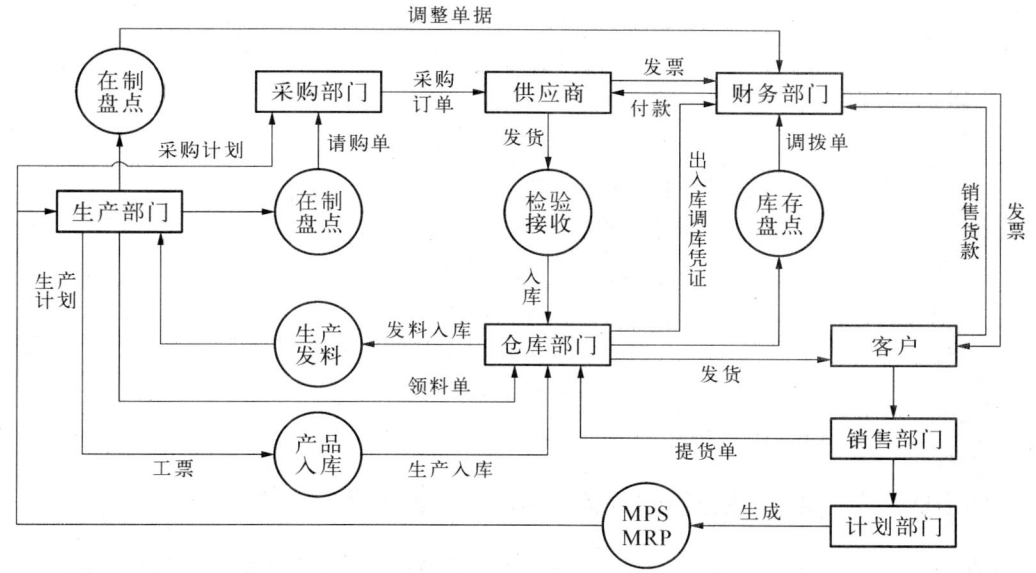

图 10-1　库存管理业务流程图

10.1.4　库存管理系统的功能和特点

　　根据库存管理的业务流程,库存管理系统主要功能可分为:库存基础数据管理、库存出入库和移库管理、库存物料盘点与调整管理以及库存信息分析管理等几大功能模块。如图 10－2 所示。

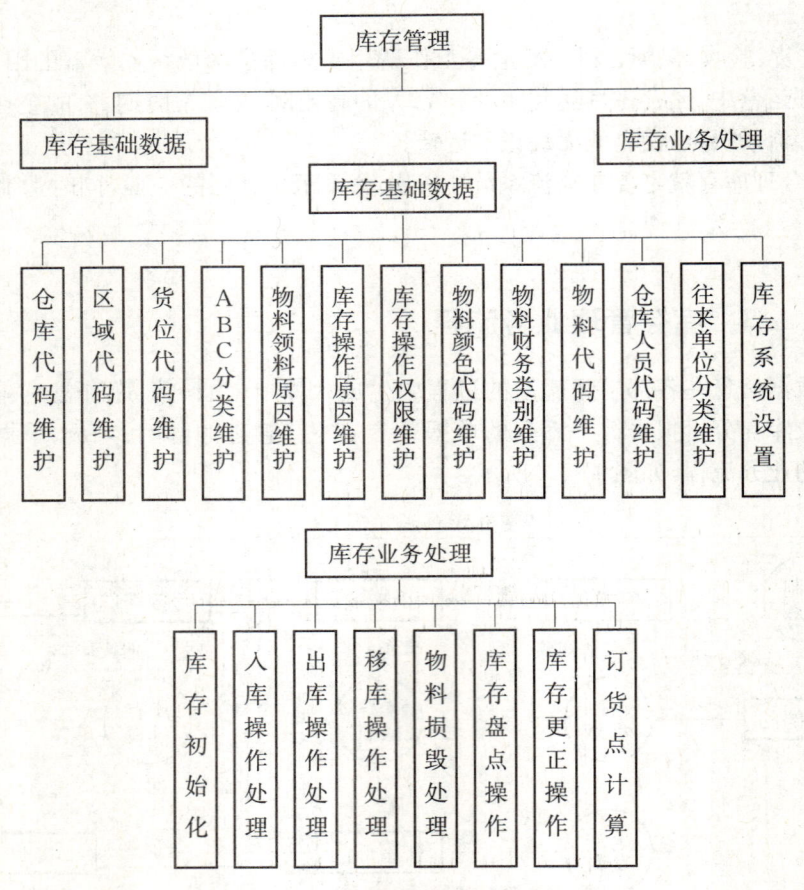

图 10－2　库存管理系统功能模块图

10.1.5　库存管理子系统与其他业务子系统的关系

　　ERP 系统中库存管理的主要业务与企业各种物料的收发管理、物料的资金成本分析工作有关,库存管理系统与采购管理、财务管理、质量管理、生产管理和物料需求计划管理等系统协同工作、数据双向传递。供应商、客户、财务部门、采购部门、生产部门、仓库、计划部门等共同参与完成整个企业的库存管理工作。库存管理的许多单据信息从上述系统获得,直接转入生成。在进行库存管理的各项事物处理时,库存管理系统产生许多单据和库存分析表有可以提供给其他系统或给企业管理人员查询和决策,如图 10 - 3 所示。

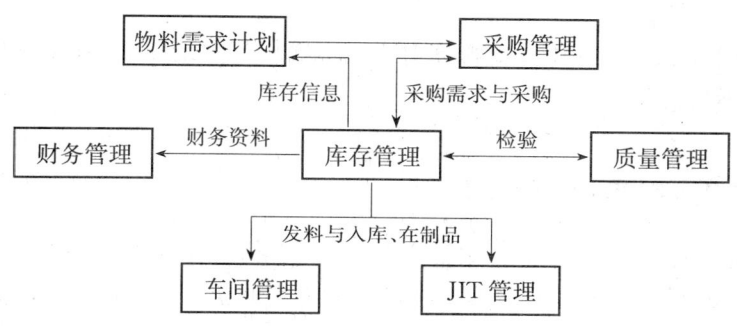

图 10 - 3　库存管理子系统与其他业务子系统的关系

第 2 节　库存分类与库存控制策略

ERP 中库存管理除了要解决传统库存问题:何时订货和订多少货,旨在"保障供应而库存最小";同时要解决诸如在"哪里库存、存什么货、物料种类及仓库如何搭配、仓位如何管理"等新内容,其根本目的是谋求"通过适量的库存达到合理的供应,使得总成本最低"。现代企业管理者必须保证企业物料的供应和产品的分配像流水线一样顺畅,又不占用过多的企业资金。在了解库存管理控制之前有必要对库存进行分类。

▶▶▶ 10.2.1　库存分类

库存的分类方法很多,可以从以下几个角度来分析库存分类。

(1) 按物料在生产过程中的状态:可分为原材料库存、在制品库存和产品库存。

(2) 按库存作用:可分为周转库存、安全库存和在途库存。其中,周转库存是为了满足日常生产经营需要而保有的库存,库存量与采购批量直接相关,如按照生产计划采购的物资；安全库存是为了防止生产需求、制造与供应的意外等不确定因素的发生而设置的库存，库存量与库存安全系数或者说与库存服务水平相关。例如，为了消除供应商供货意外、原材料采购突发供应短缺、产品销售的不可预见性等意外情况给生产带来的严重影响，要对一些材料设立安全库存；在途库存是由于材料和产品处于运输以及停放在相邻两个组织间（如分厂）的库存，库存量取决于运输时间以及该期间内的平均需求量。

（3）按用户需求特性：可分为独立需求库存和相关需求库存，相关概念在前文中已作讲解，此处不再赘述。

10.2.2 库存控制策略

库存管理系统的好坏，直接影响整个 ERP 系统的运行。库存管理是以企业物料管理为核心，它的任务就是在保证一定的物流服务水平的条件下，尽量提高库存管理水平，减少多余库存，降低物流成本。

为了实现上述目标，库存管理系统对库存量的控制需要建立在合理的库存控制策略上，一般 ERP 系统的库存管理子系统具有独立需求库存控制和相对需求库存控制，同时还提供衡量库存管理的评价指标，如平均库存值、可供应时间和库存周转率等，这些评价指标可供库存管理人员了解库存状况、支持库存管理决策。下面先介绍库存管理的评价指标。

1. 库存管理评价指标

库存管理的评价指标有平均库存值、可供应时间和库存周转率。

（1）平均库存值是指某时间段范围内全部库存物料的价值之和的平均值。这个指标可以让企业管理者了解企业资产的库存占用状况。

（2）可供应时间是指现在库存能够满足多长时间的需求，公式如下：

$$可供应时间 = 平均库存值/相应时段内单位时间的需求$$

（3）库存周转率是指在一定期间库存周转的速度，计算公式如下：

$$库存周转率 = 年销售额/年平均库存值$$

提高库存周转率对于加快资金周转，提高资金利用率和变现能力具有积极的作用。可通过重点控制耗用金额高的物料、及时处理过剩物料、合理确定进货批量和削减滞销库存等来提高周转率。但是周转率过高将发生缺货现象，以及由于采购次数增加使采购费用上升等。

2. 库存控制策略

库存控制策略以何时订货和订货量多少这两个问题为中心进行分析，人们从长期的库存实践中研究总结了许多库存控制方法,而在 ERP 中,根据物料需求的特点,库存控制方法可归结为独立需求库存控制和相关需求库存控制两类。

其中对于独立需求物料这种物料间没有需求量的直接联系与量的传递的库存管理,主要是确定订货点、订货量、订货周期等。常采用订货点法确定何时进行订货,采用经济批量法确定每次订货的最佳批量,然后发出订单和催货。相关需求物料中一种物料的需求是由其他物料的需求所引起,物料的需求不再具有独立相关性,相关需求是物料需求计划的主要研究对象,相关需求物料的计划投入数量和计划投入时间由 MRP 计划决定,因此相关需求物料的库存控制是在满足 MRP 计划和安全库存的条件下的库存控制,这里不作介绍。

下面介绍几种常用的库存控制方法:

(1) 经济订货批量(Economic Order Quality,EOQ)。

经济订货批量是指库存总成本最小的订货量。由于库存与采购是一对矛盾,不能一味地增加库存,或一味地增加采购,而要找到一个合理的订货批量,使总成本(库存成本和采购成本之和)最小。经济订货批量就是对这个合理订货批量的求解,如图 10 - 4 所示。

经济订货批量方法是使用经济批量公式计算出使采购费用与库存费用总和最低的订货批量。其基本模型是:

$$Q = \sqrt{\frac{2CD}{H}}$$

式中:C——单位订货费用(元/次),D——库存物料的年需求率(件/年),H——单位库存保管费[元/(件年)]

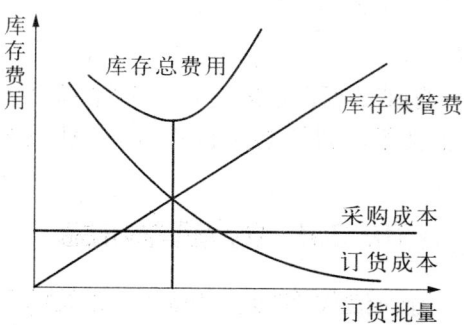

图 10 - 4　经济订货批量模型图

常采用订货点法确定何时进行订货,采用经济批量法确定每次订货的最佳批量,然后发出订单和催货。用这一方法建立的库存控制模型需建立在"物料需求是连续发生的"、"各种物料的需求是相互独立的"、"库存消耗之后重新补满"等等,往往与实际应用有出入。

(2) ABC 分析法

ABC 分析法是经济学中帕累托原理在库存管理上的一种应用,它是按照库存物料的价值重要程度,分别采取不同的管理措施。它将公司的产品按照销售额和客户的购买额分为 ABC 三类,对于不同种类的产品、不同类型的客户采用不同的管理方法。它的基本原理是帕累托的非均衡原理,即"80/20 法则"。认为 80% 的结果是由 20% 的原因带来,20% 的投入可以带来 80% 的产出,如果控制好 20% 的部分,就可以收到 80% 的效果。库存品种与销售额之间也存在这种规律,如果把物料按品种和销售额的大小

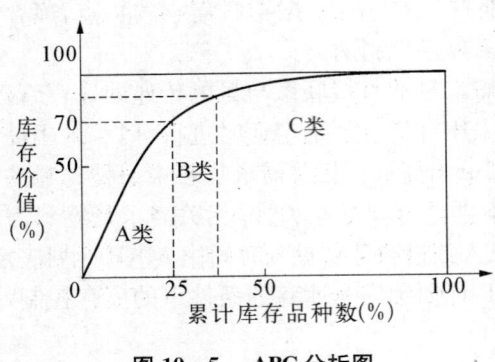

图 10-5　ABC 分析图

来分类,再按各类重要程度不同分别控制,抓住重点,分清主次,可收到事半功倍的效果。

根据一般企业的统计数据显示:约有 10%～30%的库存,其价值约占全部库存价值的 70%～80%,此类库存通称为 A 类库存;另有 40%～60%的库存,其价值约占全部库存价值的 5%～15%,被称为 C 类库存,剩余的库存则被称为 B 类库存。如图 10-5 所示。

第3节　库存基础数据管理

基础数据设置是进行库存管理的第一步,基础数据维护包括定义库存事务处理类型、定义库存状态、定义仓库和库位以及库存余量初始化等。

▶▶▶ 10.3.1　仓库基本信息

仓库信息设置是供销链管理系统的重要基础准备工作之一。在企业经济活动中,大量的原材料及成品、半成品几乎都是由仓库发生的,仓库起到了物料中转站的作用,因此,仓库中的物料状态是好是坏,是多是少,是否与企业经济活动相匹配,是否可以使企业在达到满足客户需求的前提下,尽可能地降低库存水平、节省库存成本等,都影响着企业库存管理的好坏。

仓库定义主要包括:仓库代码、仓库名称、仓库地址、会计科目、缺省库存状态等。库位是物料存放的位置,一种物料可以有多个库位。任何一种物料必须至少有一个仓库和一个库位。在 ERP 系统中,可以弹性地定义使用中的各种仓库。一般而言,有两种仓库,即实体仓和逻辑仓:(1) 实体仓。是实际存在的仓库,如成品仓、半成品仓、原料仓、不良品仓、车间仓、委外仓等;(2) 逻辑仓。是一种虚拟的仓库,它实际上并不存在,只是为了满足管理和核算的需要而设置的。例如,最常用到的逻辑仓是"会计仓",在实务中,往往先以调拨的方式将盘点的差异量集中转到会计仓中,再由会计部门来加以处理。这样做的优点是可以让会计与生产部门使用同一个库存管理系统,保持料账的一致性,并同时满足各自不同的作业需求。

另外,还需要定义仓库与 MRP 处理的逻辑关系,以说明该仓库的库存物料在物料需求计算时,是否要参与计算,或是否要将这部分物料列入有效供给。如果选择了参与计算,则 MRP 展开推算净需求量时会考虑到该仓库的现存量;如果没有选择,则在进行需求规划时不和该仓库发生任何关系。

【例 10-1】　建立上海英达公司仓库基本资料,如表 10-1 所示。

表 10-1　仓库基本资料

仓库编码	仓库类型	仓库名称	部门名称	是否参与 MRP 运算
K01		原辅料库	采购部	是
K02		成品库	销售部	是
K03		半成品库	组装中心	是
X01		车间库	组装中心	是

10.3.2　库位基本信息

仓库库位管理是对库存空间的管理。仓库分为若干个库房;每一个库房又分若干个库位。库房是仓库中独立封闭的库存空间,库房内空间细划为库位,细分能够更加明确地定义库存空间。库存管理系统是按仓库的库位记录仓库的物料库存,也是按照库位物料的库存时间实现先进先出。

库位的定义主要包括:仓库代码、库位代码、库存状态、创建日期、是否为永久性库位等。在库存管理中的不同的事务处理类型,将会导致不同的财务过账方法。

【例 10-2】　建立上海英达公司的原材料库的库位表,如表 10-2 所示。

表 10-2　原材料库使用情况

库位编码	存放物料名称	物料数量	计量单位	入库日期	
K01001					
K01002					
...					
...					

10.3.3 库存其他信息

用户可根据企业的实际需求定义库存事务处理类型,如:设置物料进库、物料出库、成品出库、退货进库等库存操作事物类型以及单据类型等。

库存状态决定了某仓库库位上的物料可用性,并决定了可以从该库存转移到哪里。库存状态数据的主要内容有:状态代码、是否可供货、是否有效库位、是否允许过量发放以及限定的事务处理类型。

库存余量初始化也叫做库存开账信息录入,是指系统开始正式运作时,必须将此一实施时点的物料库存余额结算出来然后输入计算机。所谓库存余额不仅指各库的物料的库存量,亦包括其库存成本。见表 10-3。

表 10-3 物料期初数据

仓　　库	库存名称	规格型号	计量单位	数　　量	单　　价	金　　额
原材料库	a		个	500		
原材料库	b		个	600		
原材料库	c		个	800		
半成品库	A		件	800		
半成品库	B		套	700		
成品库	甲		套	600		

第4节 库存入库管理

10.4.1 物料入库的基本类型

物料入库处理主要包括外购采购物料入库、生产完工的产成品入库、委外加工件入库、返还仓库、客户订单退货等物料接收入库方式。

1. 外购入库

外购入库是采购物料进入原材料仓库的作业,它的基本单据是外购入库单,又称为收货单、验收入库单等。

【例 10-3】　2007 年 3 月 4 日,上海英达公司保管员张孝梅收到上海深蓝有限公司发来的 CJ,数量 1 000 个,将其全部存放于原材料仓库。要求编制入库单,其单据格式如表 10-4 所示。

表 10-4　外 购 入 库 单

日　期	2007-03-04	采购订单号	000001	采购方式	赊　购
供货单位	上海深蓝有限公司	编号	Sh00007	保管员	张孝梅
购货发票号		收料通知单号	00001	收料仓库	原材料库

物料编号	物料名称	计量单位	规格型号	批号	应收数量	实收数量
KFY01	CJ	个			1 000	1 000
…	…				…	

2. 产品入库

生产完工的产品需要进入产成品仓库存储,它的基本单据是产品入库单。

【例 10-4】　2007 年 3 月 6 日上海英达公司成品仓库保管员张晓偶,收到总装车间提交的 NCT,数量 5 000 条,并办理入库。要求编制入库单,其单据格式如表 10-5 所示。

表 10-5　产 品 入 库 单

| 交货单位 | 总装车间 | 日　期 | 2007-03-06 | 入库类型 | 普　通 |
| 收料通知单号 | 00005 | 保管员 | 张晓偶 | 收货仓库 | 成品仓 |

物料编号	物料名称	计量单位	规格型号	批　号	应收数量	实收数量
02.004	NCT	条			5 000	5 000
…	…				…	

3. 委外加工

生产中有些半成品、成品需要委托外面的单位进行加工,加工完毕需要回厂入库。委外加工入库单是处理委外加工产品入库的单据。

【例 10 - 5】 2007 年 3 月 6 日上海英达公司,收到上海五金厂发来的 MB,数量 100,存入半成品库,要求编制入库单,其格式如表 10 - 6 所示。

表 10 - 6　委外加工入库单

加工单位	上海五金厂	日　期	2007 - 03 - 06	入库类型	普　通
收货通知单号	00006	保管员	李丽	收货仓库	半成品仓
加工物料编号	加工物料名称	计量单位	规格型号	批　号	应收数量	实收数量
02.006	MB	块				100
…	…				…	

4. 其他入库

其他入库是处理诸如赠品等物料的存储作业,其他入库单是处理其他类型的物料入库的单据。

【例 10 - 6】 2007 年 3 月 6 日上海英达公司,收到上海心仪工具厂的赠品,数量 1 000,存入成品库,要求编制入库单,其单据格式如表 10 - 7 所示。

表 10 - 7　赠 品 入 库 单

赠品入库单号			日　期	2007 - 03 - 06	入库类型	
供应商	上海心仪工具厂	合同发票号码			收货仓库	成品库
加工物料编号	加工物料名称	计量单位	规格型号	批　号	实收数量	计划单价
01.006	SB	只	标准		1 000	0.00
…	…				…	

10. 4. 2　入库管理业务流程

ERP 系统中库存管理的入库操作一般按照以下几个步骤进行,即物料堆放,物料入账、物料立卡、和建立物料档案。如图 10 - 6 所示。

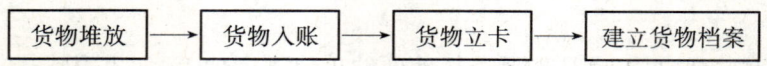

图 10 - 6　物料入库流程图

（1）物料堆放。物料入库后首先要进行合理的堆放。因此，必须充分使用仓库现有的储存条件使物料得到妥善保管，加大仓库利用率，减少储存成本。

（2）物料入账。是对每一品种、规格、质量的物料都建立收发存明细账，即保管账，以详细反应库存物料进库、出库、保存情况。

（3）物料立卡。是对库存物料的名称、规格、型号、级别、单价、进出库动态和实际数量等信息制作成标签，挂于货位上以便进行管理。如表 10-8 所示。

（4）建立物料档案。物料档案是保存历年来的物料技术资料及进出库资料，如各种凭证、技术说明和其他证件、验收记录及技术检验记录等文件。

表 10-8　物料资料卡

物料名称	
物料编号	
入库时间	
规格与级别	
单　　价	
收入数量	
出库数量	
结存余数	
存储位置	
备　　注	

第 5 节　库存出库管理

10.5.1　出库基本信息

物料出库处理主要包括产成品的销售出库、生产任务的仓库领料、委外加工任务时，给委外企业提供原材料的委外加工领料及其他出库等。

企业需要编制相应的出库单有销售出库单、领料出库单、委外加工领料单和其他出库单。生产办法有两种方式,手工录入和关联单据下推生成。具体单据内容和格式与入库单据格式相似,只是信息流动方向相反。编制时,请参考相应入库单的格式,在此不再重复。

10.5.2 出库业务流程

物料出库时,需要把物料及时、准确地交给客户手中。为了做到这一点,出库的物料应按入库的时间安排好出库顺序;对有保质期的物料,应在期限内发出。物料出库凭证必须符合要求,做到出库动作迅速。

物料出库的处理操作,主要包括出库准备、核对出库凭证、备货、复核、点交等环节,其步骤如图 10－7 所示。

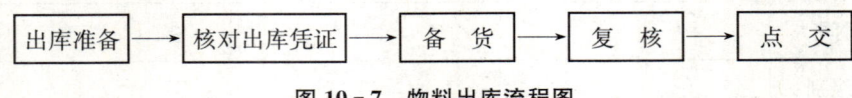

图 10－7 物料出库流程图

（1）出库准备。为了使物料出库迅速、加快物流速度,出库前应安排好出库的时间和批次。同时,做好出库场地、机械设备、装卸工具及人员的安排。

（2）核对出库凭证。仓库保管人员接到发货通知后,应仔细核对出库凭证,检查无误后方可出货。

（3）备货。备货根据出库凭证进行。规定发货批次的,按规定批次备货;未规定批次的,按先进先出的原则备货。

（4）复核。备货完成后,应再次与出库单核对出库物料的名称、规格、数量等,以保证出库的准确性。

（5）点交。物料复核无误后即可出库。发货时应把物料直接点交给提货人,办清交接手续。如是代运,则需要向负责包装和运输部门点交清楚。

第6节 库存物料盘点与调整

10.6.1 库存盘点的目的

在库存过程中,有些物料因存放时间太长或保管不当使其质量或数量受到影响。为了对库存物料的数量进行有效控制,并查清库中物料质量状况,必须定期或不定期进行清点盘查,这一过程就是盘点。

盘点的目的主要是:

(1) 查清实际库存数量。

由于众多原因,如收发作业中记录库存数量时多记、误记和漏记;作业中导致商品损坏、遗失;验收与出货时清点有误;盘点时误盘、重盘和漏盘等,往往导致账面库存数量与实际库存数量不符,发现问题并查明原因,及时调整。

(2) 计算企业资产损失。

库存物料总金额直接反应企业流动资产的使用情况,库存过量,流动资产的正常运转将受到威胁。由于库存金额与库存量及其单价成正比,盘点就可以准确地计算出企业的实际损益。

(3) 发现库存管理中存在的问题。

通过盘点查明企业盈亏原因,发现作业与管理中存在的问题,并做出相应的措施,从而提高库存管理水平,减少企业损失。

一般来说,盘点的主要内容有以下几项。

(1) 物料数量。

通过点数计数查明商品在库的实际数量,核对库存账面与实际库存数量是否一致。

(2) 物料质量。

检查在库商品质量有无变化,有无超过保质期或有效期的,有无长期积压等现象,必要时还须对物料进行技术检验。

(3) 保管条件。

检查保管条件是否与各种物料的保管要求相符合。如堆码是否合理稳固,库内温度是否适宜,各类计量器具是否准确等。

(4) 库存安全状况。

检查各种安全措施和消防设备器材是否符合安全要求,建筑物和设施是否处于安全状态。

10.6.2　库存盘点的业务流程

盘点作业一般按以下步骤进行:盘点前的准备、确定盘点时间、确定盘点人员、确定盘点方法、清理盘点现场、盘点作业、查清差异原因、盘点结果处理等。盘点流程如图10-8所示。

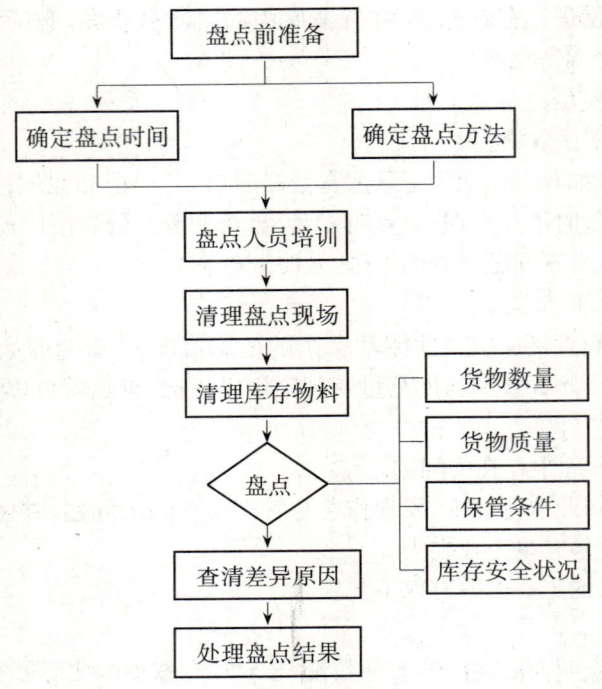

图 10 - 8　库存盘点流程图

▶ 10.6.3　库存盘点的基本方法

　　库存盘点是对库存物料的清查,是对每一种库存物料进行数量清点,检查质量及登记盘点表的库存管理过程。一般 ERP 系统支持循环盘点和定期全面盘点两种盘点方法。

　　定期全面盘点是定期对所有库存物料进行全面的盘点。这种盘点方法实施作业量大,耗费时间长;几乎所有的物料都被清点、核对、登记了一次;定期全面盘点时,其他库存作业受到影响,可能要停顿;在企业里一般半年或一年的时间才进行一次。

　　循环盘点是将所有物料按重要程度加以分类,分别制定各类物料的盘点周期,在一类物料的盘点周期内将其中各物料按顺序盘点一次,周而复始。循环盘点中各类物料的盘点周期根据物料的分类确定,可以将重要的物料设置为一周一次,次重要的物料一月一次等。这种盘点方法耗时短、不影响其他作业、库存异常容易发现、盘点效率高。

　　【例 10 - 7】　区别 ABC 物料,有重点的轮番盘点,如表 10 - 9 所示。

表 10 - 9　不同物料循环盘点要求表

物料类别	品种占总品种的比例(%)	价值占总价值的比例(%)	盘点间隔	盘点误差要求(±%)
A	5～10	60～80	月	1
B	15～30	15～30	季	2
C	60～80	5～10	年	5

10.6.4　库存调整

库存调整的方式有库存转移和库位变更等方式。

1. 库存转移。是指物料在不同的仓库之间的移动,这种移动会改变库存信息,可能会引起财务上的数据变化。

2. 库位变更。是一个仓库内不同库位间的物料转移,它只导致库位明细文件的变化,对财务信息不影响。

第7节　库存统计分析

库存统计分析旨在帮助管理人员进行各种库存统计分析,加强库存控制,减少库存积压、减少物料报废和资金占用,从而提高经济效益。可以对各车间(分厂)领料数量及生定产量(已入库部分)进行查询及维护。可以进行多种统计,如可按供应商、销售客户、部门(车间)分别进行出入库进行统计。可按不同的入出库类型进行分别统计。可进行短缺超储分析、物资积压分析、ABC 分类处理及资金占用分析,还可对车间月产量,车间月领料进行查询。

10.7.1　统计分析

1. 收发存汇总表

反映仓库各物料各种收发类别的收入、发出及结存情况。收发存汇总表是按仓库进行分页查询的。一页显示一个仓库的收发存汇总表。仓库的收发存汇总表通过汇总功能查询。收发存汇总表输出的内容包括仓库、物料、自由项、期初结存数量(件数)、各种入库类别的入库数量(件数)、各种出库类别的出库数量(件数)、期末结存数量(件数)。

2. 业务类型收发存汇总表

反映仓库各物料各种业务类型的收入、发出及结存情况。系统提供的业务类型包括:采购、销售、产品入库、材料出库、盘盈入库、盘亏出库、其他入库、其他出库。业务类型汇总表是按仓库进行分页查询的。一页显示一个仓库的业务类型汇总表。业务类型汇总表输出的内容包括仓库、物料、期初结存数量(件数)、各种业务类型的入库数量(件数)、各种业务类型的出库数量(件数)、期末结存数量(件数)。

3. 收发类别汇总表

反映仓库各物料各种收发类别的入库或出库的情况。收发类别汇总表是按仓库进行分页查询的。一页显示一个仓库的收发类别汇总表。收发类别汇总表输出的内容包括仓库、物料、用户所选入库类别的入库数量(件数)或用户所选出库类别的出库数量(件数)反映各供货单位供应的物料的收入、发出及结存情况。

▶ 10.7.2 库存分析

1. 安全库存报警

通过对各种物料当前库存量和安全库存量的对比分析,对超过或低于安全库存量的物料进行报警,并可查询当前库存量等于安全库存量的物料。安全库存预警输出的内容包括物料、物料的安全库存量、当前库存量及当前库存量与安全库存量的差。

各物料的安全库存量取自物料档案中各物料的安全库存量,当前库存量为各物料所有仓库的现存量之和,差量 = 当前库存量 − 安全库存量。

2. 短缺物料查询

通过对各种物料当前库存量和最低库存量对比分析,当前库存量低于最低库存量的物料表示短缺物料。短缺物料查询输出的内容包括物料、各物料的最低库存量、当前库存量及短缺量。

各物料的最低库存量取自物料档案中各物料的最低库存量,当前库存量为各物料所有仓库的现存量之和,短缺量 = 最低库存量 − 当前库存量。

3. 呆滞积压物料

呆滞积压物料的分析方法是按物料周转率分析的。当前库存量与最高库存量或安全库存量比较,周转率低于呆滞积压标准且超过最高库存量(或安全库存量)的物料为积压物料,周转率低于呆滞积压标准且未超过最高库存量(或安全库存量)的物料为呆滞物料。呆滞积压物料分析输出的内容包括物料、各物料的最高库存量(或安全库存量)、当前库存量、短缺量、周转率、周转率与最低周转率(呆滞积压标准)的差、状态(表示该物料是呆滞物料还是积压物料）。物料的呆滞积压标准在可以在物料主文件中进行设置。呆滞积压标准是操作员设置的每一物料的最低周转率，低于此周转率的物料就是呆滞积压的物料。

10.7.3　统计分析模块功能

1. 统计查询功能

统计查询管理模块可以对库存产品进行各种类型的统计和查询，从而使用户能够全面地了解库存状况，具体可以实现以下功能：产品出入库统计查询，生成进货、销售、库存、资金流动、综合分析等多种报表，从不同角度了解企业的经营情况。

2. 资金占用分析功能

具有资金占用分析功能，如资金占用分析、项目资金占用分析、ABC 分析等数据分析与跟踪；提供库存资金占用情况分布图，库存成本比例等，可以实时反应库存信息，以协助作出合理的库存决策。

3. 库存预警功能

库存预警是指设定每种商品库存上、下限，随时查询短缺或积压的商品，对库存中接近或超过临界值的产品进行报警。在产品信息中，包含产品的合理数量范围和有限期限。产品数量小于合理数量的下限称为短线产品；数量大于合理数量的上限称为超储。产品出现短线、超储、接近或超过有效期限需要报警，即库存产品数量报警、库存产品失效报警。

本章小结

库存管理是企业资源计划系统的重要组成部分。库存管理系统可帮助企业的库存管理人员对库存物料的入库、出库、移库、盘点、补充订货和生产补料等操作进行全面的控制和管理。同时，借助库存管理系统和一些库存控制方法和库存分析方法，可以有效地加强库存控制，减少库存积压、减少物料报废和资金占用，从而提高经济效益。

 练习与思考题

一、名词解释

1. 库存管理

2. 盘点

3. 短缺超储分析

4. ABC 分析法

二、思考题

1. 库存管理有哪些业务?

2. 请概要说说库存的分类。

3. 您觉得库存对一个企业来说重要吗? 您想过零库存管理吗?

4. 什么是定量库存控制模型? 请联系实际举个例子。

5. 什么是定期库存控制模型? 请联系实际举个例子。

6. 什么是独立需求与相关需求?

7. 请描述 ABC 库存控制法。

8. 请绘制库存子系统的业务处理流程。

9. 请绘制库存与子系统其他子系统的关系图,并描述之。

案例分析

北京绅士服装集团的库存管理

北京绅士服装集团为北京市明星纺织服装企业。其品牌"绅士"系列服装连年被评为北京市著名品牌。在企业发展的进程中,职工人数从开始的一两百人发展到现在的近千人,产销量连年翻番。到今天,成为北方地区屈指可数的,既有品牌效应,又有进出口权的年产 150 万件套成衣的中型服装制造企业。

企业整体规模上了一个新台阶,但是管理方面却使企业首脑深感压力巨大。在一次企业内部管理人员会议上,总经理提出了三个如何:第一,如何随时了解产品的市场走向;第二,如何减低库存风险;第三,如何提高业务部门整体反应速度。这三个如何的确反映了现代服装企业的通病:信息资源整合力度不够。

古人云:"工欲善其事,必先利其器。"计算机和计算机软件系统就是现代企业管理最有效的利器。通过橙色科技公司与绅士集团信息化工作小组,双方一个多月的努力合作,最终确定了信息化管理的总体战略和实施步骤:总体规划以营销为龙头带动企业内部生产、供应、仓储、财务各环节,建立企业信息闭环。分步实施:第一步,解决企业内部以库存为核心,提高业务部门的进销调存的准确率和反应速度,周期三个月。第二步,内部成品物流管理自动化,销售网络通路的完善和管理,达到信息流与物流的统一。第三步,建立内部 MRP/MRPⅡ,实现资金的整体规划和网上电子商务。

目前,绅士公司已完成了第一步的实施工作,系统在网络的平台上运行稳定、良好。并统计整理出一些效应档案,贡献出来,与广大服装企业管理从业者及爱好者一起分享。

(1)总体来说,企业实现较大规模的信息管理,应该与企业的长期规划和管理实践相结合,借助优秀、专业的服装行业软件企业的技术优势和系统实施经验,双方共同努力,才会达到预期目标。

(2)库存数量经常不准确。经分析,日常单据经常发生跑、冒、掉、漏、手工误填等情况。为了从根本上杜绝这种情况的发生,橙色科技为绅士集团搭建内部局域网,建立工作流管理模式,利用系统严密的权限设置,使各业务部门职责分明、协调统一,相应的使部门间的监督管理加强;从前的手工三本账转变为电脑统一记账,大大减少了人员重复记账、统计的工作量,误操作情况杜绝。

(3)服装企业通常只核算货品的大类、品名和货号,并不管理商品的颜色、款式、尺码规格。这样,产品开发、生产、物流配送就存在一定的盲目性。绅士公司在商品管理方面借鉴了橙色科技"单品管理思想",就是在整个生产、营销物流环节中,将每件货品细分到品种、款、色、码,这种办法提高了业务人员数据的统计效率,降低了人员误操作,更为销售总经理提供了更加科学的报表数据。据计算,绅士近 6 000 万元的产品库存,通过单品管理,其周转率整体提高 30%,货品调拨次数频繁,大大降低滞销品库存,畅销品追单反应速度加快,实现管理效益百万元。

(4)仓库与业务部门间的信息畅通无比。基本上业务部门想要查到的货品,能实时地了解具体到单个货品在哪个仓库,什么货位,实际库存、账面库存、在单库存,甚至今后将了解生产线的库存周期。这样无疑使销售部门的工作如虎添翼,串货、断档、短码现象大大减少,销售量比同期有了一定比例的增长,客户满意度也有了很大的提高。

问题分析:

1. 结合案例分析,如何提高企业的库存管理水平。
2. 你的企业在使用库存管理系统中存在的问题和建议。

第11章

财 务 管 理

学 习 目 的

通过本章学习了解 ERP 中的财务管理模块与会计电算化的区别,掌握 ERP 中财务管理的功能以及与其他模块的集成。

会计工作是经济工作的重要组成部分,财务管理是对会计工作活动的统称,现代会计学把企业的会计分为财务会计(Financial Accounting)与管理会计(Management Accounting)。主要为企业外部提供财务信息的会计事务称为财务会计,而主要为企业内部各级管理人员提供财务信息的会计事务称为管理会计。在 ERP 中财务管理是核心的模块和功能。会计和财务管理的对象是企业资金流,是企业运营效果和效率的衡量和表现,因而财务信息系统一直是各种行业的企业实施 ERP 时关注的重点。ERP 中财务管理的核心是实时控制,比起以往任何一种财务管理工具的设计思想,ERP 系统更强调企业的事前控制。ERP 的实时控制能力源于对业务过程的实时监控,ERP 中的财务是业务的真实写照、实时反映,财务分录、报表的归集都源于对业务的实时处理,是底层物流、资金流的反映。正是由于财务的数据来源于实时的业务,并依赖软件自动处理,财务变得真实、迅速,财务管理才具有生命。

ERP 中的财务模块与一般的财务软件不同,作为 ERP 系统中的一部分,它和系统的其他模块有相应的接口,能够相互集成,比如它将由生产活动、采购活动输入的信息自动计入财务模块生成总账、会计报表、取消了输入凭证繁琐的过程,几乎完全替代了以往传统的手工操作。同时,ERP 的财务管理能支持企业的全球化经营,为分布在世界各地的分支机构提供一个统一的会计核算和财务管理平台,同时也能满足各国当地的财务法规和报表要求,如提供多币种会计处理能力,支持各币种间的转换,支持多国会计实体的财务报表合并等,支持基于 Web 的财务信息处理。此外,为支持企业发展电子商务和基于Internet 的应用系统(如销售订单处理等),部分财务信息还可以通过 Web 方式收集和发布。总之,这一切如果在非 ERP 的环境下,只能靠"人海战术"来完成,其效益也是有限的。

第 1 节　ERP 财务管理与会计电算化的区别

▶ 11.1.1　业务内容方面的区别

会计电算化是以计算机以及数据传输和通信设备作为数据处理系统的核心,完成从原始数据的搜集到记录、验证、分类、登记、计算、汇总、报告等一系列会计工作。在此过程中,会计人员只进行一些辅助性的操作,即只需把会计数据以规定的要求输入处理系统,计算机即可按照事先编制好的程序,自动完成会计数据处理,并将最终结果——财务报告打印出来。会计电算化把系统工程、电子计算机技术等科学与会计理论和方法融为一体,通过货币计量信息和其他有关信息的输入、存储、运算和输出,以现代机器工作取代手工操作,实现会计工作方式的变革和人的解放,提供计划和控制经济过程需要的会计信息。

会计电算化系统使得会计人员从会计账册中解放出来,但并未从根本上保证财务信息质量。电算化信息系统的信息源基本依靠手工录入或部分数据的导入,从宏观层面上讲,财务会计的作业方式长期以来主要体现在事后收集和反映会计数据上,仅记录业务结果。另外,系统的信息处理一般都是对手工会计职能的自动化,信息结构是面向任务和职能的,这对满足会计核算的要求来说已经足够,但在业务流程的监控和其他系统的集成性上还需要加以完善。会计电算化在管理控制和决策支持方面的功能相对较弱,不论是时效性上还是针对性上,都难以展现作用。

▶ 11.1.2　组织设置方面的区别

组织设置是系统应用的基础,是系统应用中关键的因素之一。电算化系统通常对应会计主体与账套、独立核算单位与会计主体设置,企业无法选择其他更适合业务原型的组织设置是系统应用的基础,是系统应用中关键的因素之一。ERP 财务系统则可以支持复杂的多组织体系并支持财务、业务独立的组织架构。

▷▷ 11.1.3 会计科目方面的区别

会计科目是财务信息记录、分类、汇总、统计的依据,但电算化系统与 ERP 财务系统在会计科目设置上存在较大差异。

1. 结果型与过程型

电算化系统根据手工核算原理设置成结果型会计科目,仅记录业务结果。而 ERP 财务强调财务与业务的实时一致性,记录业务价值流全过程,利于实时监控、溯源查询,科目设置属于过渡型。与业务集成的 ERP 财务系统需要设置一些过渡科目,用于记录价值流过程中财务核算暂不体现的业务动作。这些保证账物实时相符的调整科目是确保企业管理决策层更实时、更真实、更透明地了解企业运营信息的基础。ERP 财务设置的过渡科目反映包括待检、验收、移库、出库、投产等一系列库存状态的过渡科目,这是实现财务业务一体化的前提。

2. 核算型与管理型

电算化系统的科目设置是核算型的,而 ERP 财务的科目是管理型。以最常见的债务类科目——应付账款为例,电算化系统采用了与手工核算一样的方式,即在一级科目应付账款下设置供应商明细科目,这种方式易于理解,但无法对债务进行财务层面的监管,仅能满足简单的核算需求。ERP 财务则通过启用专门监管应付债务的供应商子账管理应付账款,把供应商与采购业务集成管理,通过长期供应商与一次供应商的差别方案有效记录、跟踪、管理供应商及往来款项,内在的集成性确保了总账与子账的实时一致性。同理,ERP 财务可扩展至客户管理、库存管理、固定资产管理、资金管理等。

3. 两系统在管理会计层面上基本没有可比性

因为以成本管理为核心的管理会计在模仿手工核算的电算化系统或非集成应用的财务系统中根本无法实现企业领导决策关注的内部管理及内部控制。ERP 财务融入了管理会计内的成本中心会计、产品成本会计、利润中心会计、获利分析会计、集团控制会计等,并通过业务信息仓库构建包含管理驾驶舱、绩效管理、业务计划、预测模拟等内容的企业战略管理平台。

第 2 节　财务管理业务概述

▶ 11.2.1　会计账务处理内容

会计的日常工作主要是会计核算、会计监督、财务计划与预算。现在对会计事务分类叙述如下。

1. 制作凭证

凭证的制作和管理是财务工作的一项重要内容,会计必须做到每一项经济业务都取得或填制原始凭证,根据审核无误的原始凭证编制记账凭证。所有的财务活动都要通过制作才能记入相应的账目。当经济活动发生后,财务人员要收集业务的原始凭证(发票、入出库单等),并根据业务活动涉及的财务科目填写相应的凭证分录,制成记账凭证。在一段时间后要将凭证归类装订成册以备检查。财务涉及的凭证一般包括:收款凭证、付款凭证和转账凭证。

2. 根据凭证记账

按规定设置总账、明细账和日记账,根据审核无误的会计凭证及时登记入账。企业的账务有对内与对外两类,对内的有资产、成本、工资、材料与利润等,对外的有往来账与银行账,该类账的工作量较大,比较繁杂。往来账是指企业与往来户(客户、供应商)之间发生的应收款、预收款、应付款及预付款业务。往来业务量对企业来说一般是比较多的。在应收款方面,企业经常发生客户拖欠货款的现象,其中对应收款的业务跟踪不力也是一个主要的原因。在应付款方面,因往来的材料业务非常频繁,每种材料又可能有多家供应商,这类业务的对账经常比应付款的对账业务还要烦,有时还容易发生争执,影响企业形象与合作关系。要管理好每一个往来户的每一笔往来账,首先要对往来户单独设立账户,将每一笔应收、应付款详细记录清楚;当收款或付款时,将收到或付出的款项逐笔分配到应收或应付款记录中进行勾对,销掉应收或应付款记录。银行账因为涉及流动资金的管理,所以管理起来较为严格,需要计算每天的收入、支出并结出余额。另外,银行账管理还包括银行对账业务。企业的开户银行为企业设立一本收入、支出明细账,而企业本身也有银行存款收入、支出的日记账,这两本账之间就存在着一个对账问题。银行定期给企业发出银行对账单,企业根据对账单上银行账的收入、支出记录和自己的银行日记账记录进行核对,将对上的记录销掉,查找出哪些记录是银行未登账的(银行未达账),哪些记录是企业未登账的(企业未达账),并制作出未达账调节表。

3. 财务报表及财务分析

企业每个核算期末都要制作报表,上报上级单位和财政税务部门。各类财务报表从不同角度反映企业的经营和财务状况,例如,财务三大报表:资产负债表、利润表和财务状况变动表。

财务工作还能及时为企业领导提供相关的财务数据信息,如资金使用情况、企业盈利情况、资金运转情况等。这些信息是企业领导制订企业方针政策和决策时不可缺少的依据。财务分析工作汇总各类财务信息,通过分类整理和系统分析可以看出企业财务活动以及经营活动中存在的问题。

11. 2. 2　会计账务处理流程

1. 会计账务处理的业务流程

如图 11-1 所示,描述如下:

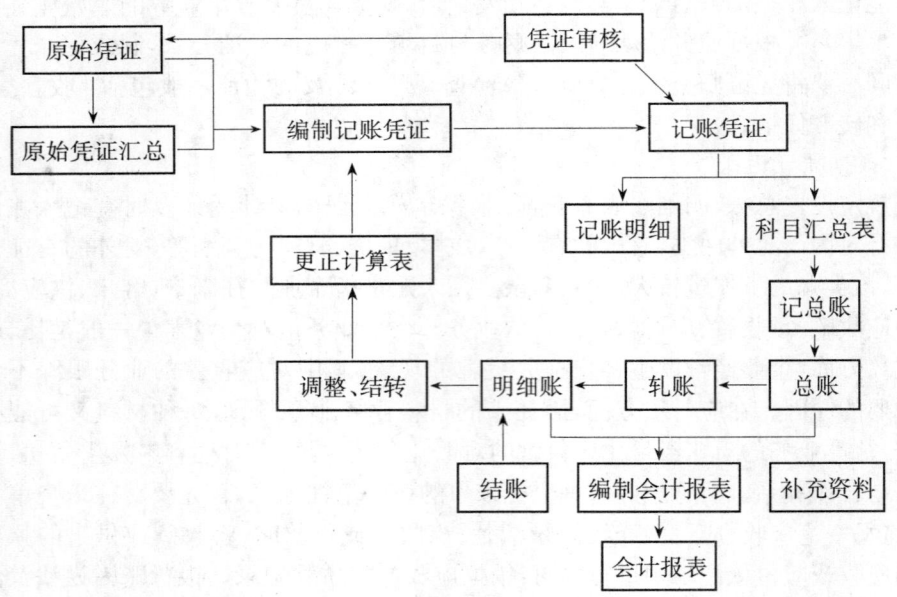

图 11-1　账务处理的业务流程图

(1) 根据原始凭证或原始凭证汇总表编制记账凭证。

(2) 编制转账凭证。

(3) 根据收款和付款凭证登记现金日记账和银行存款日记账,并登记有关的明细账与辅助账。根据转账凭证登记有关的明细账与辅助账。

（4）根据记账凭证编制科目汇总表，由科目汇总表登记总账（小型企业可能登记明细账的同时登记总账）。

（5）月末进行银行对账。

（6）定期（或需要时）进行轧账，即核对总账与明细账、日记账是否一致，月末进行结账处理。

（7）根据总账、明细账、相关资料编制会计报表。

2．计算机财务处理过程

根据财务处理业务与流程，下面对计算机处理过程加以分析。

（1）科目设置。

每个账户的名称即为会计科目，会计科目按反映的经济业务内容的详细程度不同，可分为一级科目、二级科目、三级科目及四级科目等明细科目。会计电算系统要求设置科目编码，设置科目的级别、级长，每个科目的科目类型、余额方向、助记码、现金账标志、银行账标志、往来账标志等性质。

（2）凭证录入。

大部分的记账凭证可以由原来凭证自动生产（有的会计电算系统对自动转账的凭证需进行定义），但由于原始凭证一般种类繁多、形式多样、往往不便于计算机处理，处理的依据依然是人工编制的凭证。因此，有的还要输入人工编制的记账凭证（当然，现在有些软件系统可以做到自定义原始凭证形式，可以生产记账凭证）。另外，财务处理涉及许多转账业务，这些转账业务可由系统自动完成。

同一凭证的不同分录、科目之间的对应关系要比较清晰，否则，如果编制比较复杂的表格（如现金流量表），在汇集有关账户的数据时，有时还要靠录对方科目的约束条件，因此，可以在凭证分录中增加对方科目。

（3）账户余额。

账户余额与手工处理稍有不同，一般有两种方法。

第一种账户余额计算公式如下：

$$期末余额＝期初余额＋本期借方发生额－本期贷方发生额$$

借方与贷方设置的符号不同（正、负），余额为正表示余额在借方，余额为负表示余额在贷方。

另外一种方法是与习惯相同，初始设置科目时，同时设置科目的余额方向（借方、贷方、两性），如余额方向是两性的账户，余额为正则在借方，否则在贷方。

（4）总账设置。

电算化财务的总账是由明细账汇总而来，它们肯定是平衡的，总账可以动态刷新或定期汇总记录，计算公式如下：

期末余额＝年初余额＋年借方发生额－年贷方发生额

月末余额＝月初余额＋月借方发生额－月贷方发生额

(5) 银行对账。

企业和银行处理银行结算业务时,由于凭证传递的时间差,经常会出现一方已经登账,而另一方未登账的情况,即存在未达账项。未达账项有:银行已收企业未收、银行已付企业未付、企业已收银行未收、企业已付银行未付四种类型。对账后分别汇总一方已收(或已付)而另一方未收(或未付)的发生额,并根据对账单期末余额和企业银行账期末账面余额进行调整,计算公式如下:

银行调整后余额＝对账单余额＋企业已收银行未收余额－企业已付银行未付金额

企业银行调整后余额＝企业银行账账面余额＋银行已收企业未收金额－银行已付企业未付金额

调整后双方余额相等,则说明银行和企业记账正确。

第3节　ERP 财务管理的主要功能

▷ 11.3.1　会计核算功能

ERP 系统的财务管理部分一般分为会计核算和财务管理两大块。会计核算主要是记录、核算、反映和分析资金在企业经济活动中的变动过程及其结果。它由总账、应收账、应付账、资金管理、固定资产、多币制等部分构成。

1. 总账模块

总账模块提供清晰完整的总账结构,将公司、业务领域和会计科目表有机地集成在一起。总账模块主要是提供凭证管理、账簿管理、期末结账等账务处理的基本功能,如处理记账凭证输入、登记,输出日记账、一般明细账及总分类账,编制主要会计报表。它是整个会计核算的核心,应收账、应付账、固定资产核算、现金管理、工资核算等各模块都以其为中心来相互信息传递,保障财务信息与业务信息的高度同步与一致性,为企业决策层提供实时的财务管理信息。

2. 应收账模块

应收账是指企业应收的由于商品赊欠而产生的正常客户欠款账。应收账模块主要管理销售发票、应收单、应收票据及销售收款,同时提供客户信用管理、现金折扣管理、坏账管理、抵销应付款及催收管理等功能,并提供应收账龄分析、欠款分析、回款分析、资金流入预测等销售业务的统计分析报表。它和客户订单、发票处理业务和联系,同时将各项事件自动生成记账凭证,导入总账。

ERP财务管理中的应收账模块的主要作用体现在:

(1) 能改善发票和付款处理的精度。应收账管理和发票管理提供了每张发票及由贷方冲销的付款和账单调整的完整的会计核算方法。发票数据的自动传输功能避免了数据的重复录入。

(2) 及时提供客户对账单。ERP财务管理模块能方便而快速地生成客户对账单,不同客户可使用不同的结算周期,调整以后能立即产生更正的客户对账单。ERP系统管理减少了人为控制的难度和随意性,财务人员可根据客户的历史信誉记录及当前账目情况,对客户选择合适的收款方式,防止潜在风险。

(3) 改善客户查询响应。这一模块可以立即答复客户和销售人员关于账款的问题,可以对某一客户的所有发票和付款或指定的发票及付款的去向进行跟踪。

(4) 减少处理应收账款的时间。这一模块简化了客户发票和现金收入的处理过程,大大减少了计算费用、检查信贷额度、生成客户对账单和支付的时间。

(5) 应收管理与销售完全集成,并有效进行成本控制与现金预测,保证会计信息的有效流动,实时更新现金与信用信息,随时监视应收账目,使客户的信用得以有效控制。系统还能将业务员的销售业绩与绩效管理挂钩,从客户与业务员两方面进行控制,帮助企业增强应收款的控制,提高现金流入量,降低企业坏账率,确保企业资金运作的良性发展。

(6) 应收账款模块可以处理多币种和多国税制以及多种付款方式,使得应收账款的管理实现了对全球化的支持。

3. 应付账模块

应付账是企业应付采购贷款及运费等账。应付账模块包括了发票管理、供应商管理、支票管理、账龄分析等,它能够和采购管理模块、库存管理等模块完全集成以替代过去繁琐的手工操作。根据采购接收事务和运费结算事务进行应付账款处理,根据应付账款状况和银行余额进行付款,能够及时反映企业流动负债状况,并将信息传送到总账模块生成应付凭证。

ERP财务管理中的应付账模块的主要功能体现在:

(1) 应付账款模块与采购模块、库存模块完全集成,从而简化了发票、采购单和收货单等的处理手续、缩短了采购、进货、检验的处理流程。应付账与总账通过各种付款事项自动生成记账凭证相联系。

(2) 减少了处理应付款的时间。应付款简化了发票付款的处理。在发票与采购入库匹配时,大大减少了执行三方核对的时间。

（3）改进了现金支付的控制。现金支付的控制保证了由供应商开出的所有发票及开给供应商的所有的支票都经过了审核，很容易在支票发出以前的付款处理的每一步，验证入库和付款信息。支票发出以后，也可以执行支票核对。

（4）提高了商业信用。应付账可协助企业及时向供应商付款并获得折扣，由此得到更大的优惠。更好地实现现金需求，有更多的时间进行决策。应付账协助企业更有效地利用商业信用，提高了现金周转。自动的发票数据传输可避免重复劳动。

4. 资金管理模块

资金管理模块主要是对现金流入流出的控制以及零用现金及银行存款的核算。它包括了对硬币、纸币、支票、汇票和银行存款的管理，提供资金预测的功能及动态的外汇处理功能，系统与应收、应付、采购、销售高度集成。此模块可在当前资金余额计算未来一段时间内的资金流入流出与现金可用存量，现金可用存量的盈余或短缺信息能帮助企业进行相应的筹资和投资决策，降低账务危机，最佳利用剩余资金，获取更高利润。此模块可通过对资金占用成本资金计划的对比分析，帮助企业有效监督和控制内部资金使用状况。ERP 中提供了票据维护、票据打印、付款维护、银行清单打印、付款查询和支票查询等和现金有关的功能。此外，资金管理模块还和应收账、应付账、总账等模块集成，自动产生凭证，过入总账。

5. 固定资产核算模块

这一模块完成对固定资产的增减变动以及就有关基金计提和分配的核算工作，提供传统的满足税务与会计核算需要的固定资产折旧计算，而且与固定资产的实际生产周期结合起来，对资产的采购、生产制造、维护与变卖销售的全过程进行管理与控制。它能够帮助管理者对目前固定资产的现状有所了解，并提供各种方法来管理资产以及进行相应的会计处理。

它的具体功能有：登录固定资产卡片和明细账、计算折旧、编制报表、自动编制转账凭证并转入总账。

固定资产与采购、生产、销售、库存、成本、总账等模块完全集成，相互传递有关资产和设备库存的信息，保证在系统中维护准确的资产数据。固定资产核算模块提供最基本的资产管理功能，实现对资产事务的管理并自动计算折旧，支持各种资产的折旧、重估、清楚的会计处理和财务报表，提供模拟折旧预测与资产评估功能，为企业提供有利的资产管理策略提供服务。

此外，ERP 的财务管理模块与人力管理模块中的薪酬管理、差旅核算等功能全面集成。人力资源管理系统能够进行员工工资的计算、人工成本的核算以及差旅费的核算等，并通过集成的环境自动生成凭证，导入总账及成本管理模块，极大地提高了流程处理的效率，避免了重复劳动。

为了适应企业的国际化经营，ERP 的财务管理支持多币制的应用环境，将企业整个财务系统的各项功能以各种币制来表示和核算,且客户订单、库存管理及采购管理等也能使用多币制进行交易管理。

11.3.2　财务管理功能

财务管理的功能主要是基于会计核算的数据,再加以分析,从而进行相应的预测、管理和控制活动。它侧重于财务预测、计划、控制和分析。

1. 财务计划

财务计划能根据前期财务分析作出下期的财务计划、预算等。

预算管理独立与总账科目之外又与之紧密联系,将现金需求与计划的现金收入加以整合,通过预算控制将企业各业务领域如收款、付款、发票与采购等业务紧密集成起来,为企业运作的资金与投资提供全面控制。

预算管理提供预算的编制、预算的控制和预算的执行分析功能,支持企业的全面预算编制过程及预算的多方案、多版本管理,为企业提供互动的预算管理平台,提供上下级组织之间的预算编制、审批及反复修改的过程,支持预算的自下而上汇总及自上而下发放的编制方法,支持总体预算和面向责任中心的局部预算的编制与控制分析。

财务计划的核心作用在于分析预算和实际执行情况的差异并做出必要的调整。这在传统财务系统是比较薄弱的环节。利用 ERP 系统中的总账和预算功能,可以做到公司级和部门级的预算和预测。

2. 财务分析

财务分析能运用各种专门的分析方法,对财务数据作进一步加工,从中取得有用的信息,从而为决策提供正确的依据。

ERP 财务分析一般具有指标分析、报表分析、计划分析、现金收支分析、因素分析等功能,可提供查询功能和通过用户定义的差异数据的图形显示进行财务绩效评估、账户分析等。例如,ERP 财务分析能够实现在企业范围内统一分析各部门的收入、成本、利润,能够细分到具体的合同号和每个工作命令以及每个客户,能够方便地进行横向比较和分析,如可以将销售数据分别按照地区、产品种类和销售人员进行比较分析,并将影响销售的各因素如价格等进行敏感性分析,从而为企业进行市场细分、营销策略制定、客户评价、订单分配等提供科学的、量化的依据。

3. 财务决策

财务决策是财务管理的核心部分,中心内容是做出有关资金的决策,包括资金筹集、投放及资金管理。资金筹集决策指的是企业筹集所需要的资金数量、筹集渠道和筹集方式的决策;资金投放决策是指企业把筹集来的资金如何进行投资的决策包括投资项目评价、投资方式选择等；资金管理是指企业日常管理资金的相关决策，包括企业合适的现金持有量决策、应收账款的管理和库存的管理等。

4. ERP 的财务管理的报表管理能力

ERP 系统在财务报表编制方面更加快捷，做到了实时监控，准确及快速地进行核算。过去每月末结算时需花大量的人力、时间，才能得到迟到的报表，现在每个核算单位可根据需要随时统计出某一时刻的报表，并且提供多种核算方式，可根据业务按单个产品或按项目、部门核算。

▶ 11.3.3　ERP 财务管理子系统各功能模块之间的关系

ERP 财务管理子系统各功能模块之间的关系如图 11-2 所示。

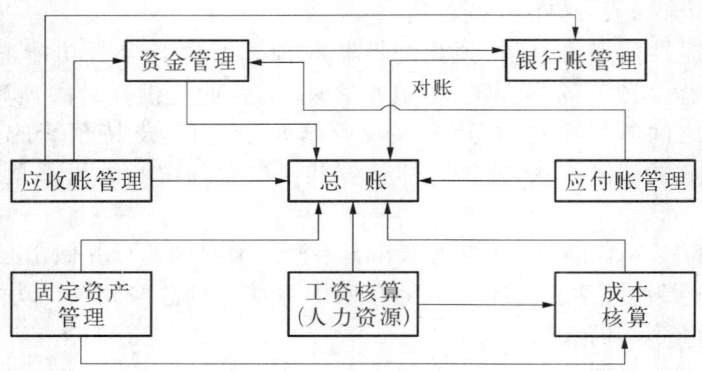

图 11-2　财务管理子系统各功能模块关系图

第4节　财务管理与其他模块的集成

▶ 11.4.1　财务管理与其他模块的集成关系

ERP 的财务系统不仅在内部的各模块充分集成，与供应链和生产制造等系统也达到了无缝集成。如分销、制造子系统的业务数据通过信息集成可传入财务子系统。财务集成是指在采购、销售、生产等业务的处理过程中，系统自动采集业务数据，自动选择总账科目和分账科目，自动生成记账凭证。ERP 系统的集成会计业务处理，包括采购集成、销售集成、库存集成及生产集成会计业务处理。其中,采购订单、销售订单和生产订单一般由系统自动生成,也可以人工维护。相应的会计业务在订单的处理过程中自动生成记账凭证,进行会计处理。

ERP 财务管理与其他模块的集成,避免了数据的重复输入和重复存储,提高了数据的准确性和一致性,实现了物流、资金流、信息流的统一;使得企业各项经营业务的财务信息能及时准确地得到反馈,从而加强了对资金流的全局管理和控制;使财务系统能支持重组后的业务流程,并做到对业务活动的成本控制,如基于活动的成本控制,更全面地提供财务管理信息,为包括战略决策和业务操作等各层次的管理需要服务。

由此可见,ERP 中的财务管理在管理思想上前进了一大步,真正整合了企业管理理念、业务流程、基础数据、人力物力、计算机硬件和软件,对企业可利用的所有内容和外部资源进行了综合运营的管理,是真正的"管理财务"。

ERP 财务管理子系统与其他子系统或模块的集成如图 11-3 所示。

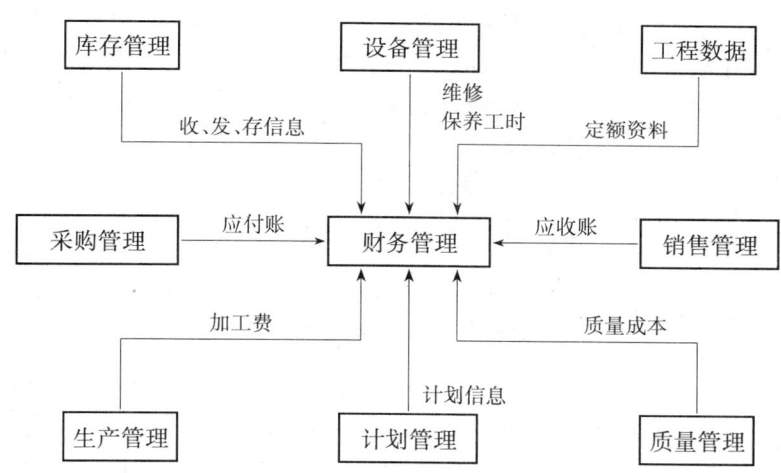

图 11-3 ERP 财务子系统与其他子系统或模块的集成图

11.4.2 财务管理与采购的集成关系

ERP 环境中,采购订单在 MRP(物料需求计划)中由系统自动生成,也可以人工维护。采购订单的处理步骤包括打印采购订单、打印收货票据、维护收货、打印索赔单、维护审批程序、处理已交货的采购订单等。其中,维护收货、处理已交货的采购订单为必选步骤,其他步骤为可选步骤。企业的采购业务可能是先收到商品,也可能是先收到发票,也可能两者同时到达,不论哪一种情况,采购业务均分三步进行记录：

（1）在维护收货且采购物料入库时，系统自动生成物料入库记账凭证，记录库存增加。在打印退货单时，系统自动生成红字记账凭证（用红字表示负数）。

（2）收到采购发票后，在应付账款模块中进行采购发票登记，采购发票经审核后，自动生成记账凭证，记录应付账款。

（3）将前面两笔分录的中间科目进行对冲，差额记录材料成本差异。

11.4.3　财务管理与销售的集成关系

ERP 环境中，财务与销售集成的会计业务在销售订单的处理过程中自动生成记账凭证。销售订单根据销售合同或销售报价单由系统自动生成，也可以人工维护。销售订单的处理步骤包括打印订单回执、打印领料单、生成出库通知单、维护交货、打印销售发票及处理已交货的销售订单等。其中，维护交货、打印销售发票及处理已交货的销售订单为必选步骤，其他步骤为可选步骤。在维护交货并下达产品的出库通知单时，系统自动生成结转产品销售成本的记账凭证，产品销售成本按标准成本结转。在打印销售发票时，系统即自动生成记账凭证，确认应收款和销售收入，应收款和销售收入的金额根据销售订单金额和税率进行计算。如果销售收入需要分期确认，则可以通过财务集成参数的设置，借助于中间科目，将收入递延到以后分期确认。

11.4.4　财务管理与生产的集成关系

ERP 环境中，财务与生产集成的会计业务包括生产领料、工序成本核算及产品完工入库业务。这些都是在生产订单的处理过程中，由系统自动生成记账凭证。生产订单一般在 MRP 中由系统生成，也可以人工维护。生产订单的处理步骤包括打印生产订单、下达生产订单、生产领用物料、工时核算、报告工序完工、报告订单完工等。ERP 系统的成本核算都采用标准成本进行核算，并且按生产订单进行核算。生产领料时，系统按材料的实际领用数量和材料的标准成本计算材料成本，并自动生成记账凭证。在报告工序完工时，系统自动计算工序成本，自动生成记账凭证。工序成本包括直接人工和制造费用两部分。

在产品完工入库时，系统按产品的标准成本结转生产成本，并结转生产成本差异。但这里生产成本差异只有数量差异，没有价格差异，因为以上生产成本是按材料标准成本、标准人工率、标准设备费率及标准间接费率计算的。价格差异要到月末才能加算出来，并通过成本分摊模块来处理。

在集成环境下,对其他子系统的基础数据和业务数据的准确性要求很高,其他子系统的数据,如 BOM、人工费率、物料数量、工时等直接影响财务子系统数据的准确性。

本章小结

ERP 中的财务模块与一般的财务软件不同,作为 ERP 系统中的一部分,它和系统的其他模块有相应的接口,能够相互集成。

ERP 系统的财务管理部分一般分为会计核算和财务管理两大块,会计核算主要是记录、核算、反映和分析资金在企业经济活动中的变动过程及其结果。它由总账、应收账、应付账、现金、固定资产、多币制等部分构成。财务管理的功能主要是基于会计核算的数据,再加以分析,从而进行相应的预测、管理和控制活动。它侧重于财务预测、计划、控制和分析。

练习与思考题

一、名词解释

1. 财务管理

2. 财务分析

3. 总账

4. 财务集成

二、填空题

1. 会计的日常工作主要是_____、_____、_____。

2. 按规定设置总账、明细账和日记账,根据审核无误的_____及时登记入账。

3. ERP 系统的集成会计业务处理,包括采购集成、_____、库存集成及会计业务处理。

三、简述题

1. ERP 中的财务模块与一般的财务软件有什么不同?哪个更有优势?

2. ERP 中的财务模块包括什么内容?

3. ERP 中的财务模块与其他模块是怎么集成的?

4. ERP 中的财务模块如何设计?

案例分析

ERP 与联想集团

联想集团在实施 ERP 之前，每一笔业务都要用计算机开出销售小票，晚上把明细和金额入到财务部门的计算机，财务以此计入当天收入。由于采集数据的时点不同，财务、商务、库存的数据往往对不上。这时财务人员就不得不把原始凭证(销售小票)翻出来核对。联想回忆说：1998 年做 1999 年预算时，集团财务部门得出的数据根本经不起集团企划办的推敲。那时集团一百多人负责财务结算，需要 8 天时间才能完成工作，上个月的经营情况到一个月以后才能得到统计数据，只是管理层无法应时做出决策。

联想集团实施 ERP 后，联想为客户的平均交货时间从 11 天缩短到 5.7 天，应收账周转天数从 23 天降到 15 天，订单人均日处理量从 13 件增加到 314 件，集团结账天数从 30 天降到 6 天，平均打款时间由 11.7 天缩短到 10.4 天，结账天数由 20 天降到 1 天，加班人次由 70 人消减到 7 人，财务报表从 30 天缩至 12 天。财务不但能了解销售、采购、库存、生产的全部过程，而且伴随着每一个作业，财务都有相应的反应，同时都能监控。正是这种信息的通畅、透明，才能保障了成本的准确，实时核算成为可能，杜绝了"客观造假"的隐患。财务信息化流程不仅大大简化了原来的流程，极大地提高了效率，而且由于采购和财务之"墙"被推倒，建立起了采购和财务之间相互制约和监督的机制。信息化财务可以延伸到资金的管理，实施 ERP 后，企业的财务能准确、实时地知道每个客户当前的账目情况、历史信誉纪录，系统能自动之行能否发货的资金审核，减少了人为控制的难度和随意性，而且客户可以通过电子商务系统了解自己的账务情况，并根据联想的信誉政策选择最适合自己的还款方式，大大提高了客户的满意度。

问：ERP 给联想集团的财务管理带来的变化表现在哪些方面？为什么会产生这些变化？

第12章

成本管理

学习目的

通过本章学习,了解成本构成,掌握 ERP 的成本计算、成本类型和成本计划等内容。

第1节 成本构成

成本核算是财务管理工作中的重中之重。在手工管理条件下,成本核算主要靠月末财务成本分析,因为成本核算只有在月末结账时才能计算出来。那时的成本核算完全是模糊的、滞后的,现有销售、财务仅仅只能起到记账、核算的作用,时滞长,分析对象不明确,无法针对成本组成的诸多要素进行有效的制约和控制,起不到对业务的支撑作用。采购入库单、产品入库单不实时,形成成本核算的滞后。例如,产、供、销环节都与财务脱离,各种作业信息都是先在本部门内部流传,从原料到在制品,再到产成品,这几个环节对财务是完全不透明的,财务只有按照"月初在产品成本+本月生产费用-月末在产品成本"来计算产品金额,并以此做账。这样的成本数据难以支持企业业务的正确决策。

实施 ERP 以后,管理人员能及时精确地对生产流程各环节的大量参数进行差异分析,通过对正差异的巩固、负差异的消除,不断地优化成本,大大提高了成本的控制力度,不但使销售、采购、生产的全过程变得清晰,而且伴随着每一步,财务上都有相应的反映和监控,可以及时将出库的材料记入在产品,同时也可以准确地计算出该产品的成本。信息的畅通保证了成本核算的准确、实时。财务和产、供、销各环节完全集成,从而实现生产成本的快速跟踪控制。

工业企业的基本生产经营活动与销售企业产品。在制品的直接生产过程中,从原材料的投入生产到产成品制成的整个制造过程,会发生各种各样的生产消耗。概括地说,包括劳动资料与劳动对象的物化劳动耗费和活劳动耗费两大部分。具体地说,在产品的制造过程中发生的各种生产消耗主要包括原料及主要材料、辅助材料、燃料等的支出,生产单位(如分厂、车间)的固定资产的折旧,直接生产人员及生产单位管理人员的工资以及其他一些货币的支出等。所有这些支出就构成了企业在制品制造过程的全部生产费用,为生产一定品种、一定数量而发生的各种生产费用支出的总和就构成了产品的生产成本。

在制品的销售过程中,企业为了小时产品也会发生各种各样的费用支出。如企业负担的运输费、装卸费、包装费、保险费、展览费、差旅费、广阔费,以及销售人员的工资和销售机构的其他费用等。此外,还有行政部门管理费用、财务费用等,销售费用、管理费用、财务费用与生产没有直接关系,而是按发生的期间归集,直接计入当期损益,构成企业的期间费用,一般不列入 ERP 的成本管理模块,但可以在财务管理模块中体现。

成本管理子系统与财务、生产、库存与销售等系统密切联系。它可以更准确、快速地进行成本费用的归集和分配,提高成本计算的及时性和正确性。同时通过定额成本的管理、成本模拟、成本计划,能够更为有效地进行成本预测、计划、分析与考核,提高企业成本的管理水平。工业企业成本管理工作的内容大致包括:成本计算、成本计划、成本日常控制、管理与成本分析等几个环节。

从闭环 MRP 系统发展至 MRPⅡ 系统,系统纳入了成本管理,这是质的飞跃,再进而发展到如今的 ERP 系统,使更多的企业资源的运作(如质量管理)都与成本的管理紧密联系。

新的成本制度将过去的完全成本法改为制造成本法。企业的产品成本包括直接材料、直接人工和制造费用,因此,产成品是只核算的到车间级(或相当于车间的分厂)为止发生的成本。产品的成本反映车间一级的成本水准,可用于考核车间的管理绩效。成本的分类与构成如图 12-1 所示。

凡是与具体生产的物料、物品有关的费用,分别计入直接材料费用与直接人工费用作为直接成本。间接成本是指那些不能明确分清用于哪个具体物料上的费用。其中与产量有一定关系的称为变动间接费(如动力、燃料等费用),而与产量无直接关系的称为固定间接费(如非直接生产人员的工资、办公费、房屋折旧与照明等)。

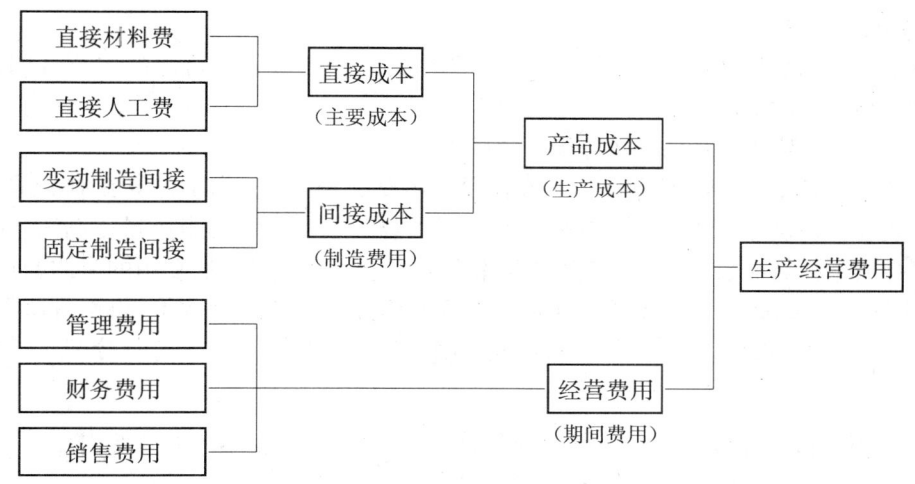

图 12 - 1　企业各种成本的分类与构成图

责任会计制要求建立责任中心。制造业的主要责任中心有成本中心与利润中心。成本中心只负责对成本的管理与控制,是一个成本积累点,它可以是分厂、业务部门、车间、班组与工作中心等。利润中心是独立核算、有收入来源的部门(或单位),如分厂等。在 ERP 系统中可以灵活设置成本中心与利润中心。

第 2 节　ERP 的成本计算

▐▶ 12.2.1　产品成本计算的工作内容

ERP 的成本计算方法支持品种法、分批法与分步法,在用分步法计算时,企业按产品生产的步骤归集生产成本,这时其实就是归集到工作中心。

产品成本的计算工作量大致可以划分为以下几项工作:确定成本计算对象;确定成本计算期;核算材料实际成本;归集和分配各项生产费用;在成品和在制品之间分配产品成本。

(1)确定成本计算对象。

成本计算对象是为计算产品成本而确定的归集生产费用的各个对象,即成本的承担者。确定成本计算对象是设置产品成本明细账、分配生产费用和计算产品成本的前提。

(2) 确定成本计算期。

成本计算期是指计算产品成本时,生产费用计入产品成本所规定的起止日期,即每次计算产品成本的期间。

(3) 在产成品和在制品之间分配产品成本。

各产品的基本资料库中都设立了在制品成本的计算方法,如不计算在制品成本法、按年初数计算在制品成本法、在制品按消耗原材料费用计价法、约当产量比例法、在制品完工产品成本计算法、在制品按定额成本计价法和定额比例法。最常用的为约当产量比例法:即将月末在制品实际数量按其完工程度折算为完工产品的数量,将本月所汇集的全部生产费用按照完工产品的数量和月末在制品的约当产量的比例进行分配,具体见以下公式:

当单位产品成本数=(月初在制品实际成本+本月发生的生产费用)/
(完工产品数量+未完成在制品月产量)

完工产品实际成本=完工产品数量×单位产品成本数

月末在制品实际成本=月末在制品约当产量单位产品成本数

某工序在制品完工率=(前面各个工序时间定额之和+本工序工时定额
×50%)/产品工时定额

最后,可以得到各相应产品的成本分析结果。

12.2.2 直接材料费的计算

直接材料费用计算的基础是产品结构,即制造物料清单 BOM,计算的底层都是从原材料开始。企业的原材料是外购件(含外加工件),这层的费用包括材料采购价格与采购间接费(采购的管理费、材料运输费与材料的保管费用等),各层物料的直接材料费的计算是个卷积的过程,计算过程如图 12-2 所示。

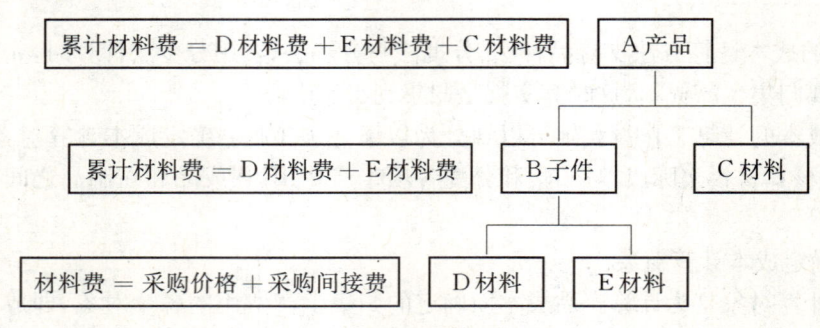

图 12-2 产品材料费的计算图

材料的实际费用由采购价格与采购间接费用组成,但材料价格的计价方法不同,因而对应的计算方式也不同。

（1）先进先出法。

先进先出法是以先购入的库存先发出这样一种库存实物流转假设为前提,对发出库存进行计价的一种方法。采用这种方法,先购入的库存成本在后购入的库存成本之前转出,据此确定发出。具体的做法是:接收有关库存时,逐笔登记每一批库存的数量、单价和金额;发出库存时,按照先进先出的原则计价,逐笔登记库存的发出和结存金额。

（2）后进先出法。

后进先出法是在库存的流动中计算销售和耗费的库存成本时,以最后收进库存成本作为最先付出库存成本的原则,以此类推,用对确定本期付出库存成本总额的方法。它是根据采购人的商品先领用或发出的假定计价的。采用这种方法计算的期末库存额,在物价波动较大的情况下,与市价偏离较大,不能反映当时库存的实际成本。当计入销货或生产成本的价格较接近市价,与当期销售收入相配比,较能反映当时损益水平。

（3）加权平均法。

加权平均法有月末一次加权平均法和移动加权平均法:月末一次加权平均法是指以本月全部库存数量加上月初库存数量作为权数,去除本月全部库存成本加上月初库存成本,计算出库存的加权平均单位作为本,以此为基础计算本月发出库存的成本和期末库存的成本的一种方法。计算公式为:

$$库存单位成本＝[月初库存的实际成本＋（本月各批进货的实际单位成本$$
$$\times 本月各批进货的数量）]/月初库存数量$$
$$＋本月各批进货数量之和$$

移动加权平均法是指以每次进货的成本加上原有库存的成本,除以每次进货数量加上原有库存的数量,据以计算加权平均单位成本,作为在下次进货前计算各次发出库存成本依据的一种方法。计算公式为:

$$库存单位成本＝（原有库存的实际成本＋本次进货的实际成本）$$
$$/（原有库存数量＋本次进货数量）$$

（4）最后进价价格法。

材料的价格以最后一次（即最近期的进货）的价格为最终价格。

（5）计划价格法。

材料的价格按计划价格计价,不随买入的价格变动。对于按计划价核算的材料,可用计划价跟踪材料的实际用量,再通过分配价格差异计算产品耗用材料的实际成本。

$$产品耗用材料的实际成本＝材料实际用量\times 计划价\times 产品数量＋材料价格差异$$

计算各工序/工位的材料费公式如下：

材料费＝期初值＋本核算期领用量×单价＋材料成本差异

材料成本差异＝材料计划成本×材料成本差异率

材料成本差异率＝(月初结存成本差异＋本月收入材料差异)/

(月初结存计划成本＋本月计划收入成本)

12.2.3　直接人工费的计算

在制品结构中的各层制造件的加工与组装会产生加工成本。加工成本主要是直接人工费。计算公式如下：

各层直接人工费＝人工费率(工作中心文件)×工作小时数(工艺路线文件)

卷积计算的过程是利用产品的工艺路线文件及产品结构文件(BOM)从底层向高累加，一直到产品的顶层直接人工费，如图 12-3 所示。

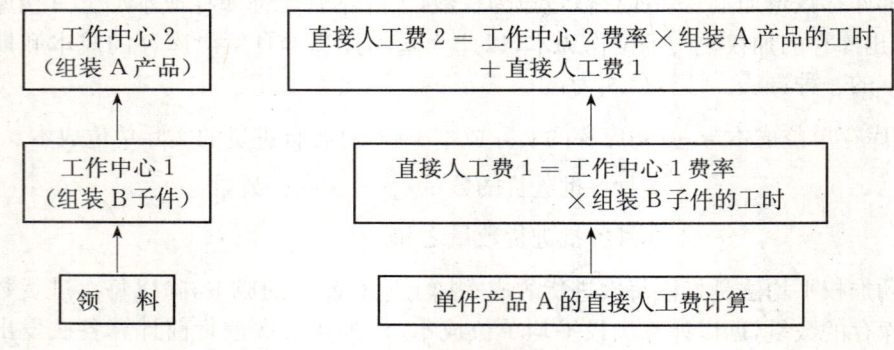

图 12-3　直接人工费计算图

12.2.4　间接费用的分配

间接费用不同于直接材料费用与直接人工费，它并不随着工票或凭证按物料分别实时记录，因而不像计算直接材料费与直接人工费那样可以由物料清单及工艺文件、工作中心直接而且准确地计算。新会计制度计算产品成本采用制造成本法，间接费用只核算到车间一级，由于加工成本是在工作中心发生，因此，间接费用要分配到工作中心。分配的过程和方法如下所述。

(1) 确定分配依据。

　　根据企业的历史统计资料,预计会计期间生产部门的产能,结合产品、车间、工作中心、费用类型等情况确定分配依据,如表 12 - 1 所示。

表 12 - 1　　间接费用的分配表

间接费用成本集	分 配 依 据	工 作 中 心 占 用
照明、空调	覆盖面积	(该列是设置工作中心的数据,按这个数据来计算、归集该项间接费用成本)
电 力 费	设备功率、使用时间	
折旧、保险费、维修费	固定资产价值	
管理人员工资、办公费	工人人数	
搬 运 费	搬运次数	

　　(2)计算工作中心的间接费率。

　　如图 12 - 1 所示,费用必须进一步分配到工作中心,确定各个间接成本因素的分配率,但分配的条件、因素都在不断改变,还要根据实际情况,进行统计分析并不断调整优化。

　　(3)产品的间接费用分配。

　　间接费用最终都会分配到各个产品,因此,分配到工作中心的费用还必须分配到产品,计算方法如下:

产品某成本因素的费用分配率＝该时期工作中心的该间接费用总金额
/该时期工作中心的工作小时

　　多数情况下,分母用工时表示,但如果是设备密集型生产则可用台时表示。因此,某产品在某工作中心的间接费用计算如下:

该项费用额＝该产品该工作中心的间接费用分配率×占用工作中心工时

　　以上间接费用的分配是传统的分配方法,其以工作中心的工时或台时为基准(或以产量为基准),但随着产品成本结构中的间接费用的比重增加,这种方式已经无法满足决策的需要,出现了作业成本法的成本核算理论与方法。

12.2.5　作业成本法

　　作业成本法(Activity-based Costing)简称 ABC 法,最早是由美国哈佛大学教授卡普兰(Kaplan R. S)和罗宾.库柏(Robin Cooper)提出来的,1988 年,他们在《哈佛商业评论》第 5 期发表《正确计量成本才能做出正确决策》的论文中详细阐述了有关作业成本法的原理。

当产品有如下情况:① 非产量相关制造费用比重加大;② 产品多样性程度提高时,如果继续使用传统意义上的分配标准,必然不能反映产品间接费用的真实情况,因而不利于决策。现在成本方法发展到第三个阶段——作业成本法。采用作业成本法应遵循两个基本原则:① 作业消耗资源,产品消耗作业;② 生产导致作业的生产,作业导致成本的发生。

ABC 法首先将间接计入成本按作业(活动)进行归类,然后按不同作业的不同成本动因率将间接计入成本——分配到产品或产品线,如图 12-4 所示。

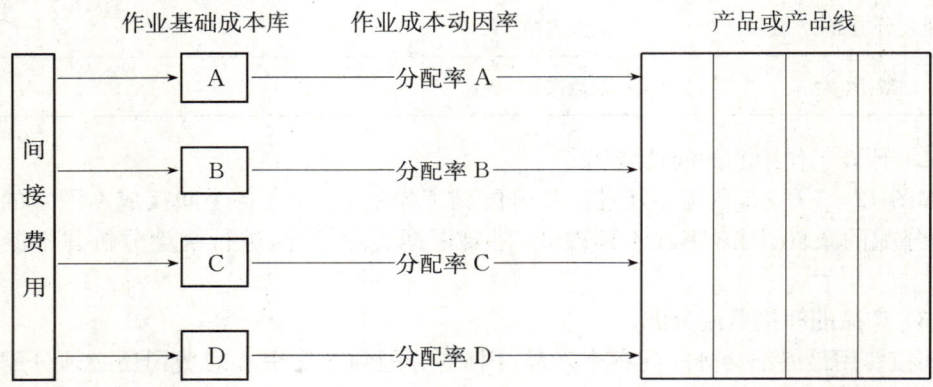

图 12-4　作业成本分配图

这里所说的作业基础成本库的项目是指引起间接计入成本的主要作业,如生产准备、生产监督、机器耗费、订购事项、材料处理、完工产品存储、发出商品、动力与销售。成本动因是衡量或计量成本库(上述的作业基础成本库的项目)的某一因素,这里说"某一"是因为在作业成本法下,可以选取使用的成本动因很多,因此,有必要在选择成本动因时,注意选取那些信息容易获得的成本动因。例如,在同一个成本库内既有生产监督成本又有生产准备成本的情况下,为该成本库选择成本动因时,既可以用监督时间,又可以用生产周转次数。但如果监督时间要重新收集、计算才可得到,而生产周转次数有现成的数据,则选择生产周转次数作为成本动因。成本动因率是指作业基础成本的成本数据与成本动因值的比率。

下面说明 ERP 系统如何实现 ABC 法的计算。

(1) 定义用 ABC 法计算的作业(工作点、工作中心)。假设定义一个"工作中心 A"为 ABC 法计算的作业中心。那么,在计算间接费用时,会对凡是在该工作中心加工的各个产品都会按作业成本法进行计算、归集。

（2）定义工作中心对应的作业成本库的元素（成本库项目或者说作业活动项目），并定义该成本元素的计算方法，如自动计算或手动录入。例如，有 A、B 两产品经过工作中心 A 的加工，如表 12-2 所示。

表 12-2 作业成本库的元素表

作业成本元素	成 本 金 额	来 源 码
生 产 准 备	1 500	自动计算
生 产 监 督	2 300	自动计算
机 器 消 耗	5 000	自动计算
动 力	2 350	手工录入

（3）定义成本动因，并在生产中做相宜记录，如表 12-3 所示。

表 12-3 成 本 动 因 表

成 本 动 因	产 品 A	产 品 B
准 备 时 间（小时）	10	15
监 督 时 间（小时）	12	20
单位产品机器（小时）	15	20

（4）计算成本动因率，并分配到产品，如表 12-4 所示。

表 12-4 成 本 动 因 率 表

作业成本元素	成本动因率	产 品 A	产 品 B
生 产 准 备	生产准备成本/准备时间（小时）：1 500/25＝60	60×10＝600	60×15＝900
生 产 监 督	2 300/32＝71.875	71.875×12＝862.5	71.875×20＝1 437.5
机 器 消 耗	5 000/35＝142.857 14	142.857 14×15＝2 142.857	142.857 14×20＝2 857.143
动 力	2 350/35＝67.142 857	67.142 857×15＝1 007.143	67.142 857×20＝1 342.857

第3节　成本类型与成本计划

▶ 12.3.1 成本类型

在 ERP 系统中一般设置三种成本类型。

1. 标准成本

标准成本是经过反复认真的分析、模拟和测算后才确定的。在确定的同时,也应确定成本差异的允许误差。标准是一个相对概念,标准成本有理想标准和正常标准之分。正常标准是指在正常条件下,企业通过一定的努力,提高效率减少浪费后应该达到的成本。使用正常标准比较现实。理想标准可以作为不断追求的目标。标准成本包括生产成本中的材料、人工、费用三项,直接材料标准成本应根据技术部门确定的材料消耗定额和物资部门的标准价格算得;直接人工成本标准应根据劳动人事部门制定的劳动工时定额(财务上称为标准工作时间)乘上标准工资率求得;制造费用分摊标准可以按设备的生产能力分摊。应该运用弹性预算原则,把标准分摊率分为固定和变动两部分。

2. 实际成本

实际成本是企业根据生产经营过程中实际发生的各项耗费而计算确定的成本。实际成本是我国企业成本核算的基本原则。企业在平时核算时可以采用计划成本、定额成本和标准成本等,但最终必须要调整为实际成本。实际成本概念主要是针对产品或劳务而言的,但实务中也包括原材料采购的实际成本和销售实际成本等,所以实际成本是一个广泛的概念,它是指实际发生的耗费代价,实际成本是指已经发生,可以明确确认和计量的成本。将企业的实际成本与计划成本、定额成本或上期成本及同行业成本等进行比较,便可以进行成本的分析和考核,了解成本定额和计划的完成情况,掌握成本变化的特征和发展趋势,揭示成本管理中存在的问题,便于有针对性地采取措施,降低成本,提高企业成本管理水平。

3. 模拟成本

指用于计划或决策时的近似成本。模拟成本制就是运用结构管理假设导向的原则,将项目本身的人力、时间、资金统一转化为模拟成本,对项目进行量化绩效考核的制度。

▶ 12.3.2　成本计划

成本计划是以统一的货币形式,产生企业规定计划期内的产品生产耗费和各种产品的成本水平计划方案。主要由产品单位成本计划、生产费用预算、产品销售收入计划及毛利等构成。

　　企业根据新年度的生产计划,得到各种产品各个月份的计划产量;根据每种产品的产品结构,原材料、辅助材料的耗费定额和计划价格,得出产品的材料成本;根据每种产品的加工路线和加工时间得到产品的直接加工费用;根据企业订立的费用支出计划,得到各种间接费用和管理费用的预算金额,按照一定的比例将这些费用分摊到各产品上。

　　通过以上的工作即可得到新年度各产品的计划成本;再根据各产品的计划产量和售价,可以得到产品的计划销售收入,销售收入减去销售成本即可得到新年度的计划毛利,如图 12 - 5 所示。

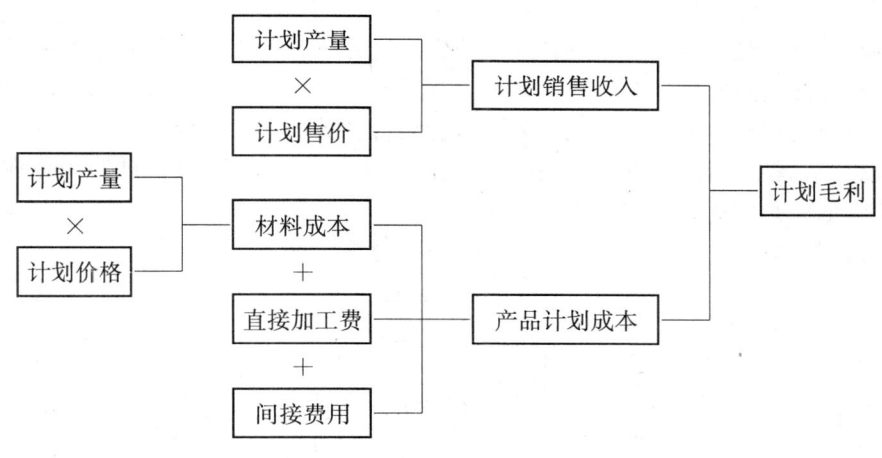

图 12 - 5　计算计划毛利图

第 4 节　成本差异分析与成本控制

▶ 12.4.1　成本差异

　　成本差异是实际成本与标准成本之间的差异,成本差异分析是一种例外成本差异管理的方法。成本分析是成本管理的一项重要工作。成本分析主要是对成本差异进行分析。成本差异指实际成本与标准成本之间的差额。

1. 成本差异分析

对于超出允许误差的差异都应作为重点,认真分析、查清原因及分清责任,寻找解决措施,并加以改进。成本差异主要有人工费差异、效率差异、物料用量差异和材料采购差异等。

2. 其他分析

除了差异分析外,对成本还可以从以下几个方面进行分析:计划成本与实际成本对比分析,可比产品的当前成本与历史成本对比分析,单位产品各成本项目计划与实际数对比分析,等等。

12.4.2 成本日常控制与管理

企业的生产制造过程是动态的,成本的生产过程也是动态的。随着生产制造过程的进行,成本按照实际发生情况计算并累加。发生的费用从一个账户转移到另一个账户,各种成本数据也随之产生,有关人员要及时记录各种数据、参数、金额及标准等信息。这样就可以在掌握生产计划的同时也掌握有关的成本与会计数据,并可随时根据成本中执行的情况,加以必要的控制和调整。

最后,图 12-6 是成本子系统与其他子系统的关系图。

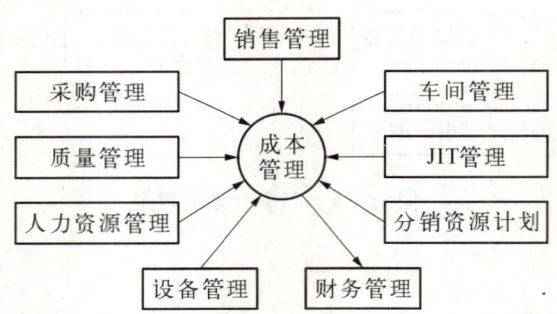

图 12-6 成本子系统与其他子系统的关系图

本章小结

工业企业成本管理工作的内容大致包括:成本计算、成本计划、成本日常控制、管理与成本分析等几个环节。产品成本的计算工作量大致可以划分为以下几项工作:确定成本计算对象;确定成本计算期;核算材料实际成本;归集和分配各项生产费用;在成品和在制品之间分配产品成本。在 ERP 系统中一般设置三种成本类型：标准成本、实际成本和模拟成本。

 练习与思考题

一、名词解释

1. 成本中心
2. 利润中心
3. 作业成本法
4. ABC 成本法

二、填空题

1. 工业企业成本管理工作的内容大致包括：_____、_____、成本日常控制、管理与成本分析等几个环节。

2. 在制品结构中的各层制造件的加工与组装会产生加工成本。加工成本主要是_____。

3. 成本差异是实际成本与_____之间的差异，成本差异分析是一种例外成本差异管理的方法。

三、简述题

1. 生产成本有哪些构成？
2. ERP 是如何计算材料成本的？
3. 人工成本是如何计算的？
4. 间接费用如何分配？
5. 你认为企业实施 ABC 法的难点在哪里？你们企业有条件实施 ABC 成本法吗？为什么？
6. 请列举一个按 ABC 法计算的实例。

第 **13** 章

ERP 的实施过程

学习目的

通过本章的学习,使学生了解和掌握 ERP 实施过程中的准备工作,熟悉 ERP 的实施步骤以及 ERP 的实施效果评估方法、风险控制和经验教训等内容。

企业在引入 ERP 系统的过程中,实施是一个极其关键也是最容易被忽视的环节。因为,实施的成败最终决定着 ERP 效益的充分发挥。例如,据不完全统计,我国目前已有近千家企业购买了 MRPⅡ/ERP 软件。而在所有的 ERP 系统应用中,存在三种情况:按期按预算成功实施实现系统集成的只占 10%～20%;没有实现系统集成或实现部分集成的只有 30%～40%;而失败的却占 50%。并且在实施成功的 10%～20% 中大多为外资企业。如此令人沮丧的事实无疑向我们表明:ERP 实施情况已经成为制约 ERP 效益发挥的一大瓶颈因素。由此,我们得出:企业的 ERP 项目只有在一定科学方法的指导下,才能够成功实现企业的应用目标。

第 1 节　ERP 的实施流程

一个典型的 ERP 实施流程主要包括以下几个阶段,如图 13－1 所示。下面就对该流程图中涉及的各个实施步骤做一个简单说明。

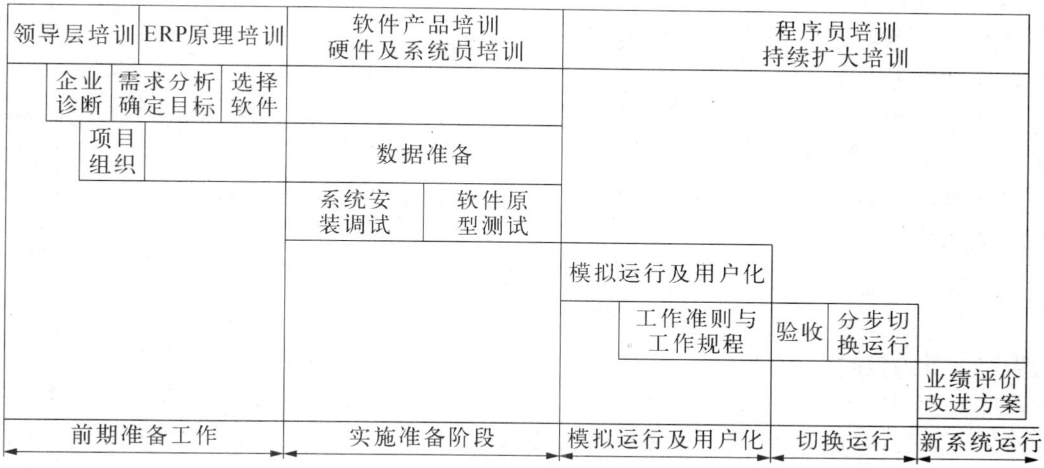

领导层培训	ERP原理培训	软件产品培训 硬件及系统员培训	程序员培训 持续扩大培训
企业诊断	需求分析确定目标	选择软件	
项目组织		数据准备	
		系统安装调试 / 软件原型测试	
			模拟运行及用户化
			工作准则与工作规程 / 验收 / 分步切换运行
			业绩评价改进方案
前期准备工作	实施准备阶段	模拟运行及用户化	切换运行 / 新系统运行

图 13 - 1　ERP 实施流程简图

13.1.1　项目的前期工作(软件安装之前的阶段)

这个阶段非常重要,关系到项目的成败,但往往为实际操作所忽视。这个阶段的工作主要包括:

1. 领导层培训及 ERP 原理的培训

主要的培训对象是企业高层领导及今后 ERP 项目组人员,使他们掌握 ERP 的基本原理和管理思想。这是 ERP 系统应用成功的思想基础。因为只有企业的各级管理者及员工才是真正的使用者,真正了解企业的需求,只有他们理解了 ERP,才能判断企业需要什么样的 ERP 软件,才能更有效地运用 ERP。

2. 企业诊断

由企业的高层领导和今后各项目组人员用 ERP 的思想对企业现行管理的业务流程和存在的问题进行评议和诊断,找出问题,寻求解决方案,用书面形式明确预期目标,并规定评价实现目标的标准。这里会用到我们在下一个部分里将要介绍的业务流程重组方法。

3. 需求分析,确定目标

企业在准备实施 ERP 系统之前,还需要理智地进行立项分析,对以下问题进行详细分析和讨论,然后将分析的结果写成需求分析和投资效益分析正式书面报告,从而做出是否上 ERP 项目的正确决策。

① 企业是不是到了该应用 ERP 系统的阶段?

② 企业当前最迫切需要解决的问题是什么,ERP 系统是否能够解决?

③ ERP 系统的投资回报率或投资效益的分析?

④ 在财力上企业能不能支持 ERP 的实施?

⑤ 上 ERP 的目的所在,到底为什么,系统到底能够解决哪些问题和达到哪些目标?

⑥ 基础管理工作有没有理顺或准备在上 ERP 之前让咨询公司帮助理顺、人员的素质够不够高?

4. 软件选型

在选型过程中,首先要知己知彼。知己,就是要弄清楚企业的需求,即先对企业本身的需求进行细致的分析和充分的调研,这我们在需求分析阶段已经完成;知彼,就是要弄清软件的管理思想和功能是否满足企业的需求。这两者是相互交织进行的,可以通过软件的先进的管理思想来找出企业现有的管理问题,特定的软件则可能由于自身的原因,不能够满足企业一定的特殊需求,也需要一定的补充开发。因此,还要了解实施的环境。这里的环境包括两个方面:国情(像财务会计法则等一些法令法规,还包括汉化等)、行业或企业的特殊要求。根据这些来运行流程和功能,从"用户化"和"本地化"的角度来为 ERP 选型。

▶ 13.1.2　实施过程

企业完成前期的准备工作和 ERP 选型结束后,就进入了 ERP 实施阶段。在这个阶段中,企业需要完成以下几项工作。

1. 项目组织

ERP 的实施是一个大型的系统工程,需要组织上的保证,如果项目的组成人选不当、协调配合不好,将会直接影响项目的实施周期和成败。项目组织应该由三层组成,而每一层的组长都是上层的成员,此处仅简单介绍,详细内容见第 2 节。

(1) 项目领导小组,由企业的一把手牵头,并与系统相关的副总一起组成领导小组。

(2) 项目实施小组,主要的大量的 ERP 项目实施工作是由他们来完成的,一般是由项目经理来领导组织工作,其他的成员应当由企业主要业务部门的领导或业务骨干组成。

(3) 项目业务组,这部分工作的好坏是 ERP 实施能不能贯彻到基层的关键所在。每个业务组必须有固定的人员,带着业务处理中的问题,通过对 ERP 系统的掌握,寻求一种新的解决方案和运作方法,并用新的业务流程来验证,最后协同实施小组一起制定新的工作规程和准则。还包括基层单位的培训工作。

2. 数据准备

在运行 ERP 系统之前,要准备和录入一系列基础数据,这些数据是在运用系统之前没有或未明确规定的,故需要做大量分析研究的工作。包括一些产品、工艺、库存等信息,还包括了一些参数的设置,如系统安装调试所需信息、财务信息、需求信息,等等。

(1)系统安装调试。

在人员、基础数据已经准备好的基础上,就可以将系统安装到企业中来了,并进行一系列的调试活动。

(2)软件原型测试。

这是对软件功能的原型测试(Prototyping),也称计算机模拟(Computer Pilot)。由于 ERP 系统是信息集成系统,所以在测试时,应当是全系统的测试,各个部门的人员都应该同时参与,这样才能理解各个数据、功能和流程之间相互的集成关系。找出不足的方面,提出解决企业管理问题的方案,以便接下来进行用户化或二次开发。

3. 模拟运行及用户化

这一阶段的目标和相关的任务是:模拟运行及用户化。在基本掌握软件功能的基础上,选择代表产品,将各种必要的数据录入系统,带着企业日常工作中经常遇到的问题,组织项目小组进行实战性模拟,提出解决方案。模拟可集中在机房进行,也称之为会议室模拟(Conference Room Pilot)。

(1)制定工作准则与工作规程。进行了一段时间的测试和模拟运行之后,针对实施中出现的问题,项目小组会提出一些相应的解决方案,在这个阶段就要将与之对应的工作准则与工作规程初步制定出来,并在以后的实践中不断完善。

(2)验收。在完成必要的用户化的工作、进入现场运行之前还要经过企业最高领导的审批和验收通过,以确保 ERP 的实施质量。

4. 切换运行

这要根据企业的条件来决定应采取的步骤,可以各模块平行一次性实施,也可以先实施一两个模块。在这个阶段,所有最终用户必须在自己的工作岗位上使用终端或客户机操作,处于真正应用状态,而不是集中于机房。如果手工管理与系统还有短时并行,可作为一种应用模拟看待(Live Pilot),但时间不宜过长。

5. 新系统运行

一个新系统被应用到企业后,实施的工作其实并没有完全结束,而是将转入到业绩评价和下一步的后期支持阶段。这是因为我们有必要对系统实施的结果作一个小结和自我评价,以判断是否达到了最初的目标,从而在此基础上制定下一步的工作方向。还有就是由于市场竞争形势的发展,将会不断有新的需求提出,再加之系统的更新换代,主机技术的进步都会对原有系统构成新的挑战,所以,无论如何,都必须在巩固的基础上,通过自我业绩评价,制定下一目标,再进行改进,不断地巩固和提高。

以上对 ERP 的实施过程作了简要的介绍。当然,这些阶段是密切相关的,一个阶段没有做好,决不可操之过急进入下一个阶段,否则,只能是事倍功半。值得注意的是,在整个实施进程中,培训工作是贯彻始终的。我们只是对第一个阶段的领导层培训和 MRP Ⅱ 原理培训作了详细的介绍。而那些贯穿于实施准备、模拟运行及用户化、切换运行、新系统运行过程中的有关培训,如软件产品培训、硬件及系统员培训、程序员培训和持续扩大培训也都是至关重要的。这个道理,应该说是显而易见的。因为只有员工才是系统的真正使用者,只有他们对相关的 ERP 软件产品及所要求的硬件环境有了一定的了解,才能够保证系统最终的顺利实施和应用。同时 ERP 的实施是一项复杂的系统工程,必须采用项目管理的思想才能把该系统做好。

第 2 节　ERP 实施中的项目管理

ERP 实施是一项非常复杂和严谨的工程,这种复杂性主要包含两方面的内容:一方面是技术上的复杂性,因为产品覆盖了企业整个生产或销售过程中的主要环节,各个环节之间有着紧密的联系,牵一发动全局,这就要求使用者对产品应该有较深入的了解;另一方面是组织上的复杂性,因为产品涉及了企业的产、供、销、人、财、物等多个部门,系统的最终用户也是每个部门,所以企业人员的培训和组织是一个非常重要的方面,经过国内外大量企业的实践证明,系统能否应用成功,其关键在于"人的因素"。在现实生活中,我们做任何复杂的事情都必须要有详细的计划和具体的目标,以保证该复杂事情的顺利完成,因此实施 ERP 项目就更应重视目标、计划的制定和执行。要保证项目的正常进行和最终实施成功,就必须要有严谨清晰的项目管理。本节主要介绍 ERP 实施的项目管理过程中的基本内容、项目组织结构、项目实施和进度计划、项目培训等问题。

▐▐▐▶ 13.2.1　项目管理的基本内容

实施 ERP 是一项项目管理工作,项目管理的基本内容可说明如下,见表 13-1。总之,项目管理是为了实现规定的目标,明确项目的范围与工作内容,合理利用各种资源,在规定的时间和预算内完成项目的实施。值得提一下的是在项目小组内的成员,不论其在企业内现有岗位的职务、职称或级别高低,在一个实施项目中,都应当尊重和接受项目组长(经理)的领导,这是项目管理工作所要求的,每一位项目成员都应当正确理解这个特点,也需要一把手支持和反复强调,以利工作正常进行。

表 13-1　项目管理的基本内容

编　号	内　　　容	意　　　义
1	分析存在问题,找出原因和解决方案	为什么要做?
2	确定项目的范围和目标	做到什么程度?
3	建立项目组织,调配人力资源,明确职责	谁来做?
4	分解工作,明确工作内容、层次和顺序	做什么? 如何做?
5	制定项目计划、控制进度	何时做? 先后顺序?
6	跟踪工作进程、评价工作质量	做得如何?
7	控制项目预算	花多少钱在做?
8	提交工作成果和文档	做了些什么?
9	审批通过工作成果	做的结果满意否?
10	研究下一步工作	还要做什么?

13.2.2　项目组织

实施 ERP 系统有大量的工作要做,管理改革也要配合进行。为了保证项目按计划进度顺利实施,首先要组织落实。通常要成立三级项目组织,即项目领导小组、项目实施小组和职能组。现分别介绍如下。

1. 项目领导小组

项目领导小组简称领导小组,由企业一把手主持,与系统有关的副厂长及项目实施小组组长(项目经理)为领导小组成员,共约 5 至 7 人。领导小组的主要工作是:制定方针策略,指导项目小组;设定项目目标、范围及评价考核标准;批准项目计划,监控项目进程;调配人力和资金;推动培训工作;解决项目小组不能解决的问题;研究企业管理改革措施;研究企业工作流程的调整与机构重组;审批软件二次开发方案并验收;审批新系统的工作准则与工作规程,保证项目能够正常进行;对项目成败全面负责。领导小组至少每两周举行一次例会,但是领导小组组长(一把手)需要经常关心、参与和指导实施工作,及时处理各种问题;实施 ERP 系统,是一种对人的投资,可以把关注的重点放在以下几方面:

① 抓培训效果和人员素质的提高。

② 明确职责,树立尊重、信任、合作的团队精神。

③ 检查工作成果,赏罚分明。

④ 监督数据的准确性,改革不利于数据准确的各种因素。

⑤ 转变职工的管理观念,推进企业管理深化改革。

⑥ 把 ERP 系统用于实处,解决企业实际的业务问题,实现企业目标效益。

实施 ERP 系统最大的障碍是人们思想中的传统旧观念,国外常用"我们的敌人就是我们自己"说明改革管理首先是改造旧观念和旧习惯。企业领导先要做的就是"人"的工作。在 ERP 项目中,领导关注的重点可以概括地说是:人、企业文化、改革和效益。为了配合企业 ERP 系统的实施,软件公司和咨询公司也有相应的项目实施顾问配合,提供咨询和指导。

2. 项目实施小组

项目实施小组的协同工作在公司范围内实施 ERP 软件,有可能会使组织、业务流程与功能发生变化,因此成立一个由企业最高管理层及各个业务部门人员组成的项目实施小组显得尤为重要,而不是单纯由 IT 部门去实施整个过程。项目实施小组通称项目小组,也有称核心小组(Core Team)以示其重要性。项目小组由项目组长或经理负责,进行实施 ERP 系统的日常工作。项目组长是一个非常关键的岗位,人选非常重要,关系到项目的成败。项目组长的基本条件是:

① 必须十分熟悉企业的管理情况,具备一些重要的基层部门的管理经验。

② 有改革创新精神,孜孜不倦地学习现代管理思想和方法。

③ 应当思维敏捷,条理清楚,精力充沛,具有百折不挠的精神。

④ 善于表达,有较强的组织能力,能与人合作共事,在企业中有一定的威望。

项目组长最好是副厂级干部,便于协调各业务部门在 ERP 项目实施中的工作。它是领导小组的成员,除了领导项目小组外,还要指导各职能组或专业组,并直接向厂长和领导小组报告工作。项目组长经过认真选拔任命后,在 ERP 项目成功实施之前,不得轻易变动。

项目小组的成员应包括各主要业务部门的主管或业务骨干,这些人员不仅熟悉本部门的工作,也了解其他相关部门的情况及相互关系。他们中间一部分如可兼任有关职能组组长的工作,他们应当是热心管理改革并能为实施 ERP 系统而勤奋工作的人员。经验表明,没有得力的人员参与 ERP 系统的实施,只能是延误进度,严重的甚至导致项目流产。在 ERP 项目实施过程中,企业原有的工作还必须正常进行,项目小组和职能组中有些人还难免要兼顾原有的工作。但是,为了保证项目实施,项目小组的成员至少应有80%以上的时间和精力投入实施工作中去。对项目组长来讲,则必须完完全全脱开他原来承担的各项工作,用100%的时间和精力,全力以赴地投入 ERP 系统的实施。他的几名关键助手,也有必要脱离原有的工作,100％地投入项目实施。这是为了实施 ERP 系统不容忽视和无法避免的问题。有的企业为副厂长级的项目组长配备一名项目助理,并100％地投入项目实施。只要副长级的项目组长不是虚设,而是真正负起责任抓项目实施工作,也不失为一种变通办法。总之,人事安排需要企业领导重视并亲自调配,这关系到项目的成败。

项目小组对厂长和领导小组负责,人数约 6～10 人,主要的工作是:

① 制定实施计划,保证计划的实现。

② 指导、组织和推动职能组的工作。

③ 负责数据准备,保证录入数据的准确、及时和完善。

④ 负责组织原型测试和模拟运行,对管理改革的问题提出解决方案和建议。

⑤ 组织和开展企业内部的培训,担负起教员的工作。

⑥ 主持制定新的工作准则和工作规程。

⑦ 提交个阶段的工作成果报告。

项目小组每周至少有 1～2 次例会,必要时每天召开短时间的碰头会。实施 ERP 系统被公认是吃苦项目,它相当于把企业的数据从头到尾整理一遍,特别是在项目启动初期,需要整理、分析、录入大量的静态数据,因此项目组成员如果没有吃苦耐劳的精神、不加班加点工作,项目是无法实施的。项目组要有锐意改革进取的精神,不要作传统习惯势力的盾牌,要做推行全新管理思想和方法的利剑,他们要善于接受新思想、传播新思想,把 ERP 理论与工厂的实际情况相结合,在手工系统和 ERP 系统中找到共同点,相互借鉴,相互补充,最后成功地完成 ERP 项目的实施任务。另外,企业应有专职的信息机构和信息主管,要选好信息总裁。ERP 项目经理一般由 CIO(信息总裁)出任。该人应精通管理,熟悉企业整体运作,并有扎实的计算机和网络知识。信息总裁既要能与行政总裁用管理语言对话,又要能与 ERP 服务商用计算机语言对话。ERP 项目经理来自行政总裁的授权,一定直接向行政总裁汇报。

3. 职能小组

职能小组有两种含义:

(1)组成职能组。

在部门主管指导下,研究本部门实施 ERP 系统的方法和步骤,掌握与本部门有关的软件功能,准备并录入数据,学会应用各种报表提供的信息,培训本部门的使用人员,参加制定工作准则与工作规程,做好新旧管理模式的切换,运行新系统。每个职能组的成员数约 3～5 人,职能组要随时研究工作,并对项目小组负责。

(2)组成专题组。

在短期内完成某个专题研究。专题组的人数根据需要而定;工作完成后,专题组可以解散。

领导小组、项目小组和职能组的关系时环环相扣的。下层的负责人是上层的成员，如职能组的负责人是项目小组成员，项目组长是领导小组的成员。整个项目的负责人是企业第一把手，它是高举火炬照亮项目前进道路的领路人。项目组织结构图见图 13-2。

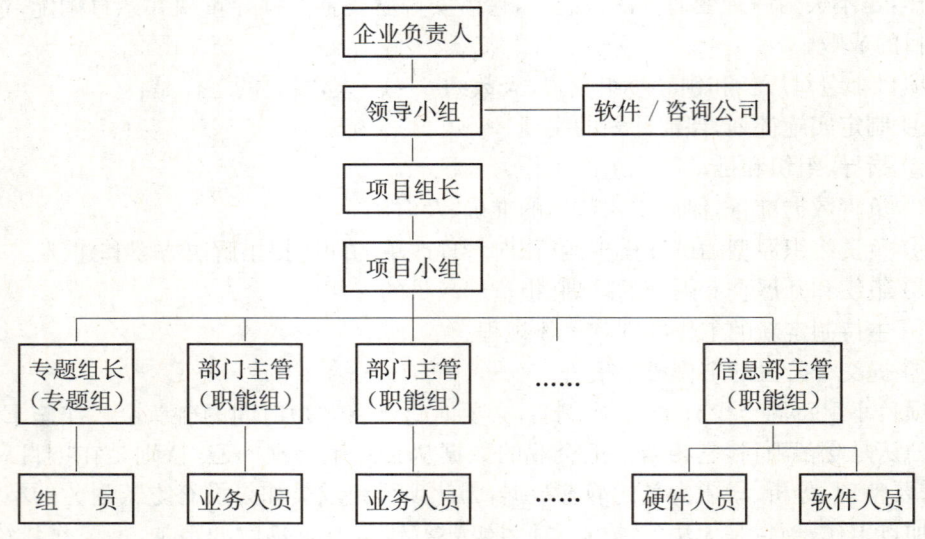

图 13-2 项目组织结构图

以上这些说明起决定作用的是人，特别是企业领导、各级管理人员和计算机专业人员，这三者缺一不可。目前在我国常常看到这样一些现象：去软件公司选择软件的，是清一色的计算机人员；参加软件培训的也是以计算机人员为主；软件在企业安装后，只有计算机专业人员在机房闷头录入向管理人员"求"来的数据，既不清楚"求"来的数据和参数是否准确合理，也不知道下一步该干什么。管理人员容易不服气地对计算机人员说："我们这碗饭吃了十几年了，用不着你们来给我们上课。"而计算机人员没辙，只好同管理人员好声商量："你们想怎么改，我们就帮你们怎么改。"他们丝毫不提及 ERP 原理和企业管理改革。还有一些企业，自己的员工根本不照面，坐等软件公司向他们"交钥匙"。照这样去实施 ERP 系统，实在令人担忧。令人欣慰的是国内确实还有一些非常好的典型。举例说，一汽集团对集团内几个实施 ERP/MRP II 系统的企业做过一次评价，其中几个较好的企业都是以管理人员为主在实施。有的企业投入了中层干部预备队组成项目实施小组，领导的战略是：一旦这些干部上了岗，必将带头实施 ERP 统，下面的人不会说个"不"字，这是很有远见的。有的企业由退居二线的领导亲自抓，根据 ERP 基本原理，结合公司的具体业务提出要求，同计算机专业人员一起使软件真正用于日常业务，他们对软件掌握的深度已远远超过软件公司人员的水平。

总之，ERP 系统首先必须由熟悉管理业务的人来主持和应用，同时，又要有计算机专业人员的通力合作才能取得成功。而当前应着重强调的是：必须有企业自己的管理人员投入。

13.2.3 项目实施与进度计划

实施计划好坏直接关系到项目的成败，在项目开始实施前必须制定好周密可行的计划，确保项目实施的成功。

1．项目实施计划

项目实施计划包括 3 个方面的计划：培训计划、项目进度计划和管理改革计划。一个 ERP 系统的实施周期要多长，是根据企业规模、管理基础、人力资源的投入人数和人员素质、培训的质量和深度、数据量的多少和基础工作的扎实程度、领导重视程度、解决问题的效率、软件的适用程度、软件公司的服务支持等多方面因素确定的，不能一概而论。但是，实施周期绝不能太长，一般宜控制在 18 个月以内。时间拖延，见不到效益，会使人失去信心。事实上，国内有一些产品比较简单的企业，在集中人力资源，得到有效的实施支持情况下，在软件安装后用 6 个月左右时间就可以完成实施。因此，实施 ERP 系统要有一个目标具体、内容详细、顺序合理、责任明确、进度积极可行、前后衔接有序的实施计划。计划必须是可以检查的，没有使人无所适从的空洞言辞。具体说明：做什么？什么时候做？什么部门来做？怎样做？要达到什么目标，完成什么阶段成果？实施计划是在厂长主持下由项目小组提出，经领导小组批准后执行。可以在工作分解的基础上，用甘特图（条形计划图）或用网络图来表达，指明关键路线。有条件的企业可以借用项目管理软件，如微软的 Microsoft Project，来控制计划。要规定若干个阶段考核日期，由厂长亲自检查。实施计划中还应包括管理体制改革的内容和进程。要使 ERP 系统提供的信息真正起到指导作用并见到实效，还要用到工业工程（IE）多方面的原理和方法。如工作研究、物流分析、优化布置、生产能力平衡等。有关的改革措施及企业机构体制的调整等也都应列入实施计划，并在工作准则与工作规程中明确。这些，都是支持 ERP 项目实施成功的必要保证。培训计划应穿插在实施过程中，要安排配合得当、一鼓作气、学了就用。

2．项目进度计划

项目组织建立以后，下面的工作重点是完成项目实施前的一系列与项目管理有关的文档，其中最重要的是确定项目的范围、目标和方法以及项目实施计划。

（1）确定项目的范围、目标和方法。

为了保证项目在给定的时间和成本范围内高质量地完成，必须有一整套关于咨询服务、技术支持和培训的方法和软件，其中首先要明确的就是项目的范围、目标和方法，本文档同项目的质量管理计划相结合，将成为整个项目实施的基础性文件，并提交给所有项目小组成员。本文档的目的是提供项目实施方法、策略、风险、效益和假设等信息,以及有关项目资源需求的依据。本文档是提供实施范围、实施方法、技术处理策略、项目实施风险、验收标准和需求改变管理的唯一来源。

(2) 确定项目工作进度计划。

根据项目范围、目标和方法,经双方项目组成员讨论进一步确定项目实施计划表13-2为某企业该计划的主要内容:

表 13-2　某企业的项目进度计划

编 号	阶 段	主 要 工 作 内 容
1	总体需求调查、总体业务需求调研、报告和讨论	总体业务需求调研、报告和讨论、安装产品 Demo 环境 对项目小组进行软件标准功能培训
2	总体解决方案设计	业务分析与业务流程重新设计、业务需求与软件功能 匹配建立测试原型,并进行初步模拟测试、讨论、审批并 形成最终总体解决方案
3	详细方案设计	软件模块设置分析、计算机业务流程分析与设计、在测 试环境中进行详细模拟测试、讨论、审批并形成最终方案
4	模块实施与上线	财务、仓库、采购、分销、制造等模块分步实施上线
5	并行运行	经过一个月的并行运行验证表明,结果正确,运行正常
6	实施结束	实施结束,并开始后期支持

▶ 13.2.4　ERP 项目培训

由于 ERP 项目的复杂性,培训工作尤其重要,上至领导,下到员工,都要接受 ERP 方面知识体系的训练和学习,这是保证 ERP 系统上线后能否发挥作用的重要环节,因此要重视培训工作。

1. ERP 培训的重要性

国外对培训含有教育(Education)和训练(Training)两重意义。前者侧重于哲理和概念,讨论 ERP 系统的原理和运行机制,如何运用 ERP 系统解决经营生产业务中发生的问题,主要说明"为什么要这样做,有什么必要,有什么效益"是一种面向业务的培训。后者侧重于应用方法,主要说明"怎样做",是一种面向软件的培训,一般安排在"教育"之后,结合 ERP 软件的实施进行。

ERP 同手工管理的一个主要区别之一在于它是一种规范化的系统(Formal

System)，它要求各级管理人员有严肃的工作作风，要求各个岗位人员都要用严谨的态度对待各种信息。ERP 模式中，每一项数据、名词和术语都有严密的定义，每一项事务处理都有严格的程序。它要求每个人员不仅知道本岗位的工作要求，也了解本岗位的工作质量对其他岗位工作的影响，要求人都从全局和系统的观点来理解和做好本职工作。只有各岗位人员对 ERP 都有了系统的理解和统一的认识，明白了实施 ERP 的必要性和目标效益，变被动的"要我干"为主动的"我要干"，实施中才能齐心协力，步调一致。为此，必须十分重视和突出培训工作。在培训工作要防止单纯讲解软件和技术问题，忽视观念更新和行为规范方面的教育。重视对人员的培训，实质上是把提高人的素质，调动人的积极性作为搞好企业管理的第一位工作。ERP 软件的功能再强，还要靠人去运用。而 ERP 的威力只有在人们学会运用它时才能真正发挥出来。

2. ERP 培训方法和内容

培养企业自己的软、硬件技术队伍，是系统有效运行的重要条件。在 ERP 实施过程中，培训是十分重要的环节，培训工作要贯穿实施的全过程，培训工作要分层次不断深化。从内容上分：ERP 理论培训、计算机和网络知识培训、应用软件使用培训等。从人员上分：企业领导层培训、工程项目工作组培训、计算机专业人员培训和业务管理人员培训。针对不同的对象，培训可分为：

（1）对 ERP 系统管理理念的培训。

在完成立项分析并初步决定应用 ERP 之后，需要对企业高层领导及今后 ERP 项目组人员组织进行 ERP 应用理念培训，这是 ERP 系统应用成功的思想基础。这是一个极其重要而又被企业经常忽视的一个阶段，即 ERP 应用前的"洗脑"阶段。这种培训就是我们在选型时，对 A 企业高层领导做的培训。培训目的是让他们达成共识，理解为什么 ERP 是管理改造项目，离不开高层领导的支持；另外一个目的就是让他们对 ERP 有一个正确的预期。

（2）对项目小组的培训。

对项目小组的培训包括项目管理的培训、实施方法的培训、ERP 软件功能的培训。ERP 实施对企业来说也是一个大型项目，成功的 ERP 实施离不开成功的项目管理，所以项目小组成员必须了解项目管理的一般概念和方法。

（3）对最终用户软件操作的培训。

培训目的是使用户了解 ERP 系统后新的业务前景、目标以及带来的好处，使用户能清楚地了解到 ERP 是什么，怎样通过它提高个人及整体的业务表现，使用户发现其工作内容的变化及 ERP 将如何融入其日常工作。同时向用户提供从现状到未来迁移过程中通用的术语，指导用户如何使用 ERP 完成其工作。

（4）对技术人员的培训。

技术小组的成员主要包括参与 ERP 系统及相关 Database 和网络安装、设置及管理的信息部门成员。培训的主要目标是提供 ERP 系统的设计结构,各个模块的关联关系与数据库结构、系统问题处理等。

(5) 对新流程的培训

ERP 实施中技术虽然很重要,工作量也很大,但并不是最难的;最难的是 ERP 实施必须要对管理做很大改变,即进行业务流程重组。这样,ERP 实施完成后,企业员工都面临着全新的业务流程。对新流程的培训也就意义重大了。

(6) 对数据分析的培训。

ERP 系统正常运行后,会有很多有用的数据。如果这些数据放在那儿不去利用,就不会很好地发挥 ERP 系统的作用。所以必须教会企业如何去分析数据,为企业决策提供依据。

总之,培训效果是一个极其重要的因素,培训工作要贯穿整个实施过程,应始终给予高度重视。在整个 ERP 系统实施过程,培训工作要持续不断地进行;因此,创立一个较好的培训条件很有必要。除了 ERP,其他职工教育课程也同样有此需要。目前国内相当数量的企业没有具备上述条件,值得企业的培训部门注意。

第 3 节　　如何对 ERP 实施进行有效推进

▶ 13.3.1 合理定义需求

企业在上 ERP 项目前,必须清楚自身的现状,明确引入 ERP 项目的目的,这样,选型和实施才能做到有的放矢。

一般来说,选择一个好的 ERP 产品是实施成败的关键,用户必须坚持以自我为主,不要被 ERP 厂商的投标书和售前咨询顾问锲而不舍的"洗脑"搞晕了头。以经验来说,以下两种对待 ERP 实施的态度是值得借鉴的:把为之付费的 ERP 产品看做是"工具的 ERP";目前阶段实施的 ERP 仅仅是企业要完成的第一步或者第二步,还不是最好的那个。

企业必须在需求定义时将问题细化,明确实施次序、实施重点,对于中小企业而言,定义需求的原则是好用、实用,不要盲目追求"大而全"。比如,对于迫切需要理顺管理的企业来说,上 ERP 的目的就是要借助 ERP 的力量理顺管理问题,借助软件功能来规范管理;而对于迫切需要完善信息管理的企业来说,上 ERP 的目的则是先实现数据统一,再通过 ERP 信息化和管理理念督促企业管理的完善和提高。

13.3.2　建立核心项目小组

ERP 系统在企业中的实施必须有一个具有推动力的项目小组,核心成员在企业中要求是具有一定影响力的人员,并且具有较强的业务综合能力、工作协调能力和领导能力,最好是全职的,只对决策层负责。如果核心成员归属于部门,在开展工作时会先考虑自己部门利益或受制于部门领导而必须服从本部门利益,这样实施 ERP 系统时将会产生一定程度的不必要的管理上的妥协,而给系统实施增加人为的风险,有可能以牺牲系统运行的有效性为代价。

其次,项目核心成员必须具有必要地承担实施压力的能力。因为在项目的实施过程中,不可避免地会面临职能部门的压力,特别在系统实施的关键点,如动态数据切换、业务操作变化时,如果没有坚定的意志,有技巧的释放、转化、协调这些压力,其结果往往是妥协。

13.3.3　项目经理的作用

在项目管理过程中,项目经理的 60% 以上的时间都在和各方面的人进行沟通。所以,良好的沟通能力是一个项目经理在工作中首要的素质。这是因为,对客户而言,项目经理需要通过沟通确定项目目标、范围;对公司而言,项目经理需要通过沟通争取更多的资源;对于项目组而言,项目经理需要通过沟通开展团队建设工作,为团队确定奋斗目标。一个项目的开展,分歧与矛盾随时发生,项目经理需要及时对发生的事件进行有效沟通和应对,才可以保证项目的顺利进行,特别是在项目掌控方向及推动项目进展需要控制好实施客户需求与软件能解决程度和项目阶段。当然,不是说其他方面不重要,而是说在这方面的要求,对项目经理而言更重要。

13.3.4　发挥实施顾问作用

对实施顾问在企业实施 ERP 系统中所应起的作用,有些企业往往走两个极端:一是不相信实施顾问的作用,认为实施顾问对自己企业的业务不了解;二是过分依赖实施顾问。

对大多数企业来说,ERP 软件的实施才刚刚开始接触。在实施过程中,利用实施顾问的经验和对整体项目的把握,与实施顾问充分讨论和确定现实可行并且合理的目标,这是保证实施成功的重要步骤。同时,企业在选择实施顾问时,需要考虑实施顾问是否真正全过程地实施过 ERP 项目,因为只有这样,他对未来实施过程才会有很好的把握,并具有足够的敏感性去分析可能出现的风险点。

13.3.5　选择流程改变的时机

对于每个企业而言，由于其管理基础的约束，流程重建不能全线出击，必须首先分析全部作业流程，选择存在问题最突出的环节或核心环节进行重建。

企业宜采用边实施边调整的循序渐进的流程调整方法，不一定强调在实施之前先进行全面的业务流程重组。因为大面积的流程重组，很可能会给中小企业带来震动，并对正常业务的进行产生影响；另一方面，过长的基础数据准备、业务流程讨论，很有可能使最初进入系统的数据就不准确，而使系统变成了"垃圾箱"，流程改变也不可能得到支持。

13.3.6　以实施文档全面贯穿实施过程

作为实施顾问人员，应将各种标准的实施文档提交给企业，以确保 ERP 实施项目的质量进行，也就是说，顾问与企业之间的工作与文档的制作息息相关，可见文档在实施进程中的重要性非同一般。

那么，文档到底对整个实施工作有怎样的作用呢？首先，我们大致将 ERP 实施中的文档作为一个分类，可以分为以下几个方面：分阶段实施计划文档、分阶段目标设置文档、标准业务流程文档、标准编码、标准数据文档、标准参数设置文档和功能操作指南文档。

这些文档将会伴随着 ERP 实施的各个阶段逐渐充实、完善，也同时记载了整个实施的过程和成果。这些文档的价值有：

（1）书面化的文档有助于实施人员与企业人员明确了解各自的职责，信息互通，共同把握实施过程的节奏。

（2）标准业务流程文更有助于双方明晰业务流程，有效配合业务流程的重组和优化。

（3）标准编码、数据文档及标准参数设置文档是实施中不可缺少的基础资料，可有效减少重复工作，避免对正常工作的影响。

（4）功能操作指南文档可帮助最终用户规范化操作，加强培训效果。

前面我们曾经提到，ERP 的实施工作可能长达数年不定，在这个时间跨度中，企业在最初实施 ERP 时确定的 ERP 项目的人员，也许难免要发生一些变化，那么，在发生变化时，ERP 实施文档就可以承担起指导双方快速工作的标准文档的作用。还有，当实施完成后，企业的运行过程将是更漫长的过程，那么实施的标准文档就将成为企业实施信息化的公共载体，成为指导企业后续工作的航标，为企业在后续人员培训方面提供详尽的素材。

第 4 节　ERP 项目实施如何评估

大家都说 ERP 项目的实施成功率不高,但是关键的问题在于如何评估项目的成功与否。对于一个复杂项目的实施成功与否确定一套可以操作的评估方法不是很容易的,或者说是相当难的,否则为什么这么多年以来一直没有形成有效的评估方法呢?

13. 4. 1　项目实施进度评估

ERP 项目是复杂项目,其涉及的部门、人员、资金、资源等对于任何一个企业来说都是空前的,而在上一节中我们通过项目三角形分析出来,项目的进度是否能够按照设计规划的进行是影响项目效果的关键因素,所以评估项目的成功与否,首先必须评估项目的进度是否按照预期的进度进行,如果每一步或者每一阶段,都能够严格按照进度进行,相信项目会成功的,否则就是项目设计出现了问题。一般来说现在评估项目实施进度的方法可以使用目前最为常用的项目管理工具,其中 Microsoft 的 Project 就是不错的工具之一。其实很多项目的实施失败原因是虎头蛇尾,开始的时候大家心气十足,进度基本可以按照计划进行,而到了后来,每个人的工作都是交叉的,往往会受到其他工作的影响而忽视了项目的进度,致使项目进行不下去。所以除了有相应的制度保障之外,一定要有工具,再者说了搞 IT 的人不用 IT 工具,那不是"卖盐的喝淡汤"吗? 当然现在的 IT 行业非常普遍。

13. 4. 2　项目成本评估

项目成本是评价一个项目是否成功的第二个关键因素,同样在项目三角形中成本占了一条边,所以成本的变化将直接影响项目的成功与否,如果一味追求项目的功能和进度,而忽视成本,那将不是搞项目,而是在赌博。现在的 ERP 项目本身的费用就很高,而且没有公开价格,国家价格监督都没有依据,全靠软件商的一张嘴,说多少是多少,会砍价的省点,不会砍价的就多花点。但是一旦我们已经和软件公司和服务公司(咨询公司)达成了一致意见,关键的问题就在于如何有效的利用双方同意的费用达成预期的任务目标,而往往在项目的开始企业的管理者认为项目刚刚开始,投入还不多,而不注重有效控制成本,而到项目实施一段时间之后,发现项目的预算已经不能保证项目的完成了,或者半途而废,或者追加投入,而追加投入又会遇到企业资金是否充足的影响。所以我们建议在项目开始之前一定尽量准确的做出项目预算,并拿出专款,避免在途中因资金影响项目进展。另外成本控制要从采购、人员工时等多方面严加控制。并建议分阶段进行成本评估,如果每个阶段都能够在成本控制范围之内最终的项目一定保证在成本范围内成功,关键在于当出现项目费用超出预算成本的时候要及时调整,确保总体成本控制在范围之内。

13.4.3 项目功能评估

ERP 是功能性产品,最终项目是否成功很重要的一点要看功能,看功能是否达到了预期的要求。ERP 的功能从总体上来说分为几大部分:进销存管理,或者现在有的公司定义的内部物流管理;财务管理,包括总账、应收账、应付账、固定资产等;计划管理,在企业中大都会涉及两种生产模式的计划方法,分别是单件小批量生产模式的MRP 计划方法和大规模流水线生产模式的 JIT 计划方法;粗能力计划和细能力计划等核心资源管理;另外还包括人力资源管理;设备管理;工、模、量、夹具管理;质量管理等外围资源管理。一般来说,软件商在签约之前都会给企业的管理者演示他们的功能,企业在观看演示的时候一定要刨根问底的看功能,而不能走马观花的浏览。两者之间的区别就在于不要被软件商的演示者的各种托辞搪塞过去,一定要亲眼看到他们说能够实现的功能,不要相信没有数据不能演示、不是最新版本等解释理由。如果他们说有什么功能就当场拿出来。否则就是没有,在事实面前任何理由都是苍白的。在项目结束之前,对照双方约定的功能清单,逐个推敲,如果每一个功能都实现了,项目一定能够成功。

13.4.4 项目效果评估

功能具备只是基本的要求,关键还要看效果,这一点可能有人不容易理解,其实在ERP 管理软件中有很多功能从表面上看功能和效果是有很大的区别的,比如 MRP 计划,可能大多数的 ERP 软件现在都能实现这个功能,但是是否准确,是否可以通过MRP 计划直接指导生产,甚至直接根据计划产生的结果安排采购,这并不是任何一家软件都可以做到的,这里面涉及计算方法是否科学,是否符合行业的规范,考虑的因素是否完整,预置的参数是否科学,比如提前期设计的是否合理,安全库存设计的是否合理等等,这些都会直接影响计划的结果,其实真正的软件公司的功底就在这里区别。

▶ 13.4.5　可操作性评估

ERP 软件的最终目的是让企业的广大职工都能够使用,所以可操作性如何是项目成功与否的另一项重要指标。企业的大多数使用者,尤其是一线的职工,计算机的水平都不会太高,如何让软件具有很容易操作的界面,让普通的职工也能够使用软件来操作,确保每一位使用者都能够方便快捷的使用 ERP 软件是项目成功的重要条件。有很多软件功能很强,但是就是操作起来难度也很大,非专业人士无法使用,这绝对不是优秀的 ERP 软件,优秀的软件应该是只要熟悉业务的人就可以操作,所谓所见即所得。

▶ 13.4.6　项目的延续性评估

ERP 项目是企业赖以发展的长期投资项目,绝对不是消费型项目,所以项目是否能够伴随着企业的发展而持续得到应用是评估项目成败的另一向重要指标。持续性体现为升级能力、功能的扩展能力、客户化能力、跨平台能力等几方面。现在的软件平台每几个月就升级一次,当然应用系统的升级不一定要求紧跟系统软件的速度,但是也要及时升级,随着管理理论和管理方法的不断发展,管理软件的升级至少要跟得上管理方法和计算方法的更新速度,否则就是落后的;功能的扩展能力,就像上面我们所说的功能是评估的一项指标,但是功能能否根据企业的发展而及时更新,另外还有客户化的能力和跨平台的能力也很重要。

第 5 节　建立 ERP 的风险意识

企业 ERP 系统的应用不同于新设备的应用,可以以"交钥匙工程"的方式实现。系统的实施有其特有的规律和方法。成功与否,首先取决于企业最高决策者的观念能否转变。在实施系统之前充分了解系统实施过程中所面临的风险,并建立一套行之有效的项目和风险管理机制是非常必要的。

▶ 13.5.1　风险来源于矛盾

企业用户应对应用 ERP 的风险性有充分的心理准备,应为减少风险做必要的准备。

应用 ERP 的风险在于 ERP 的应用范围广与数据准备的浩大工作量之间的矛盾、计划精确性与中国企业的基础差之间的矛盾、ERP 的集成性和实施中部门协调困难之间的矛盾、ERP 的先进性和企业流程再造之间的矛盾、长实施周期对一把手的能量和心理素质的要求之间的矛盾、高投入与慢收益之间的矛盾。

1991 年起,我国的企业开始引进 ERP 系统,对企业管理进行改造,所有的项目,一般只有 10%～20% 按期、在预算范围内按照预先的设想成功实施,实现系统集成;约 30% 系统没有实现系统集成或只实现部分集成;有超过 50% 的是失败的。在成功的 10%～20% 中大多是三资企业。分析成功率不高的原因,我们感到,观念转变是最大的风险,企业最高决策层是否能够转变观念。对实施 ERP 系统的本身特有的规律有一个正确的认识是至关重要的。大多数失败的企业的最高决策层往往把实施 ERP 系统作为 IT 项目而非管理项目,项目的选型是由企业中的 IT(信息)部门进行,而 IT 部门往往是从技术的角度而非管理的角度考虑问题;另外,IT 部门与其他业务部门是平级的部门,在系统买施的过程中无法有效地领导和协调各部门的实施工作,造成了一旦在实施过程中遇到障碍,往往不是面对问题找出解决方案,而是经过问题或干脆跳过问题,最终给系统的集成带来缺陷或运作不畅。这就造成了设备是最先进的设备、软件是最先进的软件,而无法为企业管理的战略服务,最后先进的设备与软件没有给企业带来管理水平上的提升。在中国企业实施 ERP 系统时,由于中国特定的国情,所存在的风险可以归纳为以下三个方面。

1. 环境风险——企业外部风险

企业的外部环境对企业实施 ERP 的风险表现在系统如果不符合政府或行业的要求,会招致行政制裁;项目如果不能按期完成。达到预期的效果,其负面效应可能会导致股东、客户或供应商的不满;在项目实施过程中,如经济出现波动,公司可能无法筹措到足够的资金来维持项目的贯彻始终。

2. 流程风险——企业内部风险

流程风险包括营运风险、授权风险、信息技术风险和财务风险,主要体现在以下方面:

(1)项目在实施过程中的负面效应可能会破坏正常的业务流程并影响业务的连续性,从而对设备和工作环境造成影响;另外由于无法获得既懂管理又懂系统的专门人才,项目的结果可能会不符合管理层和最终用户的期望。

(2)项目的管理人员缺乏良好的领导能力,管理层过分依赖尚未经过可靠测试的系统所提供的信息,管理人员没有对话作流程与管理思想的转变做好准备,公司的供应商也可能不具备系统所要求的多种素质。

(3)信息技术基础结构存在问题,可能影响报表的完整性、准确性和数据的可获得性。

（4）在系统实施过程中由于管理层和雇员故意歪曲项目的状况或通过对未设置完成的计算后改变数据而获取利益。

（5）由于 ERP 项目一般规模较大，项目资金的支付也可能造成现金的紧张。

3. 决策信息风险

导致决策信息风险的主要因素是在制定预算时往往基于某些假设，可能在实际运作过程中无法操作；用于指导和管理业务的财务信息没有与非财务信息很好地实现集成，系统所产生的报表可能不符合行政管理的要求；为了减少项目风险避免业务中断，可能投入过多的资源以致开展正常业务所需的资源短缺。

13.5.2　ERP 风险在实施中的表现形式

对上述 ERP 系统实施项目的三大风险，在具体实施过程中会以种种形式表现出来，主要体现为"软件风险"、"实施风险"和"转变风险"。

1. 软件风险

软件风险主要包括软件本身存在的功能风险和企业选择软件时产生的选择风险。

（1）软件功能风险。

由于 ERP 系统的纷繁复杂，ERP 软件本身可能存在各种功能不足或潜在的软件缺陷，我们称之为"软件功能风险"。针对目前中国市场上的 ERP 软件，主要存在的软件功能风险有：软件功能与企业需求的满足程度，系统的集成性，软件的成熟性和稳定性，对2000 年问题的解决方案，以及对中文界面和数据的支持程度等。目前在中国市场上的ERP 系统主要有两大类：由国外软件厂商开发的系统和由国内软件厂商开发的系统。国外的 ERP 软件在一些发达国家已经经历了一个较长的开发和使用阶段，因而在软件功能对企业需求的满足程度、系统的集成性、软件的成熟性和稳定性上表现比较理想；而国内的 ERP 软件一般都是从财务核算软件开发提高而来，在符合中国会计制度上占有一定的优势，但软件功能在除财务核算以外的企业财务数据加工分析、生产计划和制造管理、分销物流管理及集成化等方面很多都在开发及试运行中。

在 2000 年问题上，除部分较早推出的版本外，很多软件基本上都有解决 2000 年问题的方案，但是还需要非常谨慎了解是否真正解决了 2000 年问题。在对汉字的支持上，国内开发的软件体现出一定的优势，而国外开发的软件经过汉化处理，也渐渐能满足企业日常的使用需要。

（2）软件选择风险。

面对中国市场上林林总总的 ERP 软件，企业在进行软件选择上同样会遇到所谓的"软件选择风险"。软件选择风险包括：企业是否清晰地定义了自己的需求和期望？企业如何综合地评估 ERP 系统？包括软件功能、价格、软件商的技术支持能力等各方面。企业如何将自身的实际需求与软件系统能够很好地进行匹配,从而选择最合适自己的 ERP 系统?企业中由哪个部门和人员对软件作出评估选择?在企业实际选择 ERP 系统时,往往有很多用户未能意识到上述的软件选择风险,从而影响到最终系统实施的成败。我们曾发现不少国内大型企业的老总在提出要求实施 ERP 系统时,原因仅仅是"其他很多像我们一样的大企业已经用上了某某 ERP 软件";同时在软件选择过程中往往仅由技术主管和技术人员负责,缺乏实际业务人员和高级管理人员的参与,原因往往是"反正这是世界目前最先进的软件,选择不会有太大的差错",导致选出的软件在日常业务中不一定适合企业的实际需要。缺乏明确的实施期望和业务目标往往是导致最终系统实施失败的根本原因。同时,有相当多的企业在清晰阐明自己的具体需求和全面评估和匹配软件上缺乏经验。很多企业在挑选 ERP 系统时,往往会邀请一些科学院的专家和企业的专业技术人员一起对市场上的主要软件产品进行评估,最终专家组未必达成一致意见,导致企业选择软件的流产。应该承认,这些专家们具有相当专业的软件技术知识,但由于企业在选择软件的过程中缺少管理业务人员的积极参与,没有制定明确的整体选择目标,没有对不同管理业务需求的重要性进行先后排序,没有较多地从各使用部门出发去考虑软件的选择问题,从而造成了最终选择软件的不完整配比。需要注意的是,除了上述提及的软件选择风险,由于参与软件选择的人员的贪污舞弊,收取不正当的软硬件回扣,也会给企业带来损失。

2. 实施风险

实施风险是企业在实施 ERP 系统的过程中可能遇到的各种风险,主要包括:实施队伍的组织、项目时间和进度的控制、实施成本的控制以及实施质量的控制和实施结果的评价。

(1) 实施队伍的组织。

实施队伍和实施人员对于 ERP 系统的成功实施至关重要。由具有丰富 ERP 系统项目实施和企业流程管理经验的咨询人员和企业内部的管理人员、业务人员以及技术人员一起组成项目实施小组,共同进行项目实施工作,可以提高 ERP 系统实施的成功率,缩短实施周期,减少实施风险。有的企业采取将 ERP 系统实施完全外包给软件供应商或系统集成商,或者相反地,完全由企业内部的技术人员单独进行项目实施,这些做法都将增加系统实施的风险。没有企业内部人员的参与,软件供应商或系统集成商无法对企业的业务和流程有深刻的了解,从而难以按照企业的实际需要进行 ERP 系统实施;反之,企业内部的技术人员缺乏对软件的深入了解和项目实施的经验,在协调企业内部各部门机构的工作时存在种种不便,对推动和控制整个项目的进展存在困难。由企业内部人员和外部咨询顾问共同组成项目实施小组的另一目的是为了将软件系统的知识和项目实施的经验传授给企业的用户,使企业能够通过一个项目的实施,经历"知悉——接受——拥有"的过程,最终实现企业自身持续改善的目的。如果企业内部的实施人员经常变动、不能专职稳定地参与项目的实施工作,把实施项目视为外来咨询人员的责任而不是企业自己的工作,将直接影响到咨询人员对企业用户进行知识和经验的传授,从而造成系统上线、咨询顾问离开、企业用户不会维护使用的尴尬局面。在实施项目的组织中另一个突出的问题是:由于 ERP 系统的复杂性,在实施过程中涉及的部门很多,许多实施工作需要各部门的协作才能完成,因而,如何协调部门之间的工作、统筹安排跨部门的实施人员、避免出现扯皮现象是一个亟须解决的问题。

（2）项目时间和进度控制。

ERP 系统实施通常需要三至六个月,甚至一年时间。在这一漫长过程中,进行项目管理、控制项目进度、确保整个实施过程能够按照预计的时间表进行,对项目的成败至关重要。许多 ERP 实施项目在一开始就没有能够制定明确的、可行的实施计划,在实施过程中不能按时实现里程碑性的目标,造成项目最终半途而废或系统上线严重延误。在许多 ERP 系统的实施中,软件供应商或系统集成商往往按照服务天数提供服务并收取费用,如果在实施过程中出现种种预料之外或不可控制的情况,由于双方既定的服务天数已到,服务者或者停止服务或者增加费用,给用户带来损失或额外支出。这种按照服务天数提供服务并收取费用的方式容易造成实施成果与费用脱钩的现象。

（3）实施成本控制。

ERP 系统的实施成本通常包括:硬件费用、软件使用许可费用和软件培训费用、实施咨询费用及维护费用等等。根据国外 ERP 系统实施的成熟经验,一般实施咨询费用是软件使用许可费用的 1.5～2 倍。国外企业已经普遍意识到咨询顾问在 ERP 系统实施过程中不可替代的作用,但国内不少实施 ERP 系统的企业尚未认识到这一点,从而在系统实施过程中遇到种种困难,甚至最终不能成功实施。

在实施过程中,如何合理分配实施费用,结合项目进度和时间安排,将实施成本控制在计划之内,是每一家实施 ERP 系统的企业需要认真对待的问题。不少企业由于不能按照项目时间进度计划开展实施,造成时间的延误和实施成本上升,即使最终系统上线,也不能符合时间和预算的要求,客观上造成实施的不成功。

（4）实施质量的控制和实施结果的评价。

除了对 ERP 项目实施需要进行时间和成本的控制,对实施的质量和最终实施的结果也需要作出评价。不少企业在实施之初没有制定实施的目标和期望,在实施过程中未能随时控制实施质量,在实施完成时不知道如何进行实施成败的评估,造成"为上系统而上系统"、"系统上线就算成功"的现象,这对企业的长远发展埋下了危险的种子。

3. 转变风险

（1）管理观念的转变。

ERP 系统的实施是一个管理项目,而非仅仅是一个 IT 项目。不少企业高层管理人员尚未认识到这一点:在选择系统时仅由技术主管负责,缺少业务部门用户的参与;在实施系统时仅由技术部门负责,缺少管理人员和业务人员的积极参与;项目经理由技术部门的领导担任,高级管理人员、尤其是企业的一把手未能亲自关心负责系统实施。由此种种现象,需要企业管理人员转变认识加以改善。管理观念的转变还体现在 ERP 系统实施过程对企业原有的管理思想的调整上。ERP 系统带来的不仅仅是一套软件,更重要的是带来了整套先进的管理思想。只有深刻理解、全面消化吸收了新的管理思想,并结合企业实际情况加以运用,才能充分发挥 ERP 系统带来的效益。因此,在实施过程中企业管理人员和业务人员转变管理思想是一个必不可少的痛苦过程,顺利转变管理思想,在某种意义上而言是 ERP 系统成功实施的最关键的因素。

(2) 组织架构的调整。

为适应 ERP 系统带来的改变,企业必须在组织架构和部门职责上作相应的调整。因此,实施 ERP 系统往往需要同时进行企业流程重组和改善的工作。在流程改组中,会涉及部门职能的重新划分、岗位职责的调整、业务流程的改变、权力利益的重新分配等复杂因素,如果企业不能妥当地处理这些问题,将会给企业带来不稳定因素。

(3) 业绩考评体系的转变。

由于企业组织架构和业务流程的调整,企业必须对业绩考评体系进行相应的调整,以适应新的岗位职责和业务要求。能否顺利地将原有的业绩考评体系转变到适应新系统的业绩考评体系,是对企业的一个考验。综上所述,企业应用 ERP 系统,存在一定的风险,分析风险的目的不是要企业放弃实施 ERP 系统,而是要企业充分估计风险,正确对待风险,认识到 ERP 的实施是管理项目而不仅仅是 IT 项目,并通过项目管理有针对性地管理风险,从而成功实施 ERP。

第 6 节   ERP 实施中的三个问题

企业实施 ERP 能否成功,有三个问题非常关键。

▶ 13.6.1   实施 ERP,真正的业务目标是什么

企业发展到一定的规模之后,管理的复杂度会大大增加,ERP 是用于改善管理效率最重要的甚至是必不可少的工具。某公司的业务规模已经达到了实施 ERP 的规模,但是,管理层和业务人员必须清楚,ERP 是一个透明化的管理工具,是一个提高管理效率的工具。这在很多方面与日常的业务操作有冲突。管理效率的提高与生产效率的提高的

道理是一样的：规模、规范、标准统一。而这些与企业快速发展阶段的很多做法是有很大冲突的，很多原来不规范的、各种各样的操作都要标准化、统一起来，必定会出现很大阻力。同时，ERP 必须有重点解决的问题，作为成功标志。例如，销售订单的速度、库存准确率、退货率、损耗率、财务管控能力等。建议选择 1～3 个典型的、核心的、能够有直接效益的日常经营业务活动作为突破口，重点实施，保证资源，获得成功后向其他方面扩展。

13.6.2　ERP 实施责任人是谁

ERP 是一个业务管理工具，所以，ERP 实施的责任人是业务部门。计算机管理中心如果没有企业流程变革方面的职责，是不能作为实施的责任人的，只能算一个信息技术的支持责任人。

13.6.3　ERP 的用户是谁、谁受益

如果只认为 ERP 的用户是操作员，那就大错特错了，系统永远不可能成功。ERP 是一个高效率的管理工具，不一定是一个提高个体操作效率的业务工具。ERP 可以吸收整合一些高效率的操作工具，但是，它不是"万金油"。一般来讲，企业内部的 ERP 用户至少有四类：决策层、管理层、操作层和系统维护人员。ERP 真正的受益者是决策层，执行者是管理层，使用者是操作层，而日常错误的改正和系统维护是计算机专业人员。这四类人员的需求有大量矛盾，一般要求使用 ERP 的是最高的决策层，希望 ERP 这个管理工具能够帮助企业进行更大更复杂更透明的业务管理。管理层一般是中层人员，要在一线及时进行判断和进行现场管理，需要快速、简洁、真实的报表，ERP 系统一般提供的数据会超过他们的需求，也许格式不太一致，此时，矛盾就开始多起来了。还有，中层管理人员是重要的流程制定者和执行者，ERP 系统中固化了规范的业务流程，这些流程可能最初不是他们制定的，也许与他们原来熟悉的不太相同，灵活性受到很大限制，这方面的意见也很大。操作层是一般的数据输入员，承担报表制作等功能，原来可能手工有一套方法，也许用电子表格等进行统计。一般公司是用"人海"战术，即业务量大了之后，人数大大增加，由于数据需要校对等等，人均劳动生产率一般会下降。使用 ERP 之后，操作员的工作变得更专业化了，习惯也改变了，当然劳动生产率由于采用集成系统也提高了，他们的阻力一般在上线后的 3 个月内，过了之后就没有了。在这四类人员中，实施 ERP 之后改变最大、阻力最大的是中层管理人员。由于原来熟悉的管理方法不见了，对流程的责任也增加了，而他们却没有这方面的意识。同时，由于大量的时间在处理原来没有遇到或没有暴露出来的问题，在系统上线后相当长的一段时间内他们都可能会反对使用

ERP。但是,企业的最高决策者有了透明化的管理工具后,对企业的运作反应更快更准确了。这样,股东的回报、企业的社会价值都会得到更大的体现。

 本章小结

　　ERP 的实施是一项非常复杂的系统工程,在实施前要做好一切详细的准备工作。在实施的两个阶段中,要注意项目的前期准备工作,包括培训、企业诊断、需求分析和软件选型;还要注意实施的准备,包括项目组织、数据准备、模拟运行及用户化、切换运行和新系统运行等。在 ERP 项目管理和组织结构中,要掌握项目管理的基本内容、项目组织结构、项目实施计划、项目培训等;在项目实施步骤中,要掌握项目具体实施步骤和要求;在对 ERP 项目实施进行有效推进方面,应掌握一些基本要领;在项目如何评估中,要注意对实施后的应用效果评估;在项目风险控制中,要掌握项目产生风险的源头以及如何化解风险的方法;在回顾经验教训中,要了解失败的原因,善于总结经验,使项目向好的方面发展。

 **练习与思考题**

1. 什么是项目管理?
2. ERP 项目组织通常设为哪几级?
3. ERP 项目组长的条件是什么?
4. 实施 ERP 的步骤有哪些?
5. 如何对 ERP 项目实施进行评估?
6. 实施 ERP 有哪些风险?
7. ERP 实施要注意的哪几个关键问题?

第14章

金蝶 K/3ERP 供应链系统

学习目的

　　通过学习,掌握如何建立一个新账套,并对其进行初始化设置,掌握采购、销售、仓存及库存核算的各业务流程及操作。本章的学习内容主要是以金蝶 ERP K/3 软件为基础,通过对供应链(工业)综合的上机练习,熟悉 K/3 系统的业务流程;掌握 K/3 系统的基本操作方法;灵活运用 K/3 系统来操作日常业务。本章的重点和难点是了解工业供应链与其他系统的联系。

第1节　供应链系统初始化处理

▐▶ 14.1.1　供应链总体流程

　　金蝶 K/3ERP 的供应链总体流程如图 14－1 所示。

▐▶ 14.1.2　初始化前的准备工作

　　初始化是指完成手工与电脑系统的工作交接、数据交接、管理交接;也是指企业财务

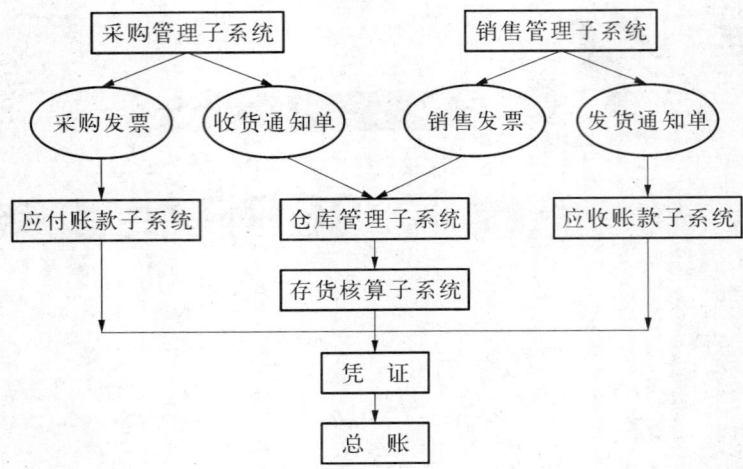

图 14-1　金蝶 K/3ERP 供应链系统总体流程图

和物流业务的背景设置和启用账套时的期初数据。

1. 新建账套

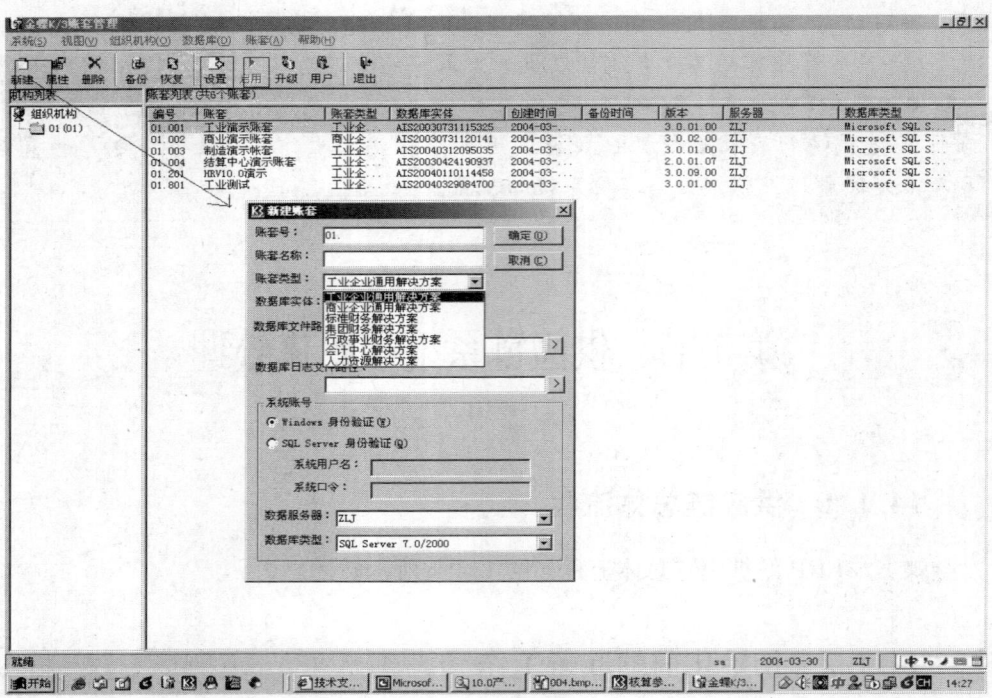

图 14-2　新建账套图

操作步骤如下：

（1）打开"开始"菜单中的"程序"→"K/3 系统中间层"的"账套管理"，初次使用时，选择用户名：Admin，无密码，直接点击"确定"。

（2）接下来，如图 14-2 所示，点击"新建"按钮，建立新账套，同时根据个人需要选好数据库的路径，并根据实际情况填写其账套基本参数（点击"设置"按钮）并启用。

需要注意 K/3 系统共给出了"工业企业全面解决方案"等九种"账套类型"，用户要根据自己的需要进行选择。例如，用户选择了"工业企业全面解决方案"类型，则账套能用 K/3 系统为用户提供的工业物流业务和纯财务业务的各模块。

（3）账套参数设置包括系统、总账、会计期间的设置三个部分。如图 14-3 所示。

系统：指录入用户企业的实际名称和其他相关资料。

总账：指按照用户的实际情况录入，其中"凭证过账前必需审核"可以选择也可以不选择，在以后的设置中还可以再次确认，主要用于总账系统的设置。

会计期间：指按照用户使用的会计期间严格录入，一经确认就无法进行更改了。

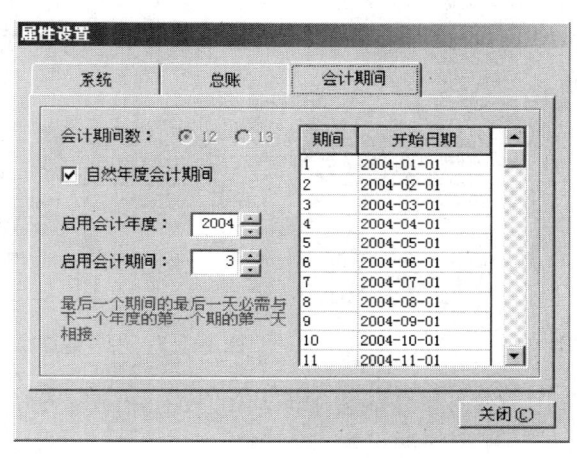

图 14-3　账套参数设置图

2. 账套的备份与恢复

（1）通常为了保证软件中财务数据的安全性，要对账套定期做数据备份。如图 14-4 所示。

图 14-4　账套备份的方式图

这里需要注意的事项有：

① 第一次备份要用完全备份。

② 备份后生成 *.DBB 和 *.BAK 文件。

③ 要定期将硬盘中的备份拷贝到外部设备上，拷贝时需要将备份生成的两个文件全部拷贝。

（2）当原账套数据遭到损坏，导致原账套无法使用时，我们可以使用"恢复"功能将原账套的备份数据以账套的形式解开进行使用。

注意：恢复时是以账套的形式恢复出来的，因此账套号及账套名是不能够重复的。

（3）批量备份。

账套自动批量备份的好处是一旦设置之后，系统就会根据设置的时间定时在后台自动进行备份，而且一次可以备份多个账套。

操作方法：点击"数据库"菜单，选择"账套自动批量备份"即可设置批量备份的内容。

3. 用户管理

操作步骤：双击"K/3 主控台"，以"administrator"用户登录，选择"系统设置"，然后单击"用户管理"图标，双击明细功能中的"用户管理"。用户管理操作流程如图 14-5 所示。

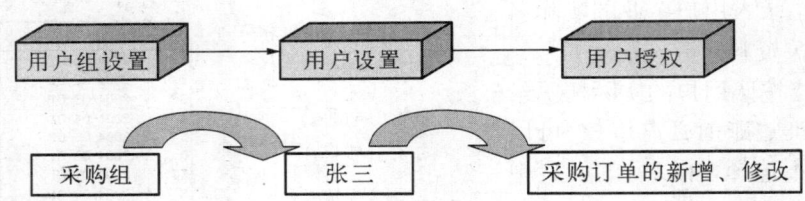

图 14-5 用户管理操作流程图

用户管理操作流程中涉及用户组、用户设置好用户授权三个步骤：

（1）用户组的设置

① Administrators 组：系统管理员组，是对 K/3 系统管理人员所在的组别，此小组中用户对 K/3 系统有最大权限，不需要对其组员进行授权。

② Users 组：K/3 操作人员所属组别，可按用户的需要增加，如出纳组、往来账组、财务组、仓库组等等。这些小组中人员对 K/3 系统的使用权利必须经过授权。

（2）用户设置

① Guest：系统提供，隶属于 Users 组，可以对 K/3 系统进行查询，如果需要其他权限可以通过授权获取。

② Morningstar 及 Administrator：系统提供，隶属于系统管理组，无需授权，拥有最大权限。

用户有三种登录方式：传统认证方式、动态密码锁认证方式和智能钥匙认证方式。系统允许用户可以根据自己的实际情况来决定选择合适的安全认证方式。

传统认证即是使用设置的固定密码作为验证用户身份的依据。而动态密码锁和智能钥匙认证，默认情况下不能使用。只有在中间层所在机器上已经安装了相对应的软件后，这两个选项才可以使用。

（3）用户授权设置

用户授权设置包括：

① 功能授权：允许对系统中的每一个具体功能进行授权，允许用户可以进入哪些子系统，可以使用哪些功能。

② 数据授权：通过对每一个功能定义具体数据的授权方式。

具体操作步骤：

A. 点击鼠标右键，弹出快捷菜单，点"新建用户"。在新建用户时如果需要密码，可以在"密码认证"处录入。

B. 选中需授权的用户，点击右键中的"权限"，弹出"权限管理"对话框。

注意：在"高级"中，对每项"系统对象"必须每修改一次就进行"授权"一次，不能在全部修改后授权，否则前面的项目等于没有修改过授权。

▶ 14.1.3　系统初始化

1. 系统初始化的流程

系统初始化的操作流程如图 14 - 6 所示，下面详细介绍其中的步骤。

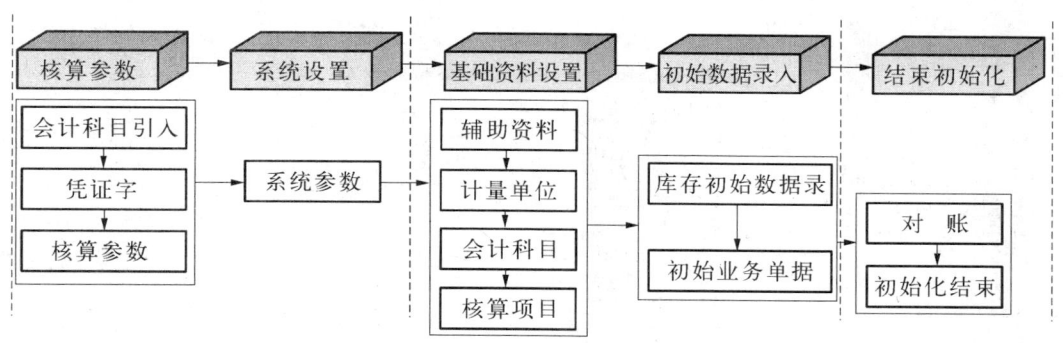

图 14 - 6　系统初始化业务流程图

2. 系统参数的设置

（1）引入会计科目。

系统在初始化时所做的重要的工作是，用户必须先在"账套管理"中新建一个账套（具体操作参照前面）；然后再到基础资料中引入会计科目和设置凭证字。

操作建议：该部分的信息应由财务和各部门提供完整的企业基本资料。

操作步骤：点击"系统设置"中的"基础资料"，双击明细功能中的"科目"，"文件"菜单中的"从模板中引入科目"，选择工业企业，并全选所有工业企业的会计科目。

（2）凭证字设置。

操作建议：常用设置 A. 收，付，转；B. 现收，现付，银收，银付，转；C. 记，转；D. 记。

操作步骤：点击"公共资料"中的"凭证字"。点击"新增"，输入凭证字。

注意：如果发现凭证字有误，可以点击"属性"进行修改或删除。

（3）核算参数的设置。

供应链系统初始化的第一步是核算参数的设置，它为供应链系统建立最基础的参数。核算参数是供应链系统的基础，它的设置关系到 K/3 系统工业供应链业务的处理，并且是保障系统正常运行的基础，用户在设置前要慎重考虑。

注意：核算参数一经设定并结束初始化后将不能返回再修改，而且在采购、销售、仓存、库存核算四个系统中，只要在其中任意一个系统进行初始化，其他系统也都会同时完成。

操作步骤：点击"初始化"图标，"销售管理"系统，双击〔系统参数设置〕，根据企业的实际情况进行设置：如图 14 - 7。

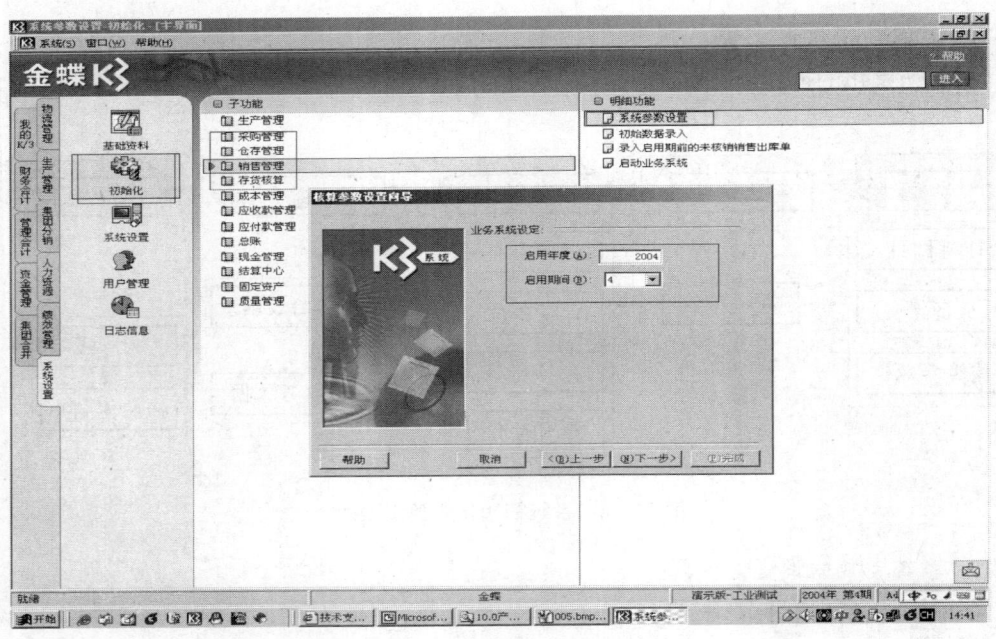

图 14 - 7　销售管理的初始化图

相关说明：

① 会计年度和会计期间：是 K/3 系统（工业）物流启用的会计年度和会计期间，建议与财务总账系统启用的会计年度和会计期间保持一致。

② 税率：一般是企业最常用的税率，企业可以根据自己特点选择和设置。

③ 选择"数量核算"，那么结账系统可从采购、销售、仓存三个系统中选。如果是数量金额核算，那结账系统只能是库存核算系统。

④ 库存结余控制：如果选择允许负结存，本系统将来在做物料出库时，如果该库物料数量不足时，将不会提示"库存数量不足"，允许该物料库存成为负数。建议用户不要使用"允许负结存"，因为负结存的产生是由于企业管理不规范所致，同时使用负结存会使计算的物料成本有偏差，并且不便于操作。

操作建议：在允许负结存情况下，建议物料的计划方法使用"计划成本法"，这样核算的成本准确性高。如图 14 - 8 所示。

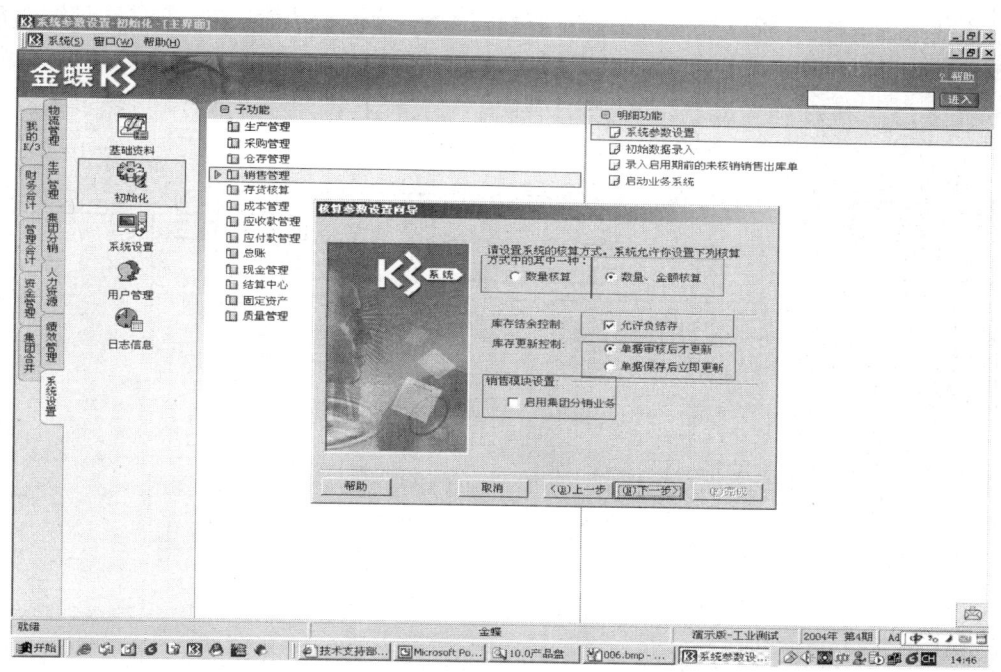

图 14 - 8　初始化核算参数的设置图

⑤ 库存更新：主要是针对库存的即时库存更新的处理，系统有两种选择，如果选择"单据审核后才更新"，则系统将在库存类单据进行业务审核后才将该单据的库存数量计算到即时库存中，并在反审核该库存单据后进行库存调整；如果选择"单据保存后立即更新"，则系统将在库存类单据保存成立后就将该单据的库存数量计算到即时库存中，并在修改、复制、删除、作废、反作废该库存单据时进行库存调整。

操作建议："库存结存控制"中是否负库存的判断就是根据即时库存所确定的。为了保证数据处理的严肃性，建议用户采用"单据审核后才更新"。

⑥ 销售模板设置：选择"销售模块区分内外销"，则系统会自动将销售按客户资料所在地的类型分类分成内销和外销两个模块并进行分开核算，使用的好处是可以对企业内部的权限加以控制。客户资料可以在客户资料处设置内销和外销两个组别来区分。如果不选择该项，则系统不会将内销和外销生硬地划分为两大模块，操作程序相同。

操作建议：建议用户不使用"销售模块区分内外销"。

⑦ 系统参数的设置：用于维护和查看整个系统的属性设置，如本公司的名称、地址、编码规则和其他设置等，这些设置会影响到系统运行时的属性。在供应链管理中，对于采购、销售、仓存和库存核算系统中都有系统设置，只要设置一个系统的基础数据即可。

操作步骤：在"系统设置"中，点"系统设置"图标，选择子功能中的"仓存管理"，双击明细功能中的"系统设置"。如图 14-9 所示。

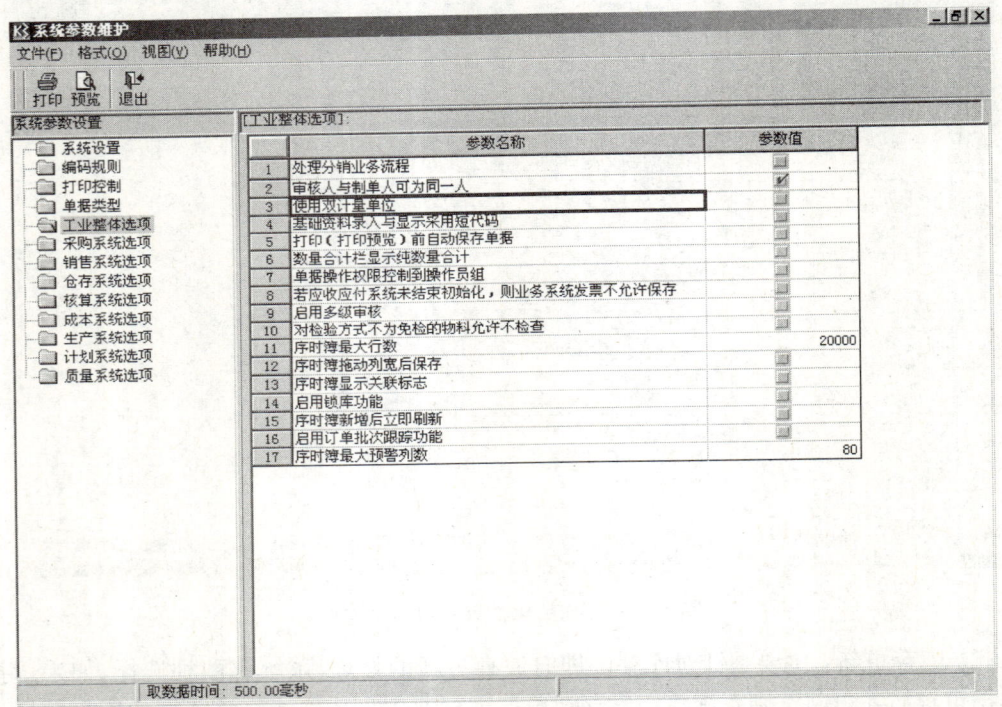

图 14-9　系统参数的维护图

系统设置注释：

① "期末结账时检查未记账的单据"：一旦选择，则系统在期末结账时会自动检查还有没有未记账的单据，如果有未记账的单据则提示停止结账。

② "审核人与制单人可为同一人"：一旦选择，那么在同一张单据上审核人与制单人

可以是一个人。用户在实际操作中审核与制单应不为同一人。

③ "使用双计量单位"：如果物料既有基本计量单位，又有常用计量单位，选择此项目后物料可以使用双计量单位来进行的计算和查询。

④ "金额在仓存中可见"：此功能选项意味着在仓存子系统中是否可以显示成本金额，用户可以根据需要选择。

3. 基础资料的设置

对于基础资料的设置，主要包括：

(1) 辅助资料设置。

辅助资料主要用于组成各种资料和单据的部分内容，即为辅助资料设置的页面。

① 本系统共设置了十五种辅助资料类别，且这十五种类别的辅助资料在以后的日常操作中可作为这十五种项目的直接获取来源，而用户自行设置新增的类别，则无此获取功能。所以建议一般不需新增类别，即使新增了也只能作为普通查询。

② 对于不熟悉本系统的用户，建议对辅助资料类别中各项内容暂不进行修改设置。只新增或修改删除一个类别中的内容——"职员类别"。因为职员类别涉及 K/3 系统工资模块中工资的分配，所以用户要仔细考虑自身工资分配的情况，再确定其内容。

(2) 币别。设置此项时，则根据企业的实际要求进行币种的选择。

(3) 凭证字资料，如前所述，不再赘述。

(4) 会计科目资料，如前所述，不再赘述。

(5) 计量单位。计量单位的设置，主要是为各系统的操作提供了计量单位的查询和获取。

其中，计量操作组的操作步骤是在"公共资料"中，双击明细功能中的"计量单位"，点击"新增"按钮。

计量单位的设置步骤是先选择一个计量单位组，再在右半边区域内任意点击一下，再点击"新增"。（此操作注意事项以后将不再提醒）

注意事项：

① 因为在设置物料资料时，物料的属性中只能获取到默认的计量单位，所以企业中有多少要用的计量单位，则必须要设置多少个计量单位组。

② 若一个计量单位组下有多个计量单位，则只有一个默认的计量单位，其余的则是辅助计量单位。

③ 系数为 1 的是默认计量单位。

④ 辅助单位和默认单位之间是通过辅助单位的系数进行换算的。

(6) 供应商资料：操作界面如图 14-10。

(7) 客户资料。客户资料的设置和修改，为各系统的操作提供了客户资料的查询和获取。客户资料的设置，操作界面如图 14-11。

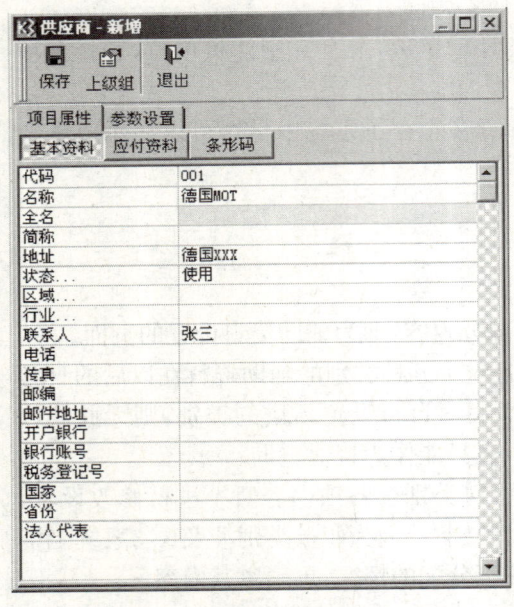

图 14 - 10   供应商属性的设置图

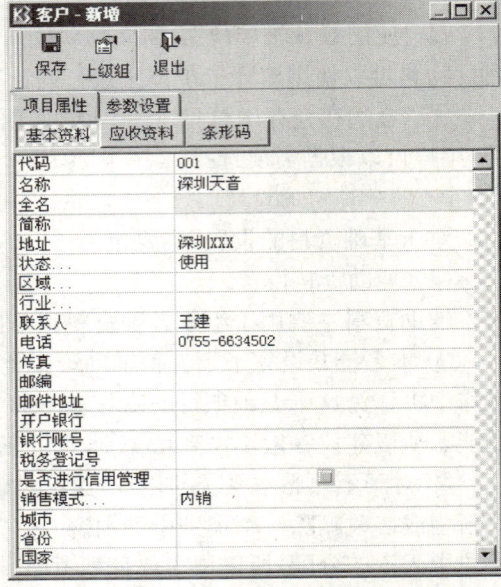

图 14 - 11   客户资料的新增页面图

操作步骤：在"公共资料"中，双击明细功能中的"客户"，点"新增"按钮，录入完后"保存"。

客户资料属性注释：

① 海关代码：非必输项目，用户如有出口项目，则应输入海关代码，记录销售客户设置和检验的海关。

② 销售模式：非必输项目，有外销和内销两种选择，根据客户资料实际情况而定。一旦设定了某客户为外销，则在制作销售订单时是查询不到的。

（8）部门资料。

部门设置主要提供了部门的设置和修改，为账套中各系统用到的部门信息提供了查询和获取的途径。

操作步骤：在"公共资料"中，双击明细功能中的"部门"，点击"新增"按钮。

注意事项：

① 核算科目代码为非必输项目，建议不要录入。

② 成本核算类型选项是成本管理系统需要控制的属性，表明该部门属于哪种成本核算类型，包括基本生产成本、辅助生产成本和期间费用部门。

（9）职员。

职员的设置和修改，为账套中各系统用到的职员信息提供了查询和获取的渠道。

职员资料的设置步骤：在"公共资料"中，双击明细功能中的"职员"，点"新增"按钮。

注意事项：提醒需要使用工资模块的用户，在新增加职员时，职员类别、职员部门和开户银行及账号必须输入。在输入非必须项目时，有些项目取自辅助资料或其他资料，当鼠标点击到该项目的空格时，会自动弹出下拉菜单供用户选择，也可以在点击该项目空格后按 F7 键，选择所需项目后再"确定"。其中，非必输入的项目，主要有：代码和名称、职员类别、职员部门、开户银行及账号等。

（10）仓库资料。

仓库资料的设置和修改，为账套中各系统用到的仓库信息提供了查询和获取的基础。

仓库资料设置的步骤：在"公共资料"中，双击明细功能中的"仓库"，点"新增"按钮。仓库类型分实仓、待检仓、赠品仓和代管仓四种类型。

注意事项：

① 实仓进行数量和金额核算，虚仓只进行数量核算，不进行金额核算；虚仓不处理仓位管理；一般来说，虚仓不宜处理物料批次管理、保质期管理。

② 仓位本身不属于核算项目，只是仓库核算项目的附属属性，因此不能被其他会计科目等基础资料下挂，也不能按仓位进行库存核算。

③ 在 K/3 工业供需链中，可以执行总仓核算、分仓核算和分仓库组核算等多种核算形式。因此，在仓库设置后，可以设置辅助资料——仓库组，然后使用"系统维护"→"系统设置"→"核算系统选项"→"仓库分组设置"中设置仓库组与仓库的关系。

（11）物料资料。

物料是物流系统核算的对象，它的设置将关系到收货、发货以及物料成本的结算，用户要慎重设定。代码是区分物料的唯一标志，在企业中经常存在物料名称相同的现象，为了正确的规范实施和使用 K/3 系统，建议用户和企业一定要用唯一的代码来区分各种物料和相同名称的物料。物料信息的设置和修改，主要是为账套中各系统用到的物料信息提供了查询和获取的依据。如图 14-12 所示。

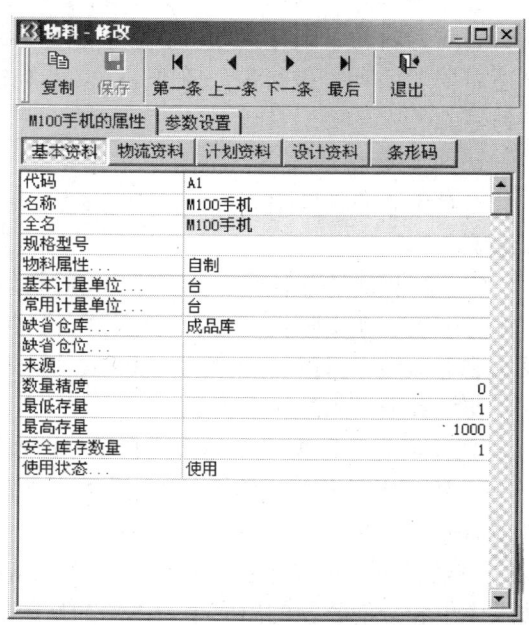

图 14-12　物料资料的设置图

操作步骤：在"公共资料"中，双击明细功能的"物料"，点"新增"按钮。

物料设置：

① 物料属性分为：规划类、配置类、特征类、外购、委外加工、虚拟件、自制。

② 基本计量单位能选择不同计量单位组中的默认单位。常用计量单位能选择与基本单位同一组中的所有单位。

③ 计价方法有：加权平均、先进先出、后进先出、分批认定、移动平均和计划成本法。

④ 库存、收入和成本科目是用来生成凭证时使用。

注意事项：

① 若物料已有业务发生，则计量单位，计价方法不允许更改。

② 设定物料类别资料时，可利用选择"上级组"选项，进行新增。增加明细的物料资料时，系统是通过在代码中加"."符号来确认物料上下级关系，与设定科目明细的方法相同。

③ 是否采用业务批次管理：是物料业务批次管理的唯一确定依据，如果选择该项，则标明当前物料将下设批号、处理明细批次的分类管理。除了确定物料的性质之外，用户还需要对批次进行编码管理，以使系统能根据不同情况、按业务运行的规则设置批号，从而使批号具有管理的性质。

④ 是否采用序列号管理：是物料序列号管理的唯一确定依据，如果选择该项，则标明当前物料将下设序列号，按每一个物料编号管理。除了确定物料的性质之外，用户还需要对序列号进行编码管理，以使系统能根据不同情况、按业务运行的规则设置序列号。

4. 初始数据录入

当对企业的各项相关资料设置完成后，则需要将物料及财务的期初数据准备好并录入系统。

（1）初始数据是本系统启用时仓库物料的结存情况的记录。系统设置初始数据分仓库进行录入。在实际成本法下，录入的资料包括物料代码、结存数量、结存金额；在计划成本法下，录入的资料包括物料代码、结存数量、结存金额、材料成本差异。

初始数据录入的注意事项：

① 录入初始数据时要分不同仓库分别录入。

② 物流的计价方法如采用"先进先出、后进先出、分批认定法"，则在录入初始数据时必须通过双击"批次/顺序号"进行输入。

③ 物流系统初始数据包括除了仓库的结存数量和金额以外，还有启用期间以前的暂估入库单和分期收款的出库单录入的初始数据可以与总账系统的库存科目核对，同时也可以把初始数据传递到总账系统。

图 14-13　初始化的设置图

④ 初始化可与日常单据同步,但单据不能审核。如图 14-13 所示。

操作步骤:在"系统设置"中,点"初始化"图标,选择子功能中的"库存管理",双击明细功能中的"初始数据录入",录入期初数量。

(2) 对账功能,是 K/3 系统(工业)供需链提供的一种核对功能,是将物料的期初数据按所属科目汇总,并与汇总数据与总账核对。此内容是供需链系统初始化和总账初始化的接口。对账表中科目的初始数据一定要和总账系统初始数据一致。如果数据不一致,那么物料上的科目代码可能和总账的科目代码不符合。如果总账未结束初始化可通过传递功能将数据直接输入到总账。

操作步骤:点击左上角的"对账",系统会自动生成一张有关库存的科目汇总表(初始数据对账表),可以将其中的数据与总账系统中的这些科目的数据进行核对。

注意事项:这项内容是物流系统初始化和总账初始化的接口。对账表中科目的初始数据一定要和总账系统初始数据相一致。

(3) 初始化数据录入除了期初数量金额以外,还包括一些初始化之前未收到采购发票的暂估入库单、未开销售发票的销售出库单以及已经发出但未加工好的委托出库单也是要录入到系统中的,此项的目的就是当系统启用后能和实际中的一致。

操作步骤:点击"初始化"图标,选择子功能中的"库存管理",双击明细功能中的"录入启用期前的暂估入库单"和"录入启用期前的未核销销售出库单",然后点击"新增"按钮,录入完单据后要"保存"、"审核"。其中,"未核销销售出库单"指的是销售业务中还没有开具销售发票给客户的销售出库单据;"暂估入库单"指的是采购业务中没有收到对方单位开出发票的外购入库单据。

注意事项:

① 在日常的单据序时簿,可以查询到启用期前的暂估入库单或者启用期前的未核销销售出库单,但在"工具"→"系统初始化"→"录入启用期前的暂估入库单"或者→"工具"→"系统初始化"。

② 录入启用期前的未核销销售出库单,显示的序时簿上不能查询到启用期当期或者启用期后期间的外购入库单和销售出库单。

③ 由于在启用期初的账务余额中,已经包括了以前期间进行暂估的单据的财务金额(即为已经在总账系统中生成凭证),所以,启用期前的暂估入库单在业务系统不再生成暂估凭证,等到单据(发票)到后,统一进行单据到后的冲回处理。

④ 以上提到的两种单据是不能调整期初余额,系统将严格控制其不能计算到本期报表以及即时库存中;在执行启用业务系统操作时,必须保证单据已审核才能启用。

功能背景说明:

企业在系统启动日期之前,可能有一些业务还没有处理完毕,如采购业务中,当没有收到对方开出的发票时,无法确定已入库的货物的成本而只能暂估入账,所以在系统启用期前还可能有些暂估入库单。而另外一些业务,可能由其业务性质决定了不能在一期完成,而是需要分期进行,如在销售业务中,处理分期收款的销售业务时,肯定会存在一些尚未核销的前期销售出库单。而在 K/3 系统中以后处理此类业务发票审核时需要用到这些启用期前的单据。因此,造成初始化期间需要输入这两种类型单据,以便日后进行业务处理。

5. 启用业务系统

启用业务系统即为启用账套。如图 14-14。

操作步骤:双击明细功能中的"启用业务系统"。

注意事项:物流系统一旦启用,初始数据就不能进行修改,该操作不可逆。在执行启用业务系统操作时,必须保证单据已经审核才能使用。

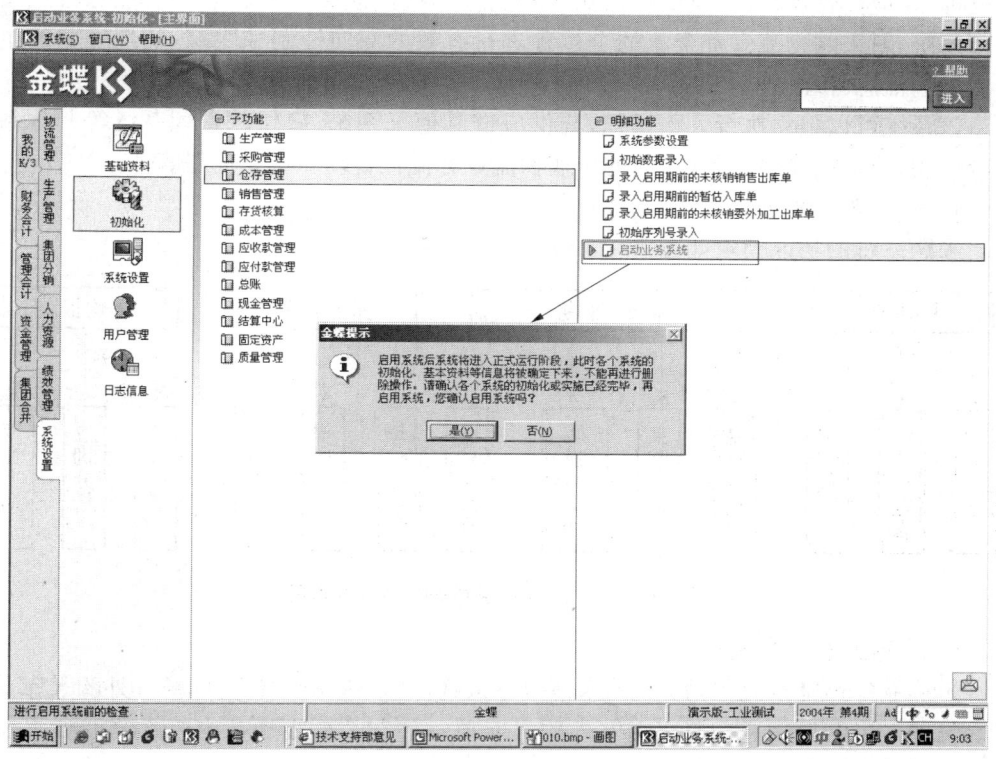

图 14‑14　启用业务系统图

第 2 节　工业供应链基本业务操作

工业供应链的基本业务操作即为物流业务的操作。物流业务是工业企业中非常重要的一项工作,本节的重点就是介绍物流业务所涉及的采购系统、销售系统、仓存系统以及库存核算系统的基本业务操作。

14.2.1　采购管理的业务处理

采购管理系统,是通过采购申请、采购订货、进料检验、仓库收料、采购退货、购货发票处理、供应商管理、价格及供货信息管理、订单管理、质量检验管理等功能综合运用的管理系统,对采购物流和资金流的全过程进行有效的双向控制和跟踪,实现完善的企业物资供应信息管理。

该系统可以独立执行采购操作,与供应链其他子系统、应付款管理系统等其他系统结合运用,将能提供更完整、全面的企业物流业务流程管理和财务管理信息。

1. 采购系统的功能模块

采购系统的功能模块如图 14 – 15 所示。

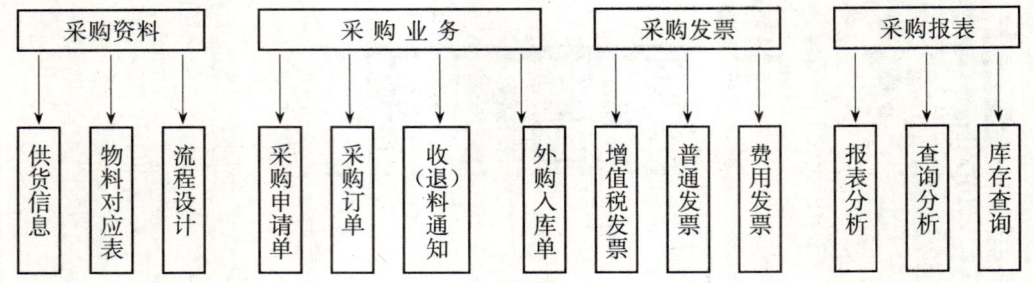

图 14 – 15   采购系统的功能模块结构图

2. 采购业务基本流程

采购业务的基本流程为:采购申请单→采购订单→采购收料通知单→外购入库单→采购发票→采购退货通知单→红字外购入库单→红字采购发票。由于在第 9 章采购管理中已有详细介绍,此处不再赘述。

3. 采购业务处理

采购业务主要包括货到单未到、暂估入库、单货同到、单到货未到、退货业务和待验仓业务等六种类型,下面逐一加以介绍。

(1)货到单未到。

处理流程:采购申请单→采购订单→采购收料通知单→外购入库单→采购发票
(此业务中采购申请单、采购收料通知单可省略不做)

A. 要点:

① 采购订单或收料通知单是采购系统与仓存系统连接的关键接口,仓存系统的外购入库单就可以根据其引入生成,它是物料入库的依据。

② 外购入库单和采购系统有两个接口,一个是从采购订单或收料通知单引入数据生成外购入库单,另一个是外购入库单本身又是采购发票的生成数据来源。外购入库单是与库存核算系统中的外购入库核算接口。

③ 采购发票是采购系统的关键操作,它涉及及付款和确定采购成本,所以是采购系统与本软件中应付账款系统和库存核算系统的接口。

④ 从供需链系统传递到应付账款子系统中的发票,不能在应付账款系统中生成凭证,只能在库存核算系统中做。

⑤ 采购发票审核实际上是采购发票和采购入库单的核对。

B. 操作要点:

① 单据录入时如需"关联"其他单据生成,可通过"××单号"选择所需的单据进行,但要注意"关联"所选择的单据必须经过审核。

② 发票审核时,必须注意以下两点:发票必须是当期的单据,否则无法审核;发票审核时,必须确保进行审核的发票与其对应的入库单中物料及数量一致。

③ 发票保存后会自动传递到应付系统。

④ 可以利用序时簿中的"拆单"选项进行以前期间的外购入库单拆分工作。拆单时,原单称为母单,由原单拆分出来的单据称为子单(例如:原单代码为 SP001,拆分出来的子单代码则为 SP001A、SP001B…),从母单拆分出来的子单是不能再进一步拆分,而母单则要继续拆分。

⑤ 拆分后的单据可通过外购入库单序时簿中的"合并单据"选项进行单据合并工作。

⑥ 采购申请单可以进行多张单据合并生成一张单据(在序时簿中的"编辑"菜单"合并"选项)。如图 14-16 所示。

图 14-16　采购申请单图

（2）暂估入库。

处理流程：

采购申请单→采购订单→采购收料通知单→外购入库单→采购发票（下月做）

（此业务中采购申请单、采购收料通知单可省略不做。）

操作：在本系统中提供了"单到冲回"和"月初冲回"两种暂估处理方式。

A. 采用"单到冲回"方式时操作步骤：

① 当月将"外购入库单"作估价入账处理并生成估价入账凭证。

② 下月发票到后在采购系统补发票并审核。

③ 在库存核算系统"生成凭证"中做暂估冲回凭证（红字冲回凭证）。

④ 系统将自动生成"补差额外购入库单"。

⑤ 在库存核算系统"生成凭证"中做外购入库凭证。

B. 采用"月初冲回"方式时操作步骤：

① 当月将"外购入库单"作估价入账处理并生成估价入账凭证。

② 下月月初系统在库存核算系统中自动生成"红字冲回凭证"冲销估价入账凭证。

③ 如下月仍未收到发票，月末须在库存核算系统中做估价入账凭证。

④ 发票到后采购系统中做发票并审核生成凭证。

⑤ 同时系统也会在采购系统中自动生成"补差额外购入库单"。

（3）单货同到和单先到货后到。

处理流程：采购申请单→采购订单→采购发票→采购收料通知单（从采购发票获取）（不可省略）→外购入库单

注意：采购申请单如果用户没有这些程序，那么就可以不操作。

（4）退货业务。

业务流程：采购退货通知单（可省略）→红字外购入库单→红字采购发票。其中采购退料通知单如图 14-17 所示。

（5）待验仓业务。

通过待检仓可以实现：

① 受托代销商品处理；

② 所赠物品非所购物品的入库处理；

③ 供应商的发货数量大于实际订货量的备用产品入库处理；

④ 代管物资业务处理。

对于收料通知单、退料通知单既能录入实仓又能录入待检仓。录入待检仓时，则从待检仓出入库。

待验仓出入库业务流程：收料通知单（入库）→退料通知单（退料、出库）

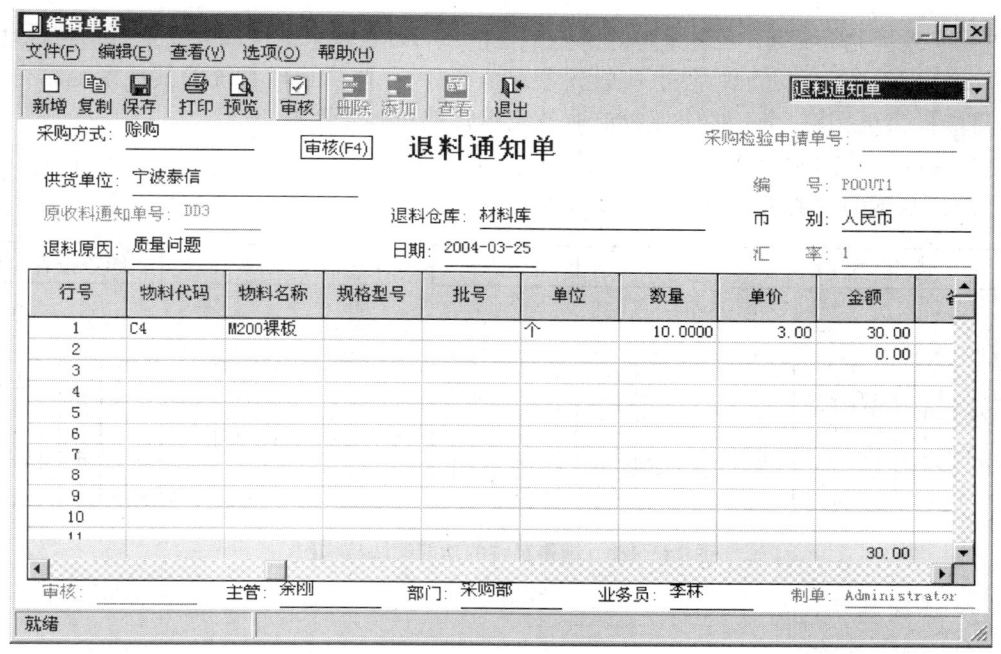

图 14-17　退料通知单图

【案例 14-1】　受托代销商品业务

处理方法：

① 收到受托商品时，做一张收料通知单，注意此时的仓库应当是待检仓，如没有建立代检仓则要先增加待检仓库。

② 销售受托商品时，要从待检仓转出相同数量的商品，先做外购入库单，入库单必须选择（代检仓）收料通知单关联，入实仓，同时生成采购发票（此发票是与委托方的结算发票），还有要做一张实际的销售发票和销售发出单，发到目标客户。

③ 当还有受托商品要退回到受托方时，只要再做一张退料通知单，从待检仓发回受托方。

④ 在采购业务报表中，查看待检代管物料收发台账可以得到结余的受托商品情况。

⑤ 在核算报表中提供了一个分期收款发出商品明细表，可以查询分期收款发出商品的发出情况，同时结合销售出库序时簿（根据不同的条件），可以得到已付款的商品情况。

操作要点：待检仓只进行数量核算，不进行金额核算。

14.2.2　销售管理业务处理

销售管理系统，是通过销售报价、销售订货、仓库发货、销售退货、销售发票处理、客户管理、价格及折扣管理、订单管理、信用管理等功能综合运用的管理系统，对销售全过程进行有效控制和跟踪,实现完善的企业销售信息管理。该系统可以独立执行销售操作;与采购管理系统、仓存管理系统、应收款管理系统、库存核算管理系统等其他系统结合运用,将能提供更完整、全面的企业物流业务流程管理和财务管理信息。

1. 销售系统功能模块

销售系统的功能模块如图 14-18 所示。

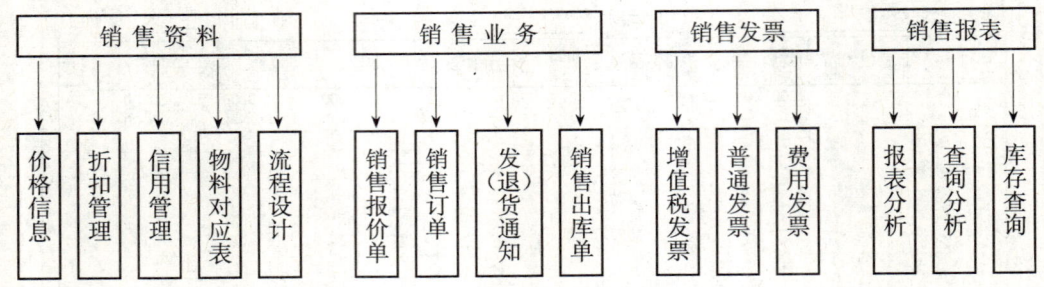

图 14-18 销售系统的功能模块结构图

2. 基础概念

(1) 销售订单。

销售订单是客户资料根据销售报价单制定并提交给销售部门的订货单。销售订单不仅是销售管理系统的重要单据,而且在 K/3 工业供需链系统中处于核心地位。销售订单可以通过手工录入、合同确认、销售报价单关联、购货分支机构的采购订单或内部订单转换(集团分销业务)等多途径生成。

(2) 销售发票。

销售发票是企业销售产品时销售部门开具的发票,是财务上非常重要的一种原始单据,销售发票是供需链的重要信息中心之一,是联系财务、业务系统的重要桥梁。专用发票是指增值税专用发票,专用发票上记载所收取的销项税额抵扣采购增值税专用发票上记载的购入货物已支付的税额,普通发票是指除了专用发票之外的发票或其他收购价凭证。

(3) 销售出库单。

销售出库单,又称发货库单,是确认产品出库的书面证明,是处理包括日常销售、委托代销、分期收款等各种形式的销售出库业务的单据。

3. 销售业务的基本流程

销售报价单→销售订单→销售发货通知单→销售出库单→销售发票→销售退货通知单→红字销售出库单→红字销售发票。

注意:核心业务三方关联,是指在采购和销售业务处理中,"订单→出、入库单→发票"组成业务系统的核心单据,当形成业务流程、传递关联时会综合出、入库单的数量信息和订单的价格信息来完成发票的关联。即当发票关联出、入库单生成时,发票除了取得出、入库单上的数量信息之外,还要从该出、入库单所关联的订单上取得订单价格信息。

4. 销售业务处理

销售需要处理类型有如下几种业务。

(1) 开票与发货同时进行或先发货后开票。

处理流程:销售订单→销售发货通知单(可省略)→销售出库单→销售发票

要点:

① 销售订单、发货通知单是销售系统与仓存系统连接的关键接口,它是产品出库的依据。

② 销售发票是销售系统的关键操作涉及收款和确定销售成本,所以是销售系统与 K/3 系统中应收账款子系统和库存核算子系统的接口。

③ 从供需链系统传递到应收账款子系统中的发票,不能在应收账款系统中生成凭证,只能在库存核算系统中做。

注:销售发货通知单可以不做。

(2) 先开票后发货。

处理流程:销售发票→销售发货通知单(从销售发票获取)(不可省略)→销售出库单

(3) 销售退货(一般先退货,后开发票)如图 14-19。

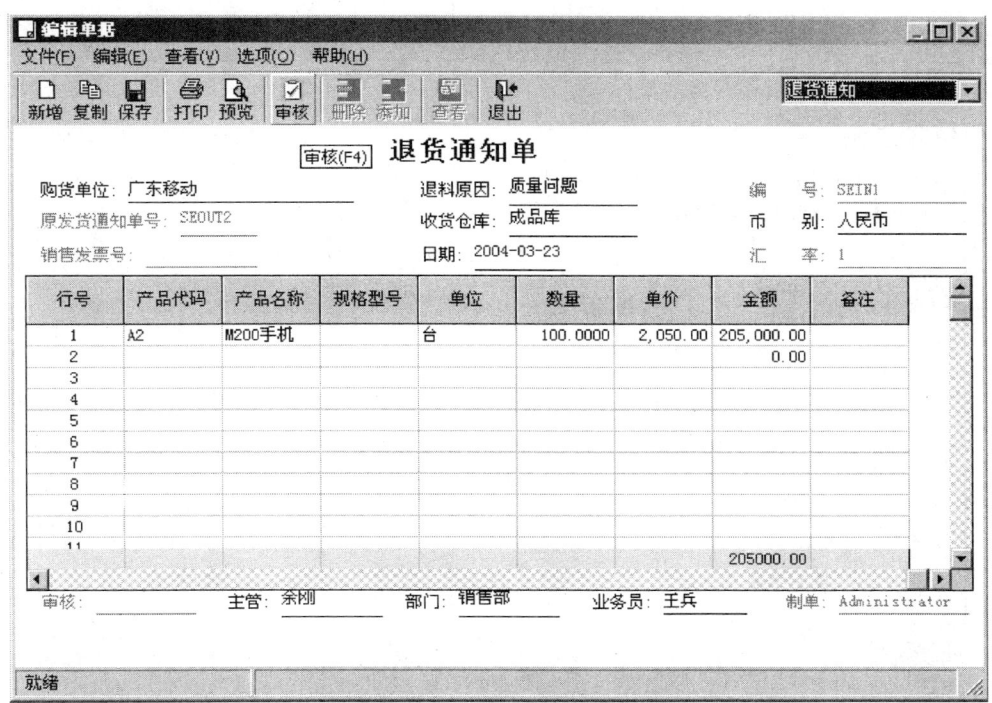

图 14-19　退货通知单图

处理流程：销售退货通知单(可省略)→红字销售出库单→红字销售发票

注意：发生销售业务时，如销售方式为现销，此业务的销售发票不会传递到应收系统中；如销售方式为赊销、分期收款等方式，则发销售发票会自动传递到应收系统中。

(4) 分期收款业务。

① 先做分期收款发出商品的销售出库单，销售方式选择分期收款。

② 在核算模块，根据此销售出库单生成凭证(事物类型选择，销售出库——分期收款)，此是借方为分期收款发出商品。

③ 当收到款时，做销售发票，发票类型选择分期收款，在审核发票时(分期收款发票，只能跟分期收款销售出库单)，可能发票数量和出库单数量不等，可先把分期收款销售出库单拆分。

④ 在核算模块生成收入凭证，同时凭证会结转分期收款发出商品，转成库存商品。

业务流程：销售出库单→(下月收款时做)销售发票。

操作要点：

下月进行发票审核时，必须先在销售出库单序时簿(如图 14 - 20)中，利用"编辑"菜单中的"拆分单据"选项进行销售出库单的拆单工作，然后再将拆分的单据与对应的销售发票审核。

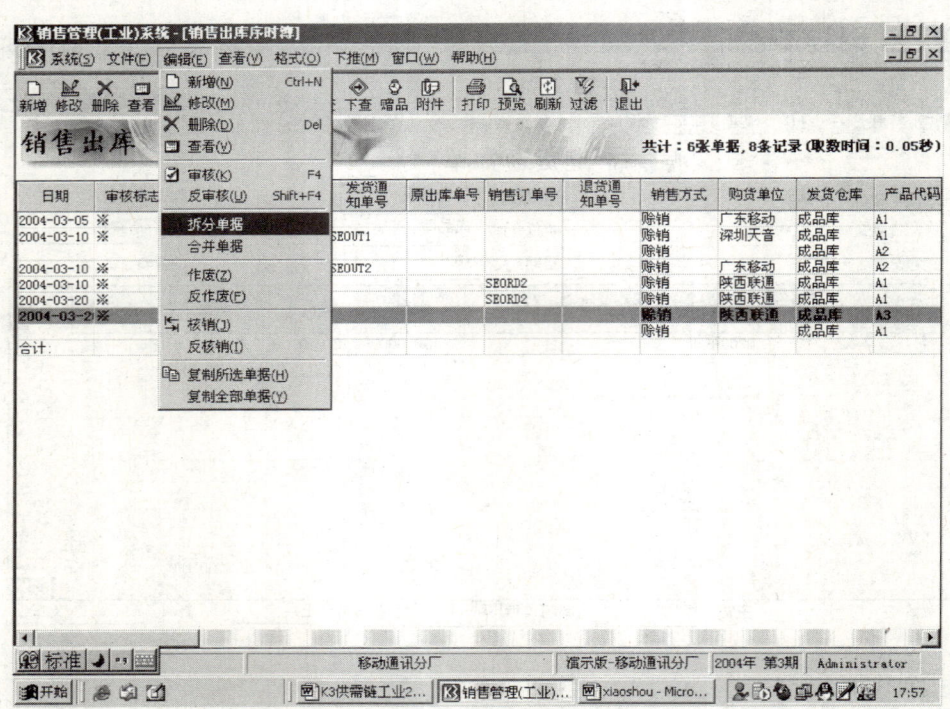

图 14 - 20　销售出库序时簿图

14.2.3　库存管理系统业务处理流程

1. 库存管理系统的业务流程

库存管理系统的业务流程如图 14 - 21 所示。

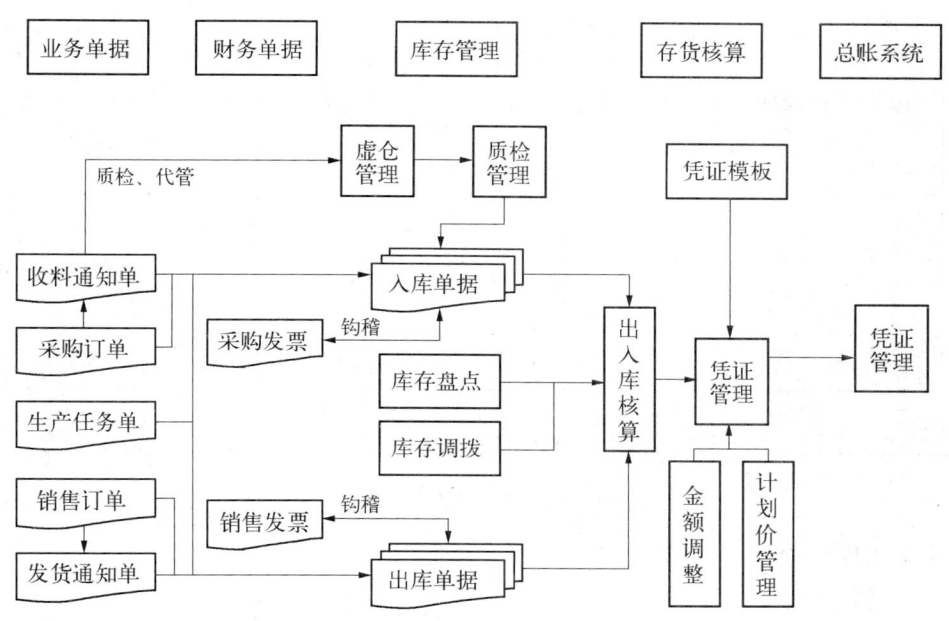

图 14 - 21　库存管理的业务流程图

2. 仓库业务的处理

（1）入库业务。

① 外购入库。

外购入库主要是指企业从供应商处购入原料的一个物流活动。

操作步骤：物流管理→仓存管理→验收入库→外购入库单—录入→填制单据中相关内容→保存→审核。

② 产品入库。

产品入库主要是指企业对经过生产部门生产和加工完成的半成品以及产成品入库的一种物流活动。产品入库是指企业中物料内部的流动。如图 14 - 22 所示。

操作步骤：物流管理→仓存管理→验收入库→产品入库—录入→填制单据中相关内容→保存→审核。

③ 其他入库单。

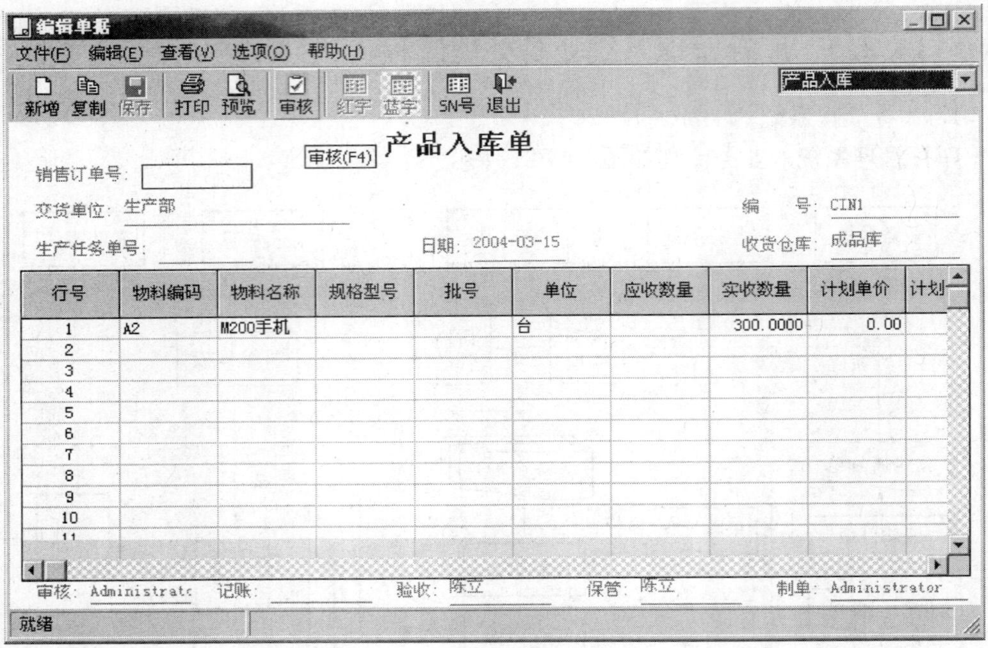

图 14－22　产品入库单图

（2）出库业务。

① 销售出库。

销售出库主要是指企业销给客户的业务过程,属于仓库出库。

操作步骤:物流管理→仓存管理→领料发货→销售出库—录入→填制单据中相关内容→保存→审核。

② 生产领料。

生产领料是指企业生产产品的领用材料的过程,实际上也就是指物料的出库。产品领料单如图 14－23 所示。

注意:不同仓库的物料不能制作在同一张领料单上面。

操作步骤:物流管理→仓存管理→领料发货→生产领料—录入→填制单据中相关内容→保存→审核。

③ 其他出库的处理。

企业中常有一些不开销售发票的产品出库,比如说赠品。赠品的出库主要有两种:一种是企业自己的产品赠与客户,这时录入"其他出库单"从实仓发货;另一种是指赠品本身是一些小饰品和小礼品,这时录入"赠品出库单"从虚仓中发货。

（3）受托加工的处理。

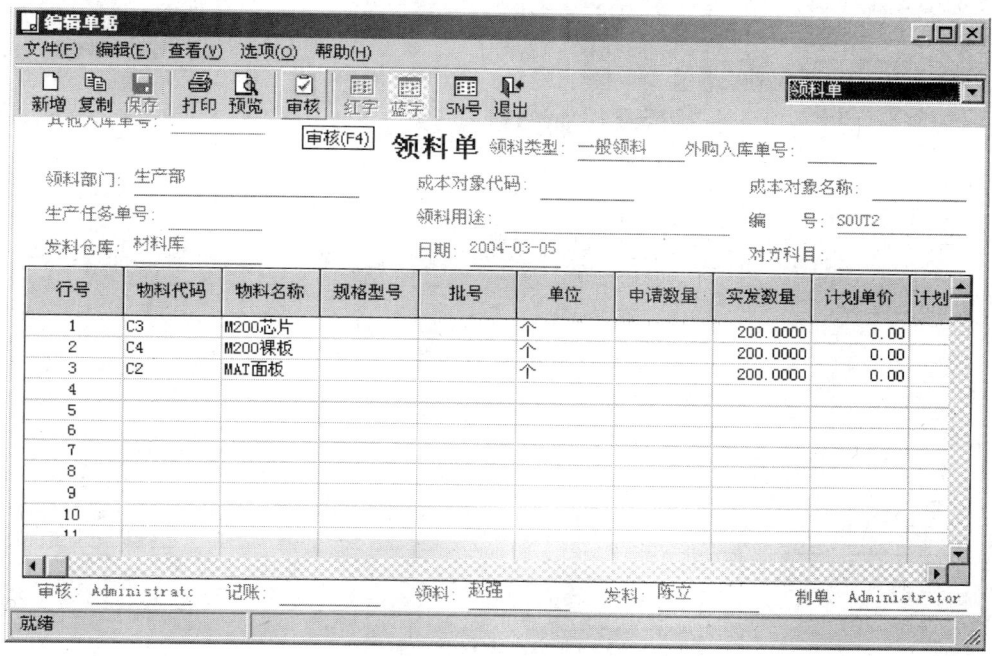

图 14 - 23　产品领料单图

处理流程：

销售订单→受托加工材料入库→受托生产任务单→生产领料单→受托加工领料单→出库核算→产品入库单→入库核算→销售出库单→销售发票。

操作要点：① 受托材料入代管仓；② 销售出库单增加业务类型，用以区分委托加工出库还是产成品出库。

（4）仓库调拨业务处理。

仓库调拨是指将物料从一个仓库转移到另一个仓库。调拨处理中不涉及物料的成本和金额的确定。调拨单如图 14 - 24，虚仓调拨单如图 14 - 25。

操作步骤：物流管理→仓存管理→仓库调拨→调拨单—录入→填制单据中相关内容→保存→审核。

（5）虚仓管理（不参与成本核算）。

虚仓管理是指与仓库业务相关的单据的新增及其他相关处理，包括赠品入库、赠品出库、虚仓调拨等单据及序时簿相关功能和业务的处理以及虚仓业务报表的处理。

（6）库存盘点以及盘盈盘亏处理。

处理流程：备份账存数据→打印盘点表→录入盘点数据→编制盘点报告→自动生成盘盈盘亏单据→账面数据调整。

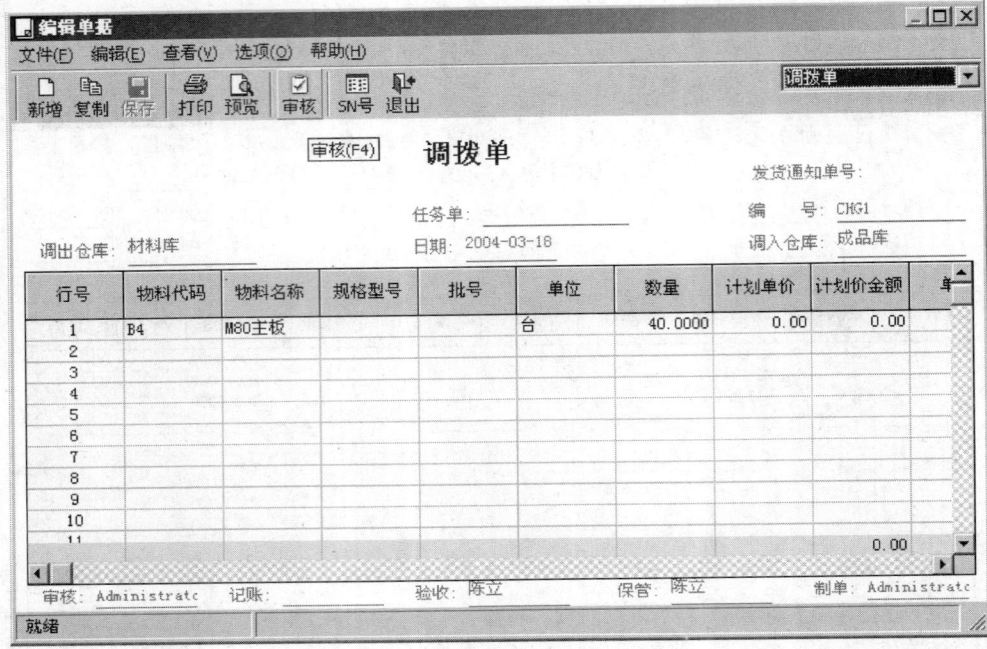

图 14–24 实仓调拨单图

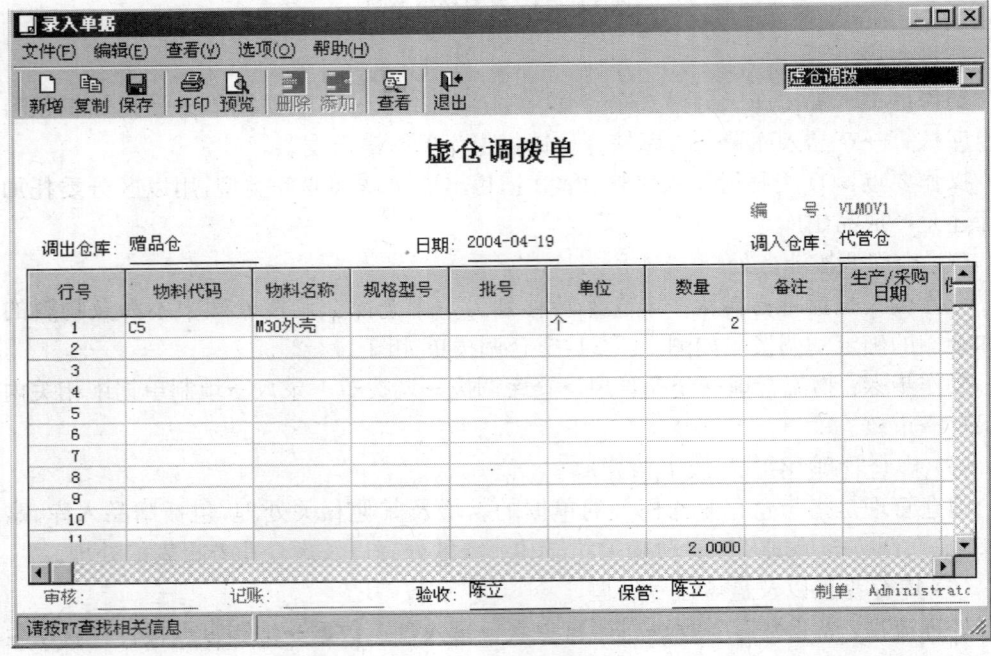

图 14–25 虚仓调拨单图

272

操作要点：

① 当企业一旦确定了一个固定的盘点日期，从此盘点日期开始到盘点结束时的仓存进出要从盘点结果中调整出去，调整后数据才能与财务账对比。

② 企业盘点经常会遇到仓库不能停止收发物料的情况，而盘点期间发生的物料收发业务会影响盘点数据的正确性，查看菜单中"选单"的功能就是对盘点期间发生的业务单据进行选择，来调整实存数量。

③ 备份账存数据只是针对实仓进行，虚仓暂不进行处理。仓库还有未审核的与出入库单相关的单据，系统提示不能备份；如果该仓库已经备份，而且该仓库还未输出盘库单，则系统不能备份该仓库数据。

④ 盘点表中设置了"账存数、实存数、盘点数"三栏，"账存数"是与盘点日最近的账面截止日（即盘点备份日）的库存余额；"实存数"是截止账面日库存实际的余额，它是盘点的实际数量和还未入账的出入库单加/减之后的库存余额，系统通过〈选单〉选择盘点期间的单据并自动计算实存数；"盘点数"是盘点日盘点人实际清点的库存额。

（7）金额调整的处理。

物料金额调整是指仓库物料的数量正确但金额有误，只调整金额不调整数量的业务处理。

（8）其他业务的处理。

除销售、采购和生产业务以外的物料收发业务在其他入库单和其他出库单中进行处理（如：赠品出库、捐赠物料等）。

注意：以上供应链系统中的各种单据都必须通过库存核算系统中生成凭证。

14.2.4　库存核算系统

1. 库存核算系统功能模块

库存核算系统的功能模块如图 14－26 所示。

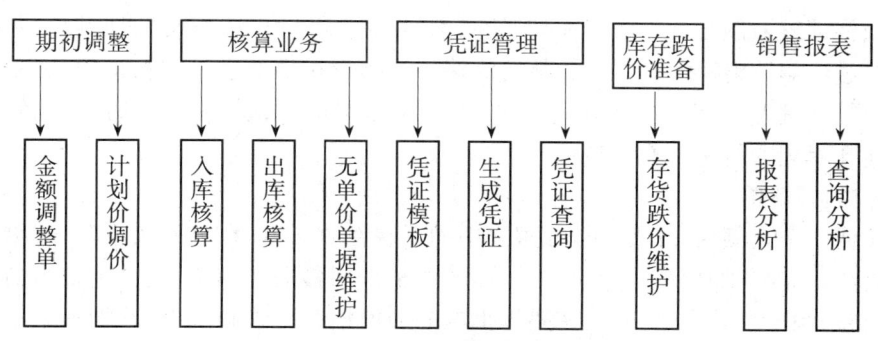

图 14－26　库存核算系统功能模块结构图

2. 库存核算业务流程

库存核算的业务流程如图 14 - 27 所示。

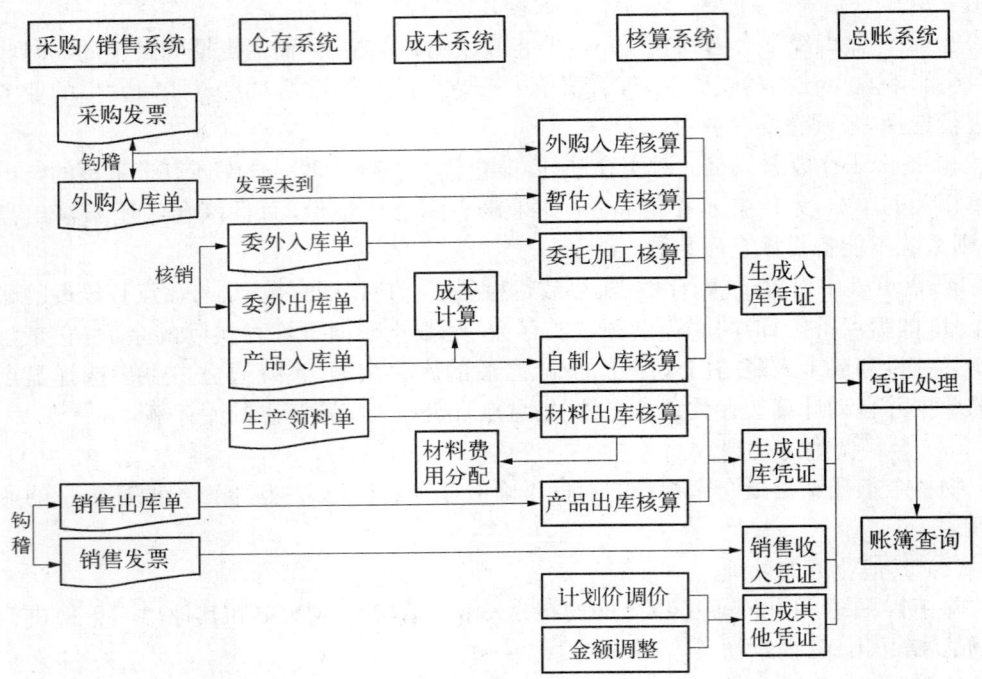

图 14 - 27　库存核算的业务流程图

3. 库存核算业务的处理

(1) 金额调整。

物料金额调整是指仓库物料的数量正确但金额有误,只调整金额不调整数量的业务处理。

系统将调整差额自动生成金额调整单,日期为本期间的第一天(即期初),并自动审核。可通过金额调整模块查看。调整后的期初余额行在下次进入期初余额调整模块时,金额会回复到调整前,但与未调整过的行填充颜色不同,再次调整出单时,会删除上一次生成的同仓库同物料的金额调整单。

① 金额调整单。

金额调整单金额为正或为负,在报表中均反映在收入方,在出库核算时,若物料采用加权平均法,则参与加权平均单价的计算,若物料采用移动平均法,也会调整当前平均单价,若物料采用分批认定法,则会调整该批次的当前结存单价和金额,若物料采用先进先出法、后进先出法,则正金额为入库序列,负金额为出库序列。若物料采用计划法,因金额调整单无数量,均表现为入库的材料成本差异。

操作步骤:物流管理→库存核算→期初调整→金额调整单→新增→保存→审核。

② 计划价调价单。

当用户使用计划成本法计算物料成本时,必然会遇到计划价格调整的问题,其主要的功能是用来录入计划价格调整后的数据,并制作凭证模板来生成计划单价变动凭证调整财务账。

操作步骤:物流管理→库存核算→计划价维护→调价单据录入。

(2)入库核算。

A. 外购入库核算。

外购入库核算,主要针对企业对外采购并已收到发票的入库材料进行核算。它的核算以采购发票上的金额和对应的入库单中的数量为准,保证核算的正确性。所以在外购入库核算中显示的是采购发票,没有发票的物料入库是暂估入库,不属于外购入库核算的范围。核算成功是正确生成外购入库凭证的前提,因为只有经过核算才能保证采购发票与外购入库单金额平衡。

处理流程:分配采购费用→核算外购物料的入库成本。

操作步骤:

① 分配费用:物流管理→库存核算→入库核算→外购入库核算→过滤条件选择"全部"→"核算"菜单→费用分配方式:按金额分配→用 shift 键选择所选企业的单据→点"分配"按钮。

② 核算外购入库物料:点击"核算"。

B. 库存估价入账。

主要用来对本期发票未到的入库单进行估价。

操作步骤:物流管理→库存核算→入库核算→库存估价入账→过滤条件选择"全部"确定暂估入库物料成本,→要将入库单据打开直接输入成本。

C. 入库核算。

录入方式:手工录入、引入外部数据或产品入库的成本直接从成本系统写入(若成本系统已启用)。

操作步骤:物流管理→库存核算→入库核算→自制入库核算→过滤条件选择"产品入库(计划成本部分)"或者"盘盈入库(计划成本部分)"→手工录入单位成本→点"核算"按钮。

D. 委外加工入库核算。

外购入库实际成本根据相关联的采购发票和用户录入的各种采购费用自动计算得到,支持多币别核算。可选择按数量、金额或手工分配采购费用。计入外购入库成本的采购费用和不计入外购入库成本的税金合并生成其他应付单传递到应付系统。系统将实际成本与暂估成本之间的差异自动生成暂估补差单。

操作步骤：物流管理→库存核算→入库核算→委外加工入库核算→点"核销"按钮→选择委外加工入库对应的委外加工发出单→录入本次核销数量→再点"核销"按钮→完成后点"核算"按钮。外购入库核算如图 14 - 28 所示。

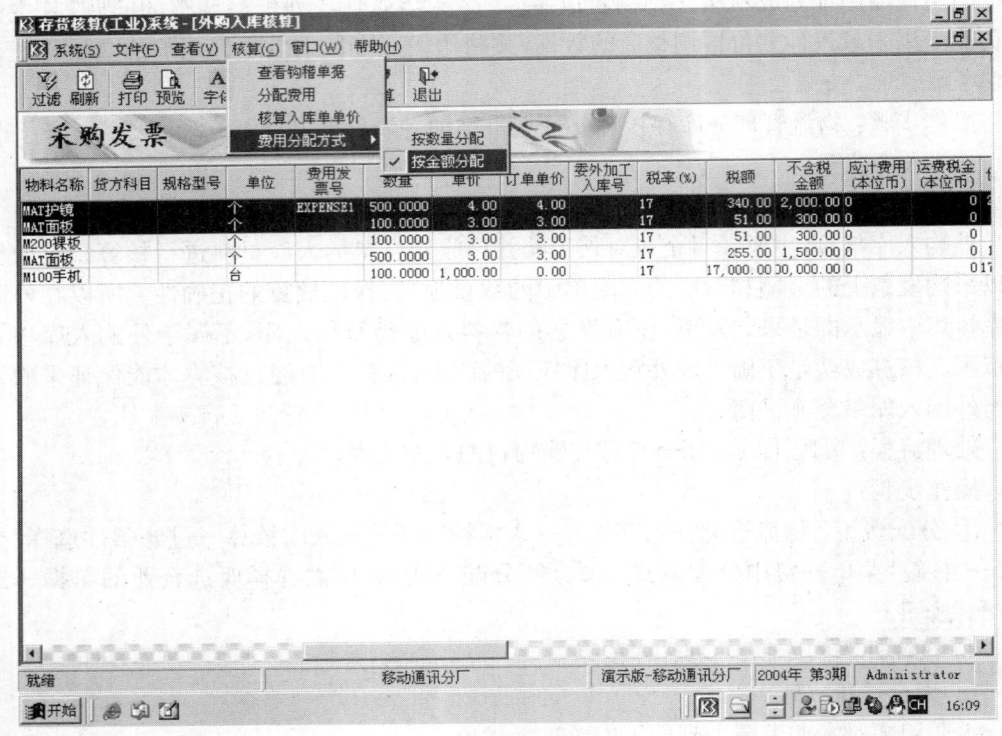

图 14 - 28   外购入库核算图

（3）出库核算。

① 材料出库核算。

操作步骤：物流管理→库存核算→出库核算→材料出库核算→结转本期所有物料→完成。

② 产成品出库核算。

操作步骤：物流管理→库存核算→出库核算→产成品出库核算→结转本期所有物料→完成。

③ 红字出库核算。

操作步骤：物流管理→库存核算→出库核算→红字出库核算→打开单据录入单位成本。

④ 不确订单价单据的维护。

操作步骤：物流管理→库存核算→无单价单据维护→无单价单据更新—序时簿→确定。

（4）暂估冲回。

暂估冲回的方式有两种：一种是月初冲回，一种是单到冲回。

主要介绍单到冲回的操作步骤：

① 物流管理→采购管理→结算→采购发票—录入→通过关联方法填制单据中相关内容→保存→审核。

② 物流管理→库存核算→凭证管理→生成凭证→暂估冲回→按单生成凭证（系统以红字凭证来表示暂估冲回）。

（5）期末处理。

A. 关账。

关账后，当前期间并不改变，但不允许录入当前期间的出入库单据、计划价调价单和金额调整单。

B. 对账。

对账不平主要原因：

① 还有仓存单据未生成凭证。

② 凭证模板设置不正确，库存收发未与库存科目借贷相对应。

③ 总账中有直接录入的涉及库存科目的凭证。

④ 暂估冲回后未继续暂估或生成外购入库凭证。

C. 结账。如图 14 - 29。

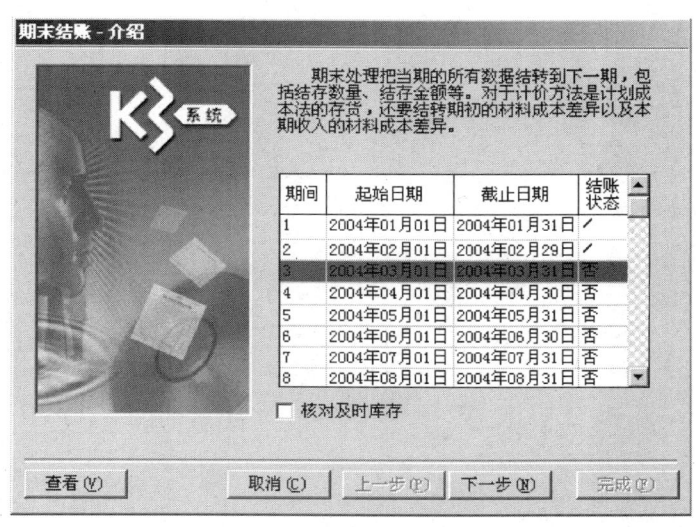

图 14 - 29　期末结账图

本章小结

　　本章主要介绍了工业供应链系统初始化的流程及操作,系统参数的设置,熟悉各基础资料的设置,初始数据录入情况,后又进一步介绍了采购、销售、仓存及库存核算各业务流程及操作,了解采购、销售、仓存及库存核算系统与其他系统之间的联系,以及与其他模块之间的接口关系。

第15章

金蝶 K/3ERP 生产制造系统

学习目的

　　通过本章(以金蝶 K/3V10.2 生产制造系统为蓝本)的学习,使学生熟悉生产制造系统的业务流程,掌握生产制造系统的基本操作方法,灵活运用生产制造系统操作日常业务。

第1节　生产制造系统概述

　　金蝶 K/3ERP 生产制造系统包括的功能模块有:生产数据管理、主生产计划、粗能力计划、物料需求计划、细能力计划、生产任务管理、重复生产计划、委外加工管理、车间管理、设备管理,实现本系统的功能,需要设置物料、库存、BOM 等基础资料。

　　主要操作流程如图 15-1 所示。

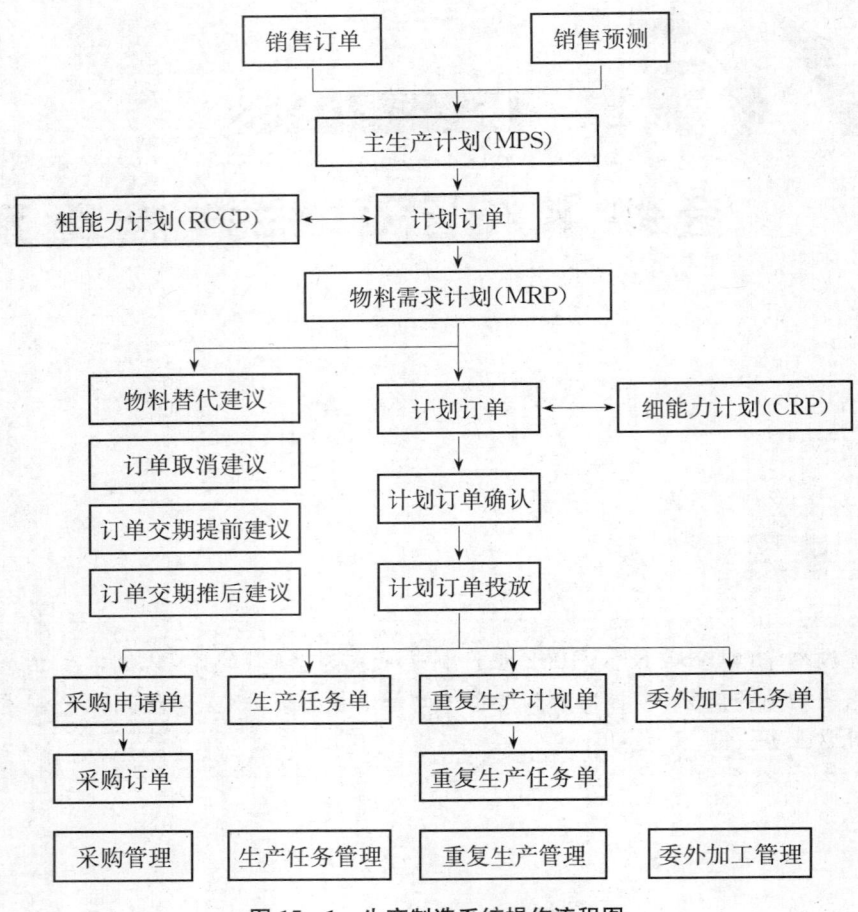

图 15-1 生产制造系统操作流程图

第 2 节 相关基础数据的设置

　　基础资料,是在系统中使用的各种基础数据的总称。金蝶 K/3 系统按照各种功能模块的不同,对数据分别进行管理。基础数据包括两部分,一部分是多个系统公用的公共基础数据,另一部分是每个系统的个性基础数据。在第 14 章已经介绍了如何组建账套及公共基础资料的设置,所以本章只介绍生产制造系统的个性基础资料和对生产管理特别重要的公共基础资料的设置。

15.2.1　公共基础数据的维护

进入"系统设置"主页面,"基础资料"→"公共资料"。

1. 物料资料的设置

物料基础资料是生产管理数据的基础。设置步骤:在"公共资料"双击明细功能"物料"。需要对物料的基本资料、物流资料、计划资料、设计资料、标准数据、质量资料和条形码等选项卡进行设置。下面介绍几个重要的属性。

(1) 物料属性。

物料属性表示了物料的来源及其他特殊属性。不同的属性在系统里的处理有较大的差别(见表 15-1)。

表 15-1　物料属性表

物料属性	说　　　　明
规划类物料	该物料是产品类,不是具体的产品。在 BOM 中,该类物料只能为 BOM 的父项物料。在产品预测单中可以录入对规划类物料的预测,在计算过程中会自动按比例分解到具体的物料。
配置类物料	表示该物料存在可以配置的项,可配置表示可以由用户选择什么样的组件。如用户可以在购买汽车时选择不同的颜色、发动机功率。
特征类物料	与配置类物料配合使用,表示可配置的项的特征,不是实际的物料,在 BOM 中只能是配置类物料下级。特征类物料的下级才是真正由用户选择的物料。如汽车的颜色作为特征件,颜色本身不是实际的物料,表示颜色是可由用户选择的,其下级可能是黄色、黑色,这才是实际的物料。
虚 拟 件	为管理目的而设的物料,如生产过程中的一些中间组件。在计算展开过程中不考虑其需求。
自 制 件	工厂内部生产的产品或组件。
委外加工件	由主厂家提供原材料,支付加工费委托其他厂家加工的产品或组件。
外 购 件	从供应商购买的原材料。
组 装 件	是销售过程中的临时物料组合搭配,属于虚拟件的一种,生产管理过程中不存在此物料。

(2) 计划策略。

物料基础资料中的"计划策略"设置,其值共有"物料需求计划(MRP)"、"主生产计划

(MPS)"、"总装配(FAS)"、"无"四个选项。

该项的意义是指明物料以什么方式进行计划,其中"主生产计划(MPS)"类的物料需求来源为独立需求,参与主生产计划运算;"物料需求计划(MRP)"和"总装配(FAS)"类暂不区分,都要参与物料需求计划(MRP)运算,"无计划"物料表示此物料不参与任何计划运算,由计划人员人工进行计划的安排。

(3) 计货批量。

最小订货批量是指每次订货量不能低于此值;最大订货批量是指每次订货量不能大于此值(最大订货量在计算过程中未做限制,只会在计算日志里进行提示);批量增量是指物料的最小包装单位或最少生产数量;固定/经济批量是指每次订货最佳的批量。

如果设定了这些值,系统在计算 MPS/MRP 时将把净需求进行调整。这可能会导致需求量的放大。因此在设置上述数据时一定要谨慎处理,确保与实际业务处理保持一致。

(4) 订货策略及相关参数。

"订货策略"设置,其值共有"期间订货量(POQ)"、"批对批(LFL)"、"固定批量(FOQ)"、"再订货点(ROP)"四个选项。该设置主要用于主生产计划(MPS)或物料需求计划(MRP)运算时对于批量调整的不同处理。

(5) 需求时界和计划时界。

当计算方案参数考虑需求时界和计划时界时进行以下处理。如表 15 - 2。

表 15 - 2　需求来源的取舍表

时　　界	MPS/MRP 运算的需求来源
需求时界	取订单作为需求来源
需求时界和计划时界之内	取订单和预测的较大值
计划时界以外	取预测的值作为需求

(6) 提前期和提前期偏置。

提前期分运输提前期、生产提前期、采购提前期等。提前期一般会受到需求批量的影响,在实际设置中将提前期分为固定提前期和变动提前期。

提前期偏置指物料的需求日期与根据提前期计算出来的需求日期的时间差。因有的物料并不需要在一开始就投入,而是等一定的时间才需要。为降低库存,在需要的时候才进行采购或生产。提前期偏置在 BOM 里设置。该参数的设置将直接影响到物料的采购和生产时间,因此设置的数值要与实际业务管理相符才可以保证生产的顺利进行。

（7）仓库属性。

在仓库的基础资料中，对于仓库类型为普通、其他、受托代销的仓库，有一个属性是否 MRP 可用量，表示该仓库的数量是否参与 MRP 计算（对虚仓，可以在 MPS/MRP 运算参数中指定是否参与计算）。

2. 辅助资料的设置

（1）工作中心。

工作中心的维护在"系统设置"主界面，"基础资料"→"公共资料"，双击打开"工作中心"。

（2）仓库。

仓库与工作中心都在公共资料科目下。在仓库的基础资料中，要根据实际情况来考虑仓库的数量是否作为 MRP 可用量，通过"是否 MPS/MRP 可用量"设置属性。

（3）工序资料。

工序资料的维护步骤是，"系统设置"→"基础资料"→"公共资料"→"辅助资料管理"，点击"工序资料"，如图 15－2。点击右边的工序资料，点击"新增"按钮或者双击该工序，对工序基础资料进行新增及修改相应的资料。

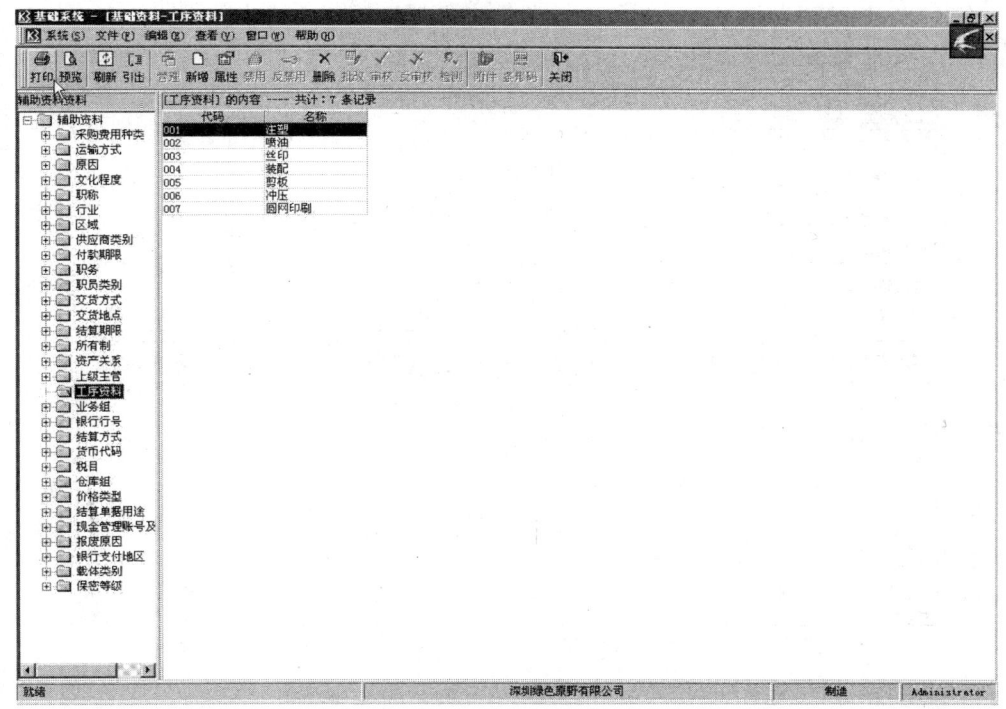

图 15－2　工序资料图

15.2.2 生产基础资料的维护

生产数据管理包括 BOM、工程变更单、工艺路线、工序替代、资源清单、物料替代、多工厂日历、生产类型、生产线和物料对应关系、班组与职员对应关系等基本数据。

1. BOM 资料

BOM 即物料生产清单，也叫产品结构或配方，指物料（通常是完成品或半成品、部品）的组成情况，BOM 是 MRP 系统中最重要的概念之一。

（1）BOM 的新增。

进入 K/3 系统，单击"生产管理"→"生产数据管理"→"BOM 维护"→"BOM 录入"顺序进入 BOM 录入界面。如图 15-3。详细操作步骤：

第一步，进入 K/3 系统，单击"生产数据管理"→"BOM 维护"→"BOM 录入"，系统弹出"录入单据"界面，输入要求的字段内容。

第二步，输入完成后，单击"文件"→"保存"，若保存成功即完成单据的录入工作，单击"文件"→"退出"，则退出"录入单据"界面；若保存前单击"文件"→"退出"，则放弃录入的内容。

第三步，如果要继续录入，则单击"文件"→"新增"，重复上述步骤。

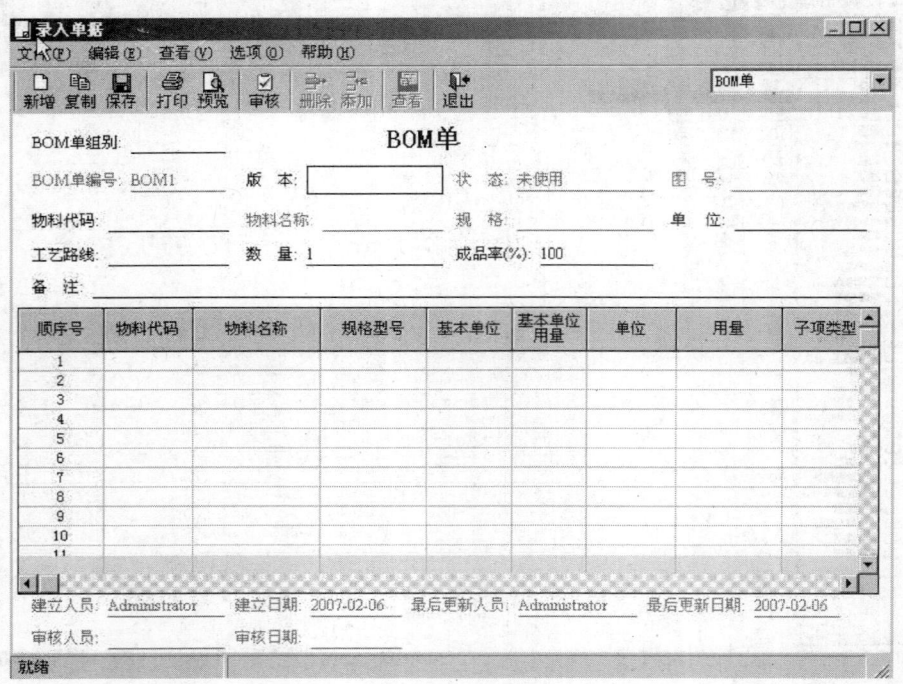

图 15-3 BOM 单录入图

（2）BOM 的维护。

操作步骤：

第一步，进入 K/3 系统，单击"生产数据管理"→"BOM 维护"→"BOM 维护"，系统弹出"条件查询"界面。如图 15－4。

第二步，完成查询条件与排序条件设置后，单击"确定"，系统弹出"BOM 资料维护"界面，即可进行各种维护操作。如图 15－5。

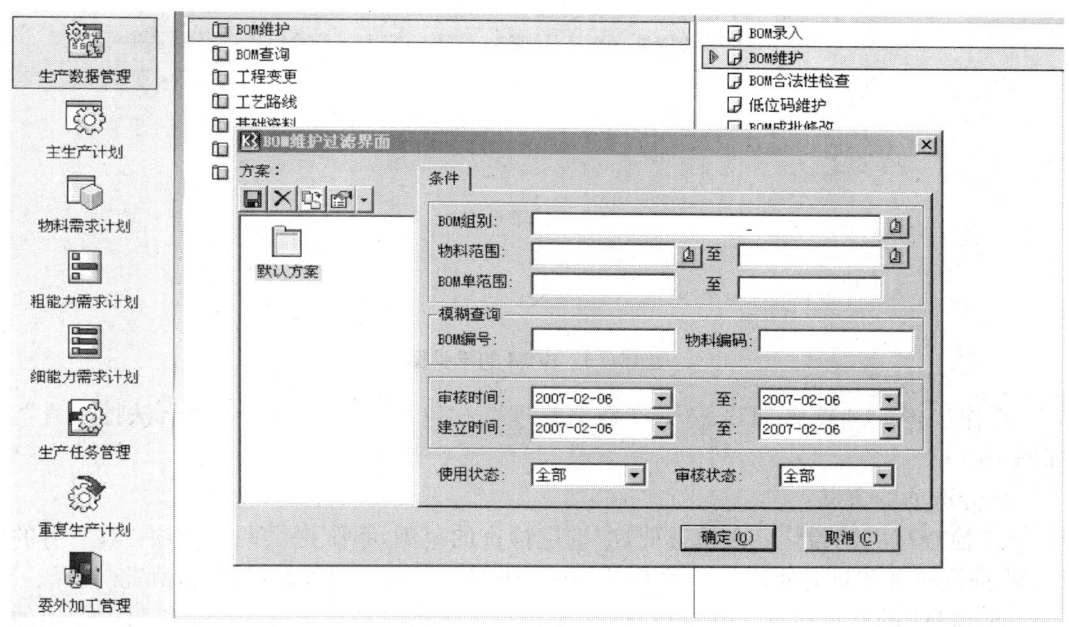

图 15－4　BOM 维护过滤界面图

在 BOM 的维护界面中，可以修改维护的操作有：

① 新增 BOM 组别，点击菜单中"编辑"选择"新增组别"，来增加 BOM 的跟组。

② BOM 使用状态的改变，选中修改的 BOM 单，"双击"打开，可将 BOM 的使用状态改变。

③ BOM 的审核和反审核，BOM 单要修改必须先反审核。

④ BOM 的使用和反使用，当 BOM 单审核后，才能启用。

（3）BOM 的合法性检查。

BOM 合法性检查主要是对 BOM 单中是否有嵌套情况以及 BOM 的完整性、BOM 单与工艺路线、工序的对应关系等进行检查，便于物料需求计划、生产计划的正确计算，同时也为生产过程中的生产发料与成本核算提供准确的依据。

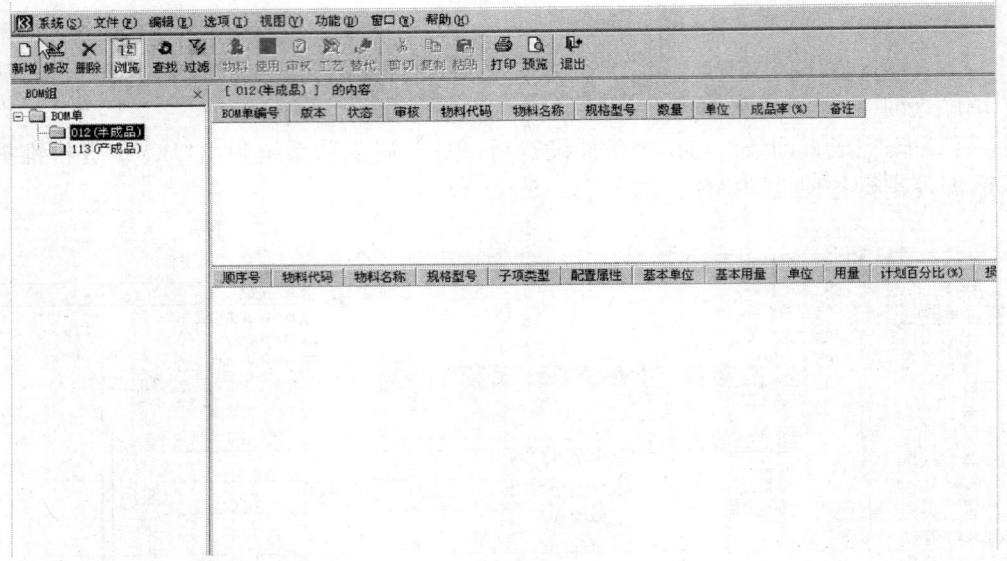

图 15-5　BOM 的维护图

操作步骤："生产管理"→"生产数据管理"→"BOM 维护"→"BOM 合法性检查"。如图 15-6。

部分选项的含义：

① 检查范围的设定：在检查前，应选定检查的范围，系统提供两个选项：对所有的 BOM 进行检查和只对使用状态的 BOM 进行检查。在进行检查前根据实际情况选择。

② BOM 的嵌套检查：检查 BOM 中是否有上级物料在其本身的下级物料中使用的情况。

③ BOM 的完整性检查：对 BOM 各数据项本身及各数据项之间的限制关系进行检查。

④ BOM 与工艺路线、工序的对应关系检查：对 BOM 对应的工艺路线是否存在、每一子项物料对应的工序是否存在等进行检查。

（4）BOM 低位码维护。

低位码是指在同一物料在不同的 BOM 中处于最低的层次，它主要在计算主生产计划、物料需求计划中起作用。

单击"BOM 维护"→"低位码维护"，可进入低位码维护功能。在进入时，系统会弹出"是否要进行低位码计算"的提示，单击"确定"后系统开始低位码维护计算，当计算完成后，系统提示低位码维护完毕，单击"确定"，低位码维护完成，系统返回"生产数据管理系统"主界面。

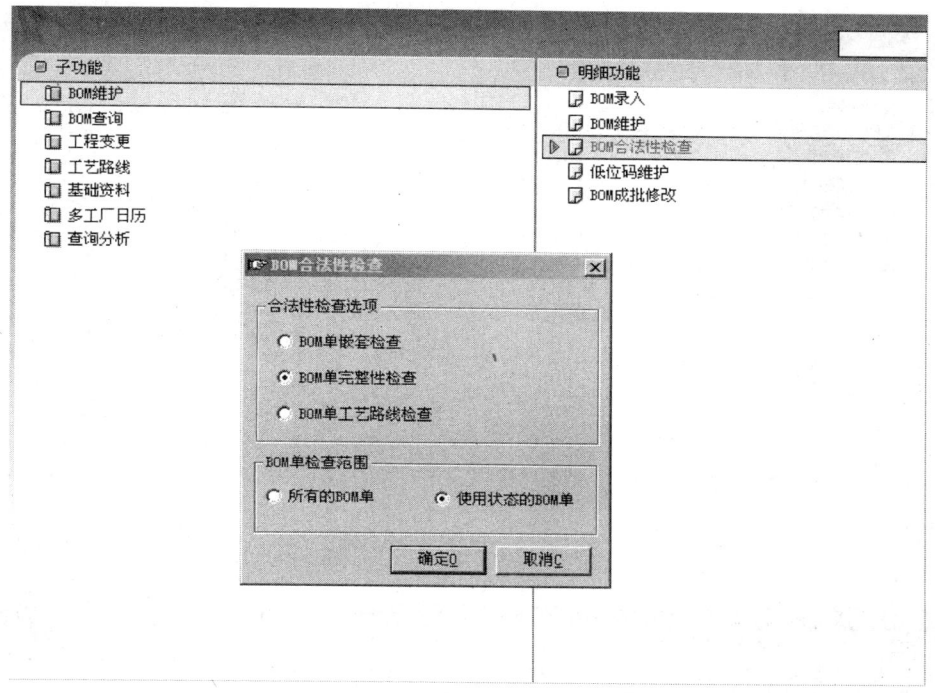

图 15 - 6 BOM 的合法性检查图

（5）成批修改。

一些物料由于技术改进或别的原因其 BOM 结构而有所改变，一些物料被新的物料所代替，这些 BOM 逐个修改的工作量大，因此提供成批修改的功能。

操作步骤：单击"BOM 维护"→"BOM 成批修改"，可进入 BOM 成批修改功能。

2. BOM 的查询

在生产数据管理系统里，单击"BOM 查询"，则可以看到 BOM 的各种查询子功能。该模块包括了 BOM 正查、反查、BOM 其他查询。其中正查包括：BOM 单级展开、BOM 多级展开和 BOM 综合展开；反查包括：BOM 单级反查，BOM 多级反查；BOM 其他查询包括：成本 BOM 查询，BOM 差异分析，客户 BOM 查询，BOM 预期呆滞料分析表，BOM 树形查看，客户 BOM 成本查询。如图 15 - 7。

3. 工程的变更

工程变更单主要是为了维护物料清单的准确性，记录物料清单变更的内容，原因，日期等一系列信息。工程变更单的功能包括新增、查询、修改、删除、审核等。

（1）工程变更单的录入。

进入 K/3 系统，单击"生产管理"→"生产数据管理"→"工程变更"→"工程变更单—录入"，进入工程变更单手工录入界面。如图 15 - 8。

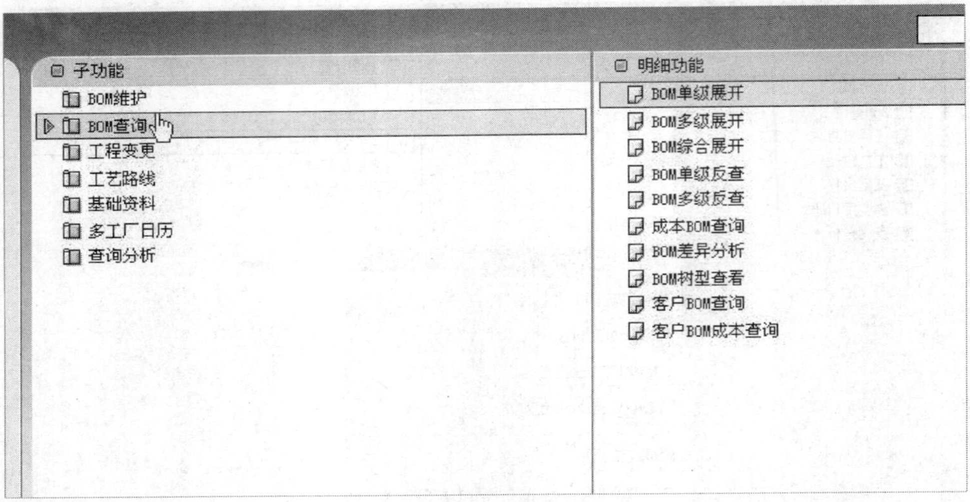

图 15 - 7　BOM 的查询图

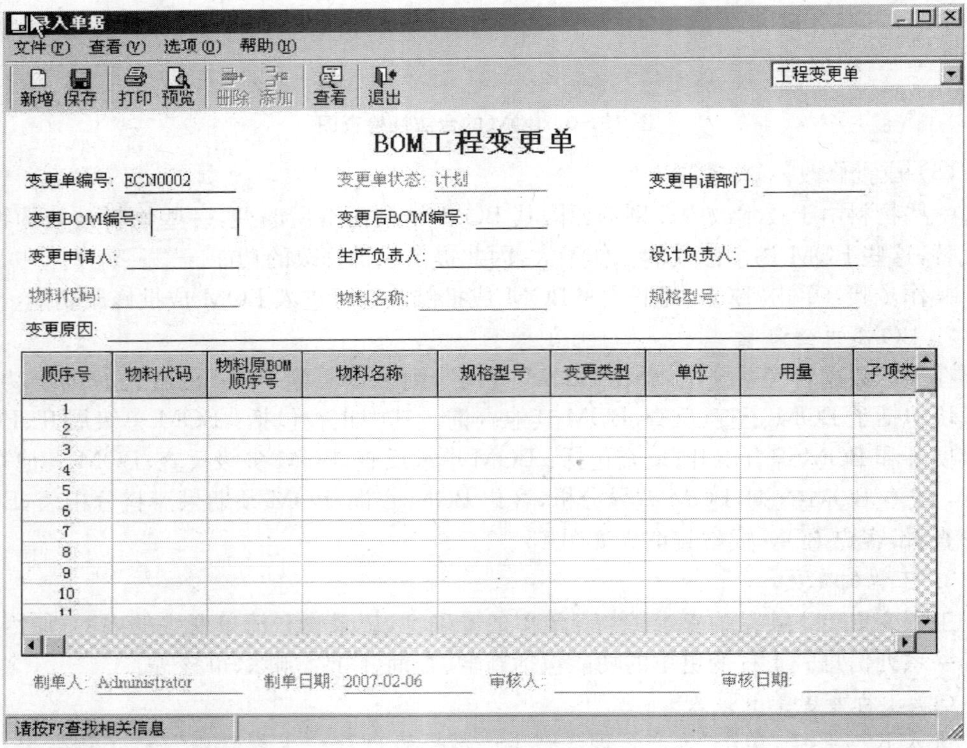

图 15 - 8　BOM 工程变更单图

（2）工程变更单的查询与维护。

① 工程变更单的查询。

进入系统，单击"生产管理"→"生产数据管理"→"工程变更单"→"工程变更单—查询"顺序进入工程变更单查询维护界面。系统弹出"条件查询"界面。过滤条件的设置决定了用户实际所需维护的工程变更单的范围。

② 工程变更单的维护。

单击"生产管理"→"生产数据管理"→"工程变更单"，进入这个页面可以对工程变更单的维护有增加新的变更单、修改工程变更单、删除工程变更单及审核工程变更单。

4. 工艺路线

工艺路线是进行车间作业管理的基础。在这里设置的工艺路线可以用于车间作业管理的工序计划管理。建立工艺路线清单前，首先要建立相关的部门、工作中心与工序，否则工艺路线无法建立。

（1）工艺路线的新增。

在建立工艺路线前，首先要建立工艺路线组。每一个工艺路线必须归属于某个工艺路线组。

① 新增组别。

单击"生产管理"→"生产数据管理"→"基础资料"→"工艺路线"顺序进入"工艺路线"维护界面。步骤：第一步，单击"工艺路线"或其下层的文件夹，单击"编辑"→"新增组别"，系统弹出"新增组"界面；第二步，输入"代码"与"名称"，单击"确定"，系统即会自动建立新增组别；第三步，若要继续新增组别，则重复第二步；单击"取消"，则退出新增组别。

② 工艺路线的录入。

单击"生产管理"→"生产数据管理"→"基础资料"→"工艺路线"→"工艺路线录入"。如图 15-9。

（2）工艺路线的维护。

进入系统，单击"生产管理"→"生产数据管理"→"基础资料"→"工艺路线"顺序进入"工艺路线"维护界面。包括新增工艺路线、修改工艺路线、删除工艺路线、禁用工艺路线、取消禁用工艺路线等。

5. 基础资料

在本模块对资源清单、生产类型、物料替代、工序替代、工种、班制、班组和职员的对应关系、生产线和物料的对应关系进行设置。

（1）资源清单。

系统对资源实行分组管理。在建立资源清单前，首先要建立资源组。每一个资源必须归属于某个资源组。进入系统，单击"生产管理"→"生产数据管理"→"基础资料"→"资源清单"，顺序进入"资源清单"维护界面。如图 15-10。通过此页面工具栏上的"新增"、"删除"、"修改"等按钮，进行资源清单的新增和维护工作。

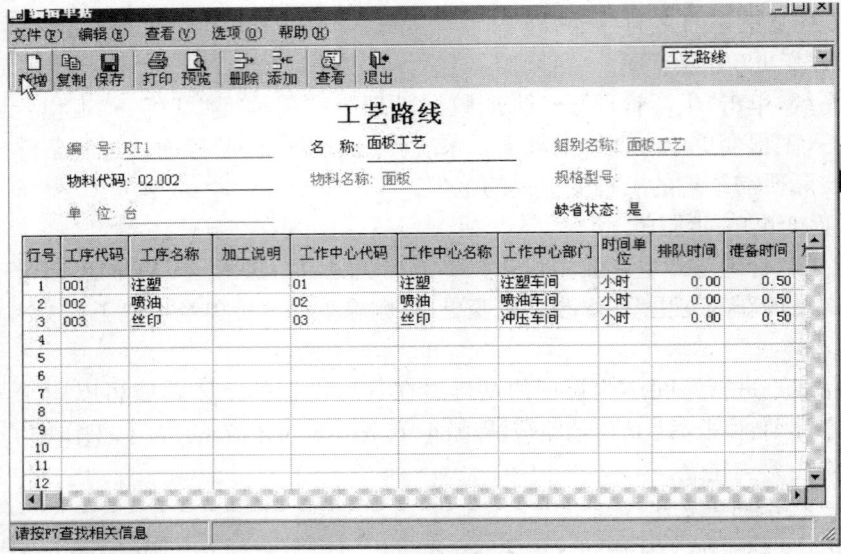

图 15－9　工艺路线的录入图

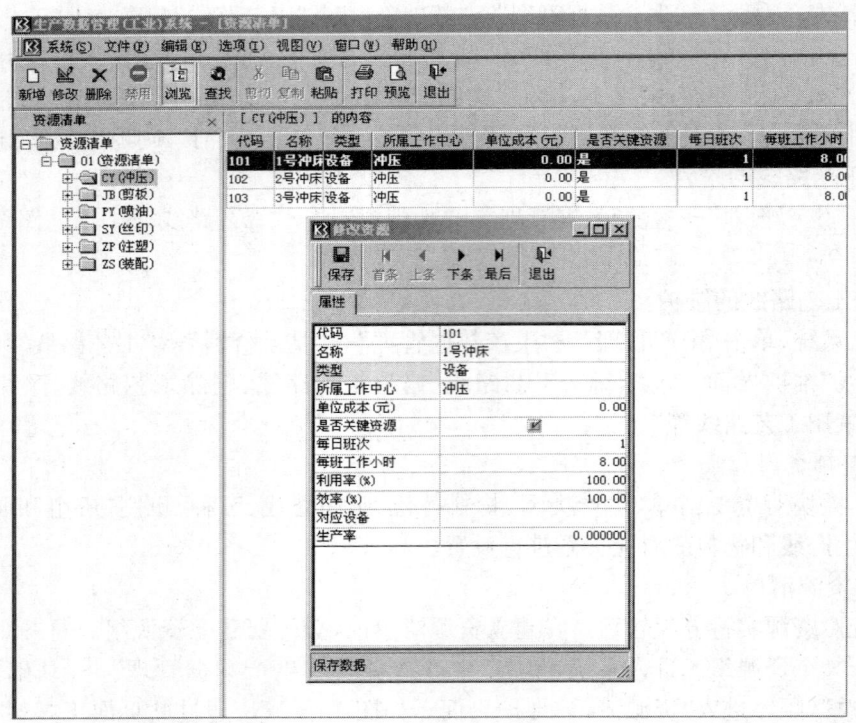

图 15－10　资源清单维护图

（2）生产类型。

生产类型是生产任务的类型。系统对生产类型实行分组管理,在建立新的生产类型前,首先要建立生产类型的组。每一个生产类型都归属于某个生产类型组。

进入 K/3 系统,单击"生产管理"→"生产数据管理"→"基础资料"→"生产类型",顺序进入"生产类型"维护界面。如图 15－11。通过此页面工具栏上的"新增"、"删除"、"修改"等按钮,进行生产类型的新增和维护工作。

图 15－11　生产类型维护界面图

（3）物料替代。

为了区分物料的材质、规格、品质、价格的差异一般将不同来源的物料编为不同的物料代码,但又希望简化管理,不因此建立新的产品 BOM,因此在采购与生产中产生物料替代的业务处理。

进入系统,单击"生产管理"→"生产数据管理"→"基础资料"→"物料替代"顺序进入

"物料替代"维护界面。通过工具栏进行新增替代物料、查找原始物料替代关系等操作。如图 15‐12。

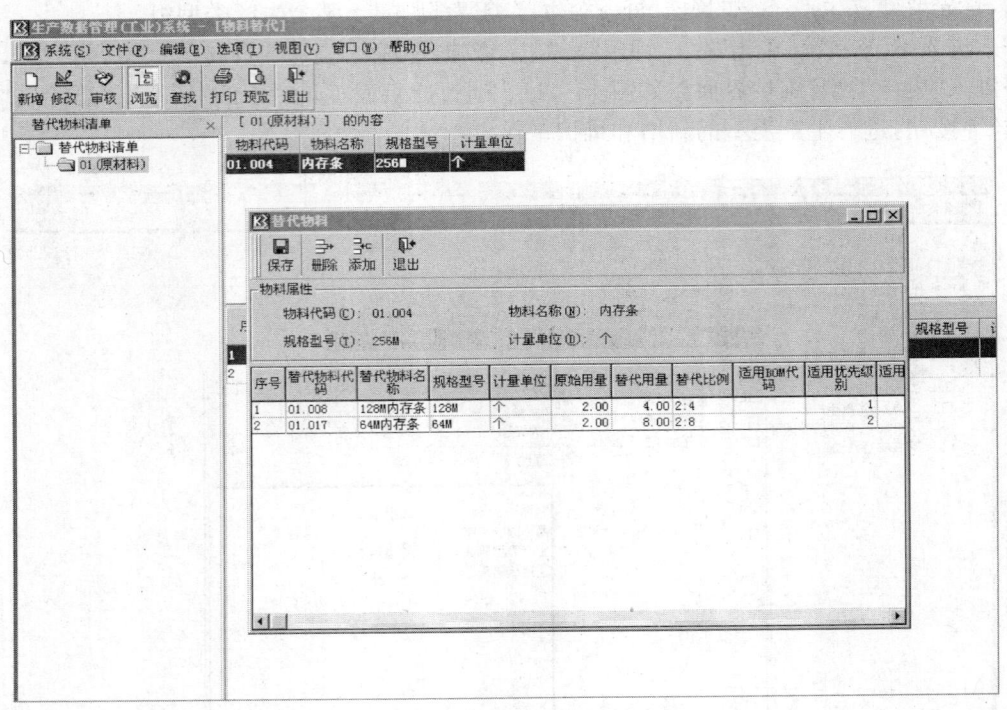

图 15‐12   物料替代图

（4）工序替代。

进入系统，单击"生产管理"→"生产数据管理"→"基础资料"→"工序替代"，顺序进入"工序替代"维护界面。

（5）工种。

企业按照生产劳动的性质和任务而划分的工作种类，此系统中工种的定义主要是为了实现计时工资的计算。进入系统，单击"生产管理"→"生产数据管理"→"基础资料"→"工种"顺序进入"工种"的定义界面。

（6）班组和职员对应关系。

企业中很多工作是由多个职员合作完成的，为了在班组合作工作的情况下进行计件工资的计算，建立班组和职员的对应关系。进入系统，单击"生产管理"→"生产数据管理"→"基础资料"→"班组和职员对应关系"顺序进入"班组和职员对应关系"维护界面。

（7）生产线和物料的对应关系。

企业中不同的产品会在不同的生产线上进行生产，为限制生产线上可生产的产品，并方便重复生产计划单的分解,系统对生产线和物料的对应关系进行了定义。进入系统,单击"生产管理"→"生产数据管理"→"基础资料"→"生产线和物料的对应关系"顺序进入"生产线和物料的对应关系"维护界面。

　　6. 多工厂日历

　　工厂日历是计算主生产计划、物料需求计划、能力计划与工序计划等的基础资料,对系统运行结果有重大影响。进入系统,单击"生产管理"→"生产数据管理"→"多工厂日历"→"多工厂日历—修改"顺序进入"工厂日历"维护界面。如图 15 – 13。双击设置工厂的工作日和休息日。

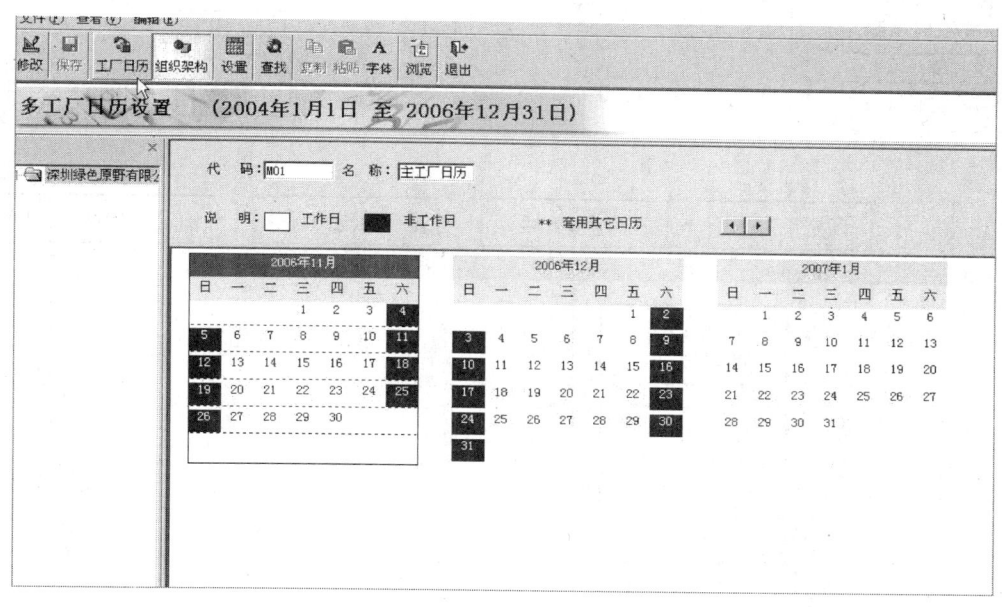

图 15 – 13　多工厂日历维护图

第 3 节　生产制造管理系统

▶ 15. 3. 1　主生产计划

　　主生产计划管理将独立的需求(销售或预测)作为需求,考虑现有库存、已分配量、预计入库等因素,通过 BOM 向下展开需求,得到主要产品(MPS 类物料)的计划量。主计划员可以对该计划量进行维护、确认或进行粗能力计划,将能力的影响体现在计划的改变上。对确定的计划订单,也可作为预计入库量,实现滚动计划功能。MPS 计算产生的计划订单经过确认,除可以生成本身的生产计划外,还可以将相关需求传输到 MRP 系统,作为 MRP 的需求来源。其主要业务流程如图 15-14。

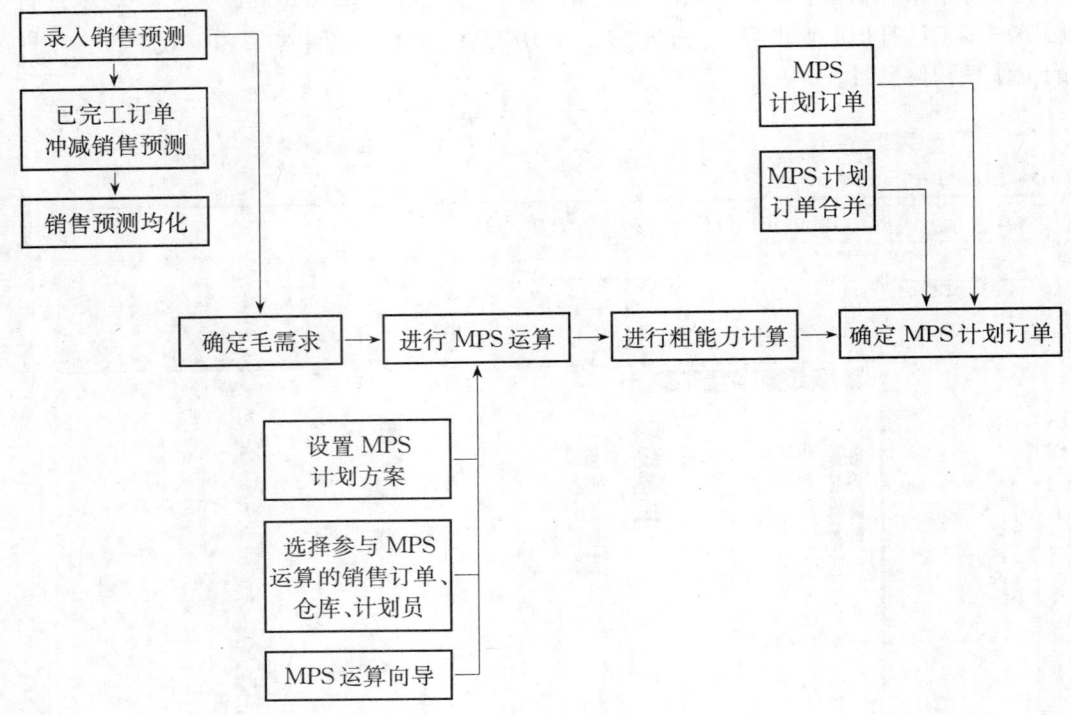

图 15-14　主生产计划业务流程图

1. 产品预测

产品预测,主要作用在于指导生产部门进行生产准备、生产,或采购部门进行采购,相当于企业的周、月或季生产计划。MPS 计算的需求来源有两个,一个是产品预测,另一个是销售订单,所以在进行 MRP 运算时,产品预测和销售订单是重要的计算毛需求的依据。

在"主生产计划管理"系统,到"产品预测"子功能,单击"产品预测"进入预测单的处理过程:双击明细,进入预测单的录入、审核和反审核、作废和反作废,以及查询等操作。

2. 系统设置

在进行 MPS 计算时,可以定义不同的计划方案。计划方案的参数不同,计算的结果也完全不一样。需要设置的参数有：需求参数、计算参数、合并参数、投放参数、仓库参数、日志参数、其他参数等。

3. MPS

（1）MPS 计算。

主生产计划的计算是把需求转化为计划的过程。操作路径为："生产管理"→"主生产计划"→"MPS 计算"。

（2）MPS 维护。

对计划订单的维护操作包括新增、审核、修改、投放、合并、拆分、删除、关闭计划订单等操作。操作路径："生产管理"→"主生产计划管理"→"MPS 维护"→"明细功能"。

（3）MPS 查询。

主生产计划查询功能主要实现在主生产计划后，查看具体物料的期初库存、毛需求、已分配量、预计入库、锁单冲销量、净需求、计划订单及剩余库存的变化，帮助企业计划人员了解生产计划的产生来源，确定生产计划的准确性。进入主生产计划管理系统后，到 MPS 查询的明细功能，单击"MPS 查询"，就开始 MPS 查询程序。系统提供"需求反查"、"按销售订单查询计划订单"、"按物料查询计划订单"等查询方式。如图 15－15。

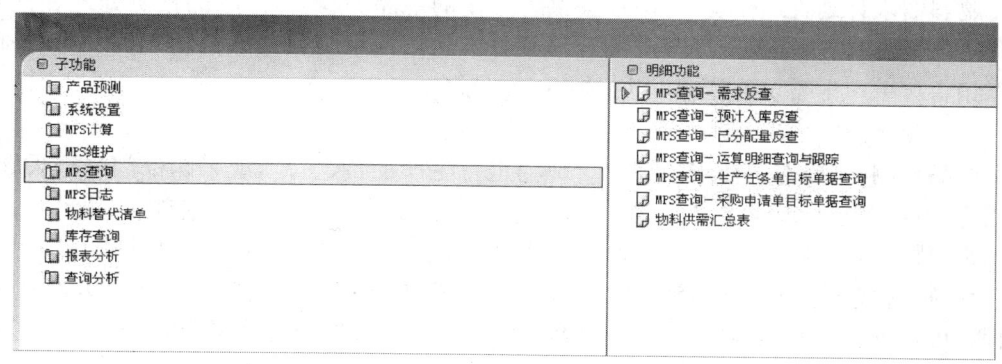

图 15－15 MPS 查询图

（4）MPS 日志。

设置 MPS 日志的目的是了解每次 MPS 运行时的参数设置、运行过程及其他相关信息，并对运行结果里需要特别注意的信息进行跟踪处理。进入主生产计划管理系统后，到 MPS 日志子功能，单击"MPS 日志"就开始 MPS 日志查询程序。

4. 物料替代清单

物料替代清单根据生成情况和执行情况，共有四种状态：计划、审核、手工关闭、业务关闭。这些状态的含义如下：

① 计划状态：单据刚录入或 MRP 生成时的状态。在此状态下，可以进行修改、删

除、审核操作,不能直接手工关闭。

② 审核状态:已经审核,表示在此物料替代清单对应的生产任务单下达时可以自动生成替代料的投料单。在此状态下,如果没有执行,还可以反审核,可以直接手工关闭,当业务执行完毕即自动业务关闭,但不可以进行修改、删除等操作。

③ 手工关闭状态:当用户感觉没有必要执行时,可以手工关闭该单。在此状态下可以手工反关闭。

④ 业务关闭状态:当替代物料生成的投料单的审核数量大于等于其关联的物料替代清单的实际替代量时,将业务关闭该物料替代清单。

5. 查询和报表

计划的报表部分是为了给用户提供一些综合信息,为管理决策提供参考。计划管理系统中提供大量的固定报表,从计划的各个方面对物料进行反映,查看计划执行情况,查看生产任务执行情况,查看销售交货期及成本估算等。

▶ 15.3.2 物料需求计划

物料需求计划管理模块,为用户提供了方便的产品类、具体产品的预测处理和预测均化功能,为面向库存生产或预测结合订单方式生产的企业提供方便的工具。同时,也提供销售订单产生需求的处理方法。其主要功能如下。

1. 产品预测

产品预测,主要作用在于指导生产部门进行生产准备、生产、或采购部门进行采购,相当于企业的周、月或季生产计划。MRP 计算的需求来源有三个,一个是产品预测,一个是销售订单,另外一个是主生产计划。其中的主要单据产品预测单。如图 15-16。

在"物料需求计划"菜单,到"产品预测"子功能,单击"产品预测"进入预测单的处理过程。可以进行产品预测单的录入、查询、删除以及审核和反审核等操作。

2. 系统设置

在进行 MRP 计算时,可以定义不同的计划方案。计划方案的参数不同,计算的结果也完全不一样。需要设置参数:需求参数、计算参数、合并参数、投放参数、仓库参数、其他参数等。

3. 物料需求计划

(1) MRP 计算。

物料需求计划的计算是把需求转化为计划的过程。操作路径为:"生产管理"→"物料需求计划"→"MRP 计算"。

(2) MRP 维护。

对计划订单的维护操作包括新增、审核、修改、投放、合并、拆分、删除、关闭计划订单

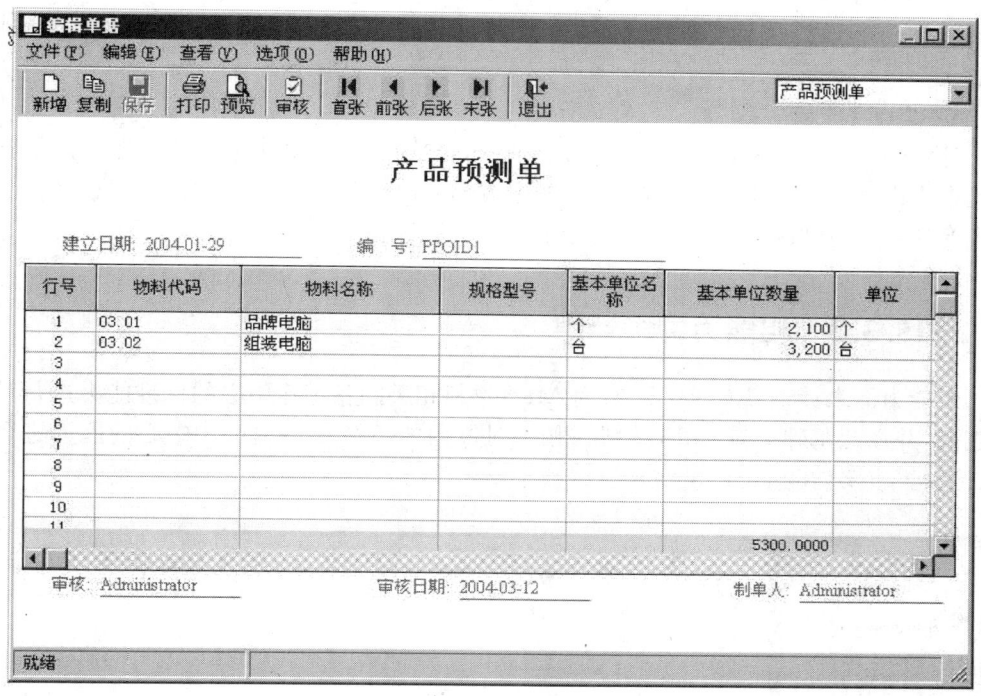

图 15‑16　产品预测单图

等操作。操作路径："生产管理"→"物料需求计划管理"→"MRP 维护"→"明细功能"。

（3）MRP 查询。

物料需求计划查询功能主要实现在物料需求计划后，查看具体物料的期初库存、毛需求、已分配量、预计入库、锁单冲销量、净需求、计划订单及剩余库存的变化，帮助企业计划人员了解生产计划的产生来源，确定生产计划的准确性。进入物料需求计划管理系统后，到 MRP 查询的明细功能，单击"MRP 查询"，就开始 MRP 查询程序。系统提供"需求反查"、"按销售订单查询计划订单"、"按物料查询计划订单"等查询方式。

（4）MRP 日志。

设置 MRP 日志的目的是了解每次 MRP 运行时的参数设置、运行过程及其他相关信息，并对运行结果里需要特别注意的信息进行跟踪处理。进入物料需求计划管理系统后，到 MRP 日志子功能，单击"MRP 日志"就开始 MRP 日志查询程序。

4．项目 MRP

项目 MRP 程序在计算时，可以选择哪些销售订单参与计算，但计算时不考虑现有库存和预计入库量、已分配量,计算结果能按销售订单进行跟踪。进入物料需求计划管理系统后,单击"项目 MRP"→"明细功能",查看项目 MRP 计算、查询和日志。

　　5. 查询与报表

　　计划的报表部分是为了给用户提供一些综合信息,为管理决策提供参考。计划管理系统中提供大量的固定报表,从计划的各个方面对物料进行反映,查看计划执行情况,查看生产任务执行情况,查看销售交货期及成本估算等。

▶ 15.3.3　粗能力需求计划

　　粗能力需求计划(RCCP)模块,对 MPS 物料相关的各工作中心的标准能力进行计算和查询,并在此基础上对 MPS 物料在相关时段内的负荷和相关工作中心的能力进行计算、比较。主要功能如图 15-17。

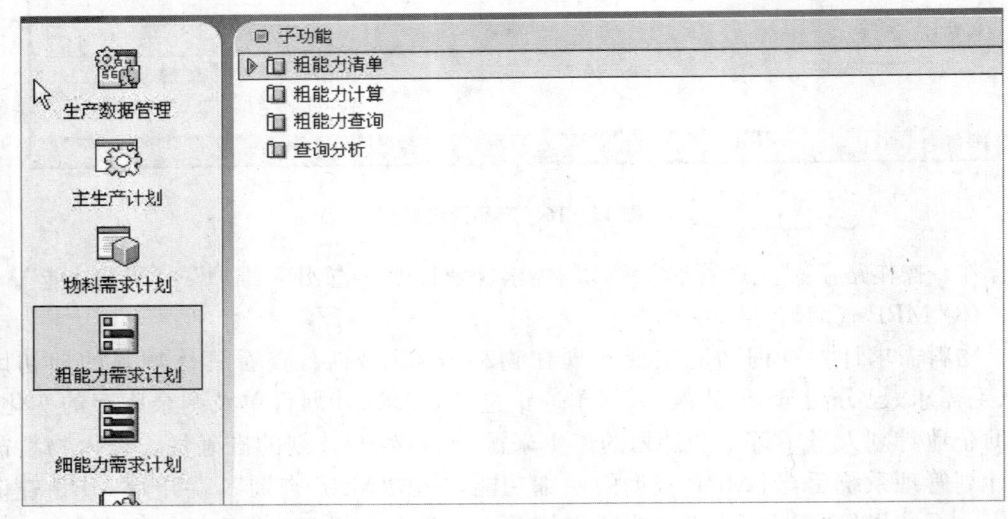

图 15-17　粗能力计划功能图

　　1. 粗能力清单生成

　　粗能力清单生成主要功能是收集 MPS 物料及其下级物料在相关的工作中心的标准工时信息(K/3 系统中以工时来衡量能力)并进行归集。生成的能力清单可以在后续的查询程序中进行查询。

　　在以下情况下需要重新生成粗能力清单:

　　① MPS 物料工艺路线的变更。

② MPS 物料工艺路线相关的工作中心的数据(标准工时等)变更。

③ MPS 件主文件的改变。

④ 和 MPS 件相关的任一 BOM 的改变。

进入粗能力需求计划系统后,单击"粗能力清单生成",则系统弹出是否进行粗能力生成的确认界面。如果确定要重新生成,单击"确定",系统在后台进行处理,显示正在生成能力清单的信息。运算完毕,将会显示能力清单运算完毕的提示。

2. 粗能力计算

粗能力计算主要计算在某个指定的时区内,指定的工作中心上的负荷和能力及其之间的差值。为主生产计划的安排提供参考信息。

进入粗能力需求计划系统后,单击"粗能力计算",系统即进入粗能力计算的界面。粗能力计算需要设置的参数为"展望日期"和"计划订单状态","展望日期"的日期范围为计算的日期范围,计划订单状态为主生产计划结果的计划订单的状态,包括计划、确认、所有状态。

单击"确定",系统进行后台运算,显示"正在进行粗能力计算……",如果在选定的日期范围内没有主生产计划的需求,将会提示"没有要计算的 MPS 需求!",否则将显示运算完毕。可以对计算结果进行查询。

3. 粗能力查询

粗能力查询实现对粗能力计算结果的查询,即在指定的时区内,指定的关键工作中心上的负荷和能力及其之间的差值,从而为主生产计划的安排提供参考信息。

进入粗能力需求计划系统后,单击"粗能力查询",系统即进入粗能力查询的界面,可以根据设定条件进行查询。

15.3.4　细能力需求计划

细能力需求计划是用来检查物料需求计划可行性,它根据物料需求计划,工厂现有能力进行能力模拟,同时根据各工作中心能力负荷状况判断计划可行性。细能力需求计划的目标是平衡细部生产计划和工作中心之间的负荷与能力。应用流程如图 15 - 18。

在细能力需求计划模块,系统将处理以下问题:对细部生产计划产生的负荷和相关工作中心的能力进行计算、比较和查询。

1. 细能力计算

细能力计算主要计算在某个指定的时区内,指定的生产

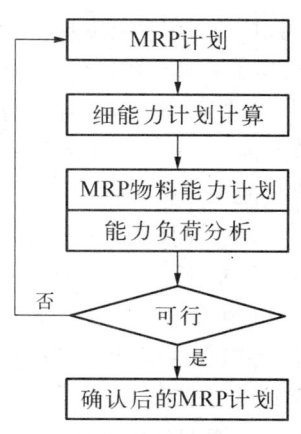

图 15 - 18　细能力计划
应用流程图

任务单、计划订单在指定的工作中心上的负荷和对应工作中心的能力及其之间的差值，为生产计划的安排提供参考信息。

进入细能力需求计划系统后，单击"细能力计算"，系统即进入细能力计算的界面。进行如下操作：

第一步，设定参与计算的生产任务单和计划订单范围。

第二步，单击"确定"，系统进行后台运算，显示"正在进行细能力计算……"，如果计算过程中发现有工作中心的日能力为零（表示该工作中心没有分配资源），将会进行提示，用户应进行更正后再进行计算（请在资料维护中的"资源清单"里定义资源并分配给该工作中心）。

2. 细能力查询

细能力查询实现对细能力计算结果的查询，即在指定的时区内，指定的生产任务单、计划订单在相关的工作中心上的负荷和对应工作中心的能力及其之间的差值，为生产计划的安排提供参考信息。

进入细能力需求计划系统后，单击"细能力查询"，系统即进入细能力查询的界面。进行如下操作：

（1）设置查询条件：细能力主要根据工作中心查询负荷与产能的差值，因此，查询条件就是工作中心。同时，可以指定显示的周期（在进行明细查询时的显示周期）。

（2）显示能力汇总报表：在该界面，显示了在选定的期间相关工作中心的能力汇总数据。

（3）显示能力明细报表。

（4）能力负荷差异图：在细能力汇总报告中，以图形的形式显示工作中心/资源的下达负荷＋计划负荷与下达负荷＋计划负荷＋MPS/MRP负荷与总能力的差异，在细能力查询明细表中，以图形的形式显示工作中心/资源在某段时间内下达负荷＋计划负荷与下达负荷＋计划负荷＋MPS/MRP负荷与可用能力的差异。

（5）调整负荷：根据细能力明细查询的结果，工作中心/资源可能在某些时间点上超载或能力多余，如果不采用调整能力的方法，则需要调整工作中心/资源的负荷以达到负荷与能力平衡。

（6）调整能力：根据细能力查询明细表的能力与负荷的比较结果，发现能力不足时，通过调整工作中心/资源的能力，使得能力与负荷达到平衡。

（7）细能力计算：当能力进行了调整或者负荷发生了变化，需要重新进行细能力计算，可以在主界面直接运行细能力计算，也可以在细能力汇总报告和查询明细表直接进行细能力计算。在细能力查询明细表调整能力，退出回到细能力汇总报告，系统会自动进行细能力计算。

15.3.5 生产车间管理

1. 生产任务管理

生产任务管理模块为工业企业提供针对制造有关的生产任务单从生产计划、投料与领料、生产检验与汇报、到产品入库、任务单结案全过程监督与控制,协助企业有效掌握各项制造活动信息,管理生产进度,提高生产效率、减少车间在制品、降低损耗与成本、提高产品质量与客户满意度。其主要业务有(如图 15-19):

(1)生产任务单:可以由手工录入或修改生产任务,或者根据销售订单生成生产任务单,或者其他来源的生产任务生成。

(2)生产投料:生产任务确认后,生产计划员或物料计划员将物料分配给指定生产任务的业务处理,也可由系统自动分配。

(3)生产物料报废:提供在生产过程中物料报废的记录、统计与分析功能。包含以下功能:生产物料报废的建立、生产物料报废的查询和维护、生产物料报废的审核和生产物料报废后继续领料。

(4)任务单汇报:主要汇报开工与完工时间、生产数量与生产工时、生产质量情况,包含以下功能:任务单汇报的建立、任务单汇报查询和维护和任务单汇报相关报表。

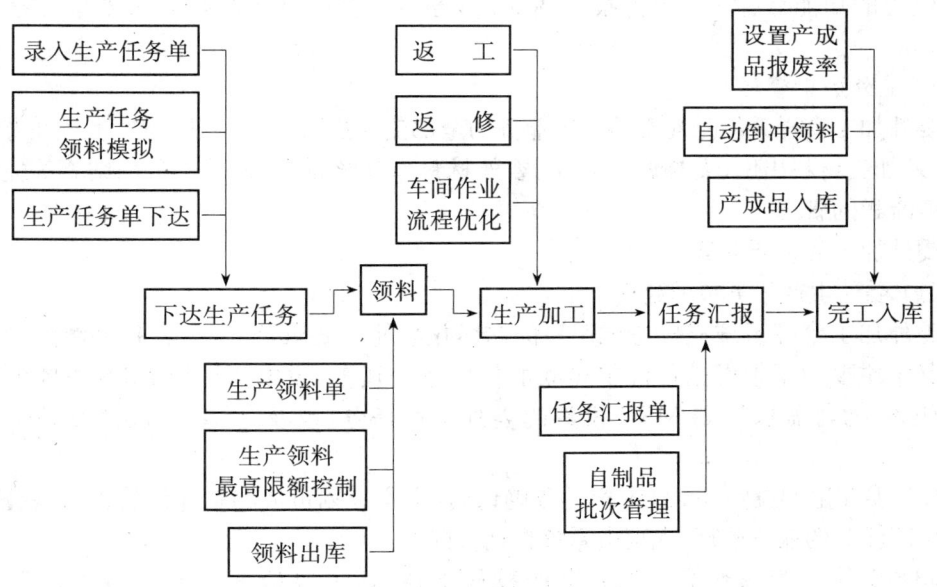

图 15-19 生产管理业务流程图

2. 重复生产管理

重复生产计划管理在财务会计、物流管理、生产管理各子系统的基础上，采用 ERP 的先进管理思想，同时吸收 JIT、精益生产的管理思想，为工业企业提供从生产计划、投料与领料、生产检验与汇报、到产品入库全过程监督与控制的管理。它以重复生产计划为核心，围绕重复生产计划的生命周期的各个阶段（生产计划的建立、分解、执行与业务关闭）展开业务处理。

重复生产管理的主要业务有：

（1）重复生产计划：手工录入的重复生产计划；MPS 主生产计划的计划订单投放的重复生产计划；MRP 物料需求计划的计划订单投放的重复生产计划。

（2）重复生产计划分解：在"重复生产计划序时簿"界面，单击"生产计划单"→"分解"，系统弹出"重复生产计划分解"界面，即可进行计划分解。分解的方式有：自动分解和手动分解。

（3）生产投料：生产任务确认后，生产计划员或物料计划员将物料分配给指定生产任务的业务处理，也可由系统自动分配。

（4）生产物料报废：提供在生产过程中物料报废的记录、统计与分析功能。包含的功能有：生产物料报废的建立、生产物料报废的查询和维护、生产物料报废的审核和生产物料报废后继续领料等。

（5）任务单汇报：主要汇报开工与完工时间、生产数量与生产工时、生产质量情况。包含的功能有：任务单汇报的建立、任务单汇报查询和维护和任务单汇报相关报表。

3. 委外加工管理

委外加工管理系统是对委外加工业务的全部流程进行管理，提供委外生产任务单下达、委外加工材料出库、委外加工入库、委外材料库存核算、委外加工费用结算等完整委外业务流程的管理。

委外加工的主要业务有：

（1）委外生产任务单的建立。

委外加工管理系统充分考虑用户的多样化的使用要求，能处理各种来源的生产任务。其中主要包括根据销售订单建立的委外生产任务、主生产计划 MPS 投放的委外生产任务、物料需求计划 MRP 投放的委外生产任务，以及 MRP 投放的委外生产任务等。

（2）委外生产投料：委外生产任务确认后，生产计划员或物料计划员将物料分配给指定生产任务的业务处理，也可由系统自动分配。

（3）委外生产领料和报废：生产投料审核后，可以依据生产投料单进行生产领料。

（4）委外产品入库：委外生产任务完工后，可以将产品入库。

4．车间作业管理

车间作业管理系统，是以确定的生产计划为核心，保证车间加工过程紧紧围绕生产计划进行，为离散式生产型工业企业提供自生产计划下达后，各工作中心的工序计划及加工优先级的确定、分派、执行、流转。控制投入和产出的工作量，保持物流稳定，减少车间在制品并进行数据收集的全过程监督与控制的企业管理软件。

车间作业管理业务流程如图 15－20。

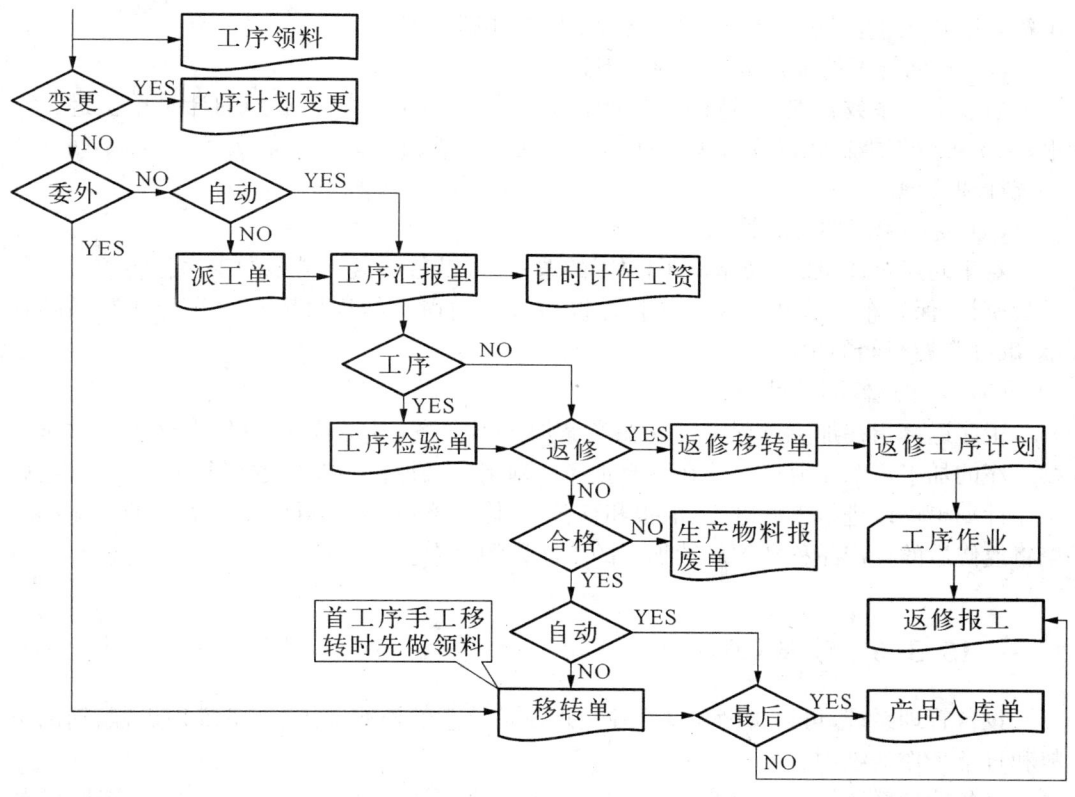

图 15－20　K/3 系统车间作业管理业务流程图

金蝶 K/3 车间作业管理系统的提供了以下特色功能对车间控制进行管理：

（1）灵活的车间管理流程定义。

派工单/工序移转单可以在工艺路线中对每道工序的处理灵活定义是否自动生成，对车间管理的灵活程度可自由掌握。工序汇报既可以由工序计划单下推生成，也可以根

据派工单生成。

（2）流水号/批号处理。

工序计划单，派工单，工序汇报，工序移转单支持流水号/批号的处理，可以通过批号跟踪生产过程中使用的原材料，半成品的批号，方便质量跟踪。同一工序计划单通过流水号的管理，可以清楚了解追踪生产过程的具体操作工人、加工设备。

（3）完善的计时计件工资处理。

根据工序汇报中记录的完工产量和耗费工时，可以精确计算出每个工人的计时计件工资，并可以对生产过程中的报废进行工资的扣减处理。

（4）车间管理的多计量单位的处理。

通过车间系数管理，支持同一生产任务单的不同工序使用不同的计量单位进行汇报，系统可以根据输入的系数关系计算出不同计量单位之间的换算关系，方便车间的数据统计和管理。

（5）支持车间在制品管理。

对车间经过加工的半成品不明原因的遗失，可以通过盘点类型的工序移转单进行数量的调整，保证车间账物相符。并且可以通过车间在制品日报表了解车间在制品的存量，准确掌控车间的生产进度。

（6）工序返修品的处理。

工序返修指在加工过程中发现在产品加工不合格，需要返修，返修合格后再进行后续工序的加工。工序返修支持在返修工序计划单定义返修需要经过哪些工序加工，返修工序计划单可以进行工序派工、汇报和移转，返修合格后，通过返修完成类型的工序移转单将返修后的在产品移转到后续加工的工序计划单中。

15.3.6 设备管理

设备管理系统，可以帮助工业企业实现设备管理的档案管理、设备维护规程、辅助资料和日常工作的维护。

设备管理系统针对企业的设备的基础资料、保养和维修、润滑、设备事故统计、设备折旧等管理，提供对设备进行统一的管理的功能，实现用户维护设备的相关信息，对设备作保养、检测、润滑、维修计划，同时反映设备检测、保养、润滑、维修情况，以及保养、润滑、维修过程中发生的物料耗用、资源耗用、人工耗用情况，记录设备的设备事故与原因分析，通过与固定资产相连接，实现设备的折旧处理，与资源连接，根据设备维修计划实现设备能力的动态调整，实现对设备的物质形态和价值形态的过程管理。如图 15-21 所示。

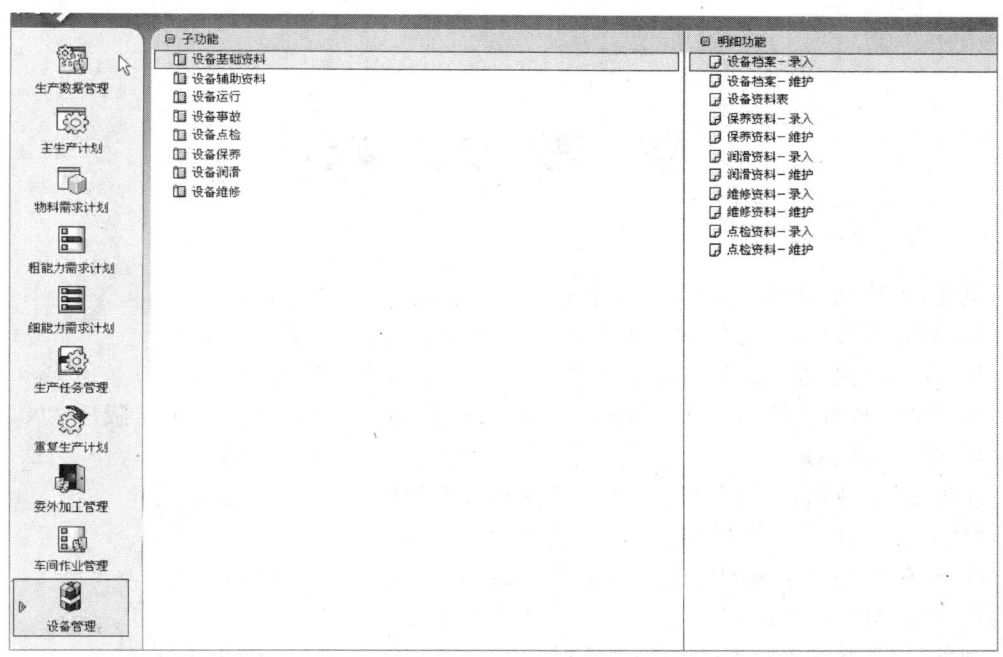

图 15－21　设备管理图

　本 章 小 结

　　本章主要介绍了生产制造系统初始化的关键流程及操作,系统参数的设置,介绍了主生产计划、物料需求计划、生产任务管理、车间管理及设备管理各业务流程及操作,了解这些模块之间对应的关系,掌握生产制造系统的基本操作。

参 考 文 献

1. 陈庄,毛华扬. ERP 原理及应用教程[M]. 北京：电子工业出版社,2006.
2. 陈启申. ERP——从内部集成起步[M]. 北京：电子工业出版社,2005.
3. 周玉清，刘伯莹. ERP 与企业管理[M]. 北京：清华大学出版社,2005.
4. 周玉清，刘伯莹,周强. ERP 理论、方法与实践[M]. 北京：电子工业出版社,2006.
5. 罗鸿. ERP 原理·设计·实施[M]. 北京：电子工业出版社,2005.
6. 左美云. 企业信息管理[M]. 北京：中国物价出版社,2002.
7. 薛华成. 管理信息系统[M]. 北京：清华大学出版,1993.
8. 李东. 管理信息系统的理论与应用[M]. 北京：北京大学出版社,1998.
9. 黄京华. 电子商务教程[M]. 北京：北京大学出版社,1999.
10. 刘鲁. 信息系统设计原理与应用[M]. 北京：北京航空航天大学出版社,1995.
11. 陈启申. 供需链管理与企业资源计划(ERP)[M]. 北京：企业管理出版社,2001.
12. 赵光忠. 企业物流管理模板与操作流程[M]. 北京：中国经济出版社,2004.
13. 张远昌. 销售物流与渠道建设[M]. 北京：中国纺织出版社,2004.
14. 张远昌. 生产物流与采购管理[M]. 北京：中国纺织出版社,2004.
15. 王成. 私营公司物流与生产管理控制精要[M]. 北京：中国致公出版社,2001.
16. 游战清. 企业信息化理论与案例[M]. 北京：机械工业出版社,2004.
17. 周室屏. 企业资源计划(ERP)实施及应用[M]. 北京：清华大学出版,2001.
18. 梁滨. 企业信息化的基础理论与评价方法[M]. 北京：科学出版社,2000.
19. 桂海进. ERP 原理与应用[M]. 北京：中国电力出版社,2005.
20. 颜安等. 企业 ERP 应用研究[M]. 成都：西南财经大学出版社,2006.